utb 5146

Eine Arbeitsgemeinschaft der Verlage

Böhlau Verlag · Wien · Köln · Weimar
Verlag Barbara Budrich · Opladen · Toronto
facultas · Wien
Wilhelm Fink · Paderborn
A. Francke Verlag · Tübingen
Haupt Verlag · Bern
Verlag Julius Klinkhardt · Bad Heilbrunn
Mohr Siebeck · Tübingen
Ernst Reinhardt Verlag · München
Ferdinand Schöningh · Paderborn
Eugen Ulmer Verlag · Stuttgart
UVK Verlag · München
Vandenhoeck & Ruprecht · Göttingen
Waxmann · Münster · New York
wbv Publikation · Bielefeld

Ursula Fritz
Karin Lauermann
Manuela Paechter
Michaela Stock
Wolfgang Weirer (Hrsg.)

Kompetenzorientierter Unterricht

Theoretische Grundlagen – erprobte Praxisbeispiele

Verlag Barbara Budrich
Opladen & Toronto 2019

Bibliografische Information der Deutschen Nationalbibliothek
Die Deutsche Nationalbibliothek verzeichnet diese Publikation in der Deutschen Nationalbibliografie; detaillierte bibliografische Daten sind im Internet über http://dnb.d-nb.de abrufbar.

Gedruckt auf säurefreiem und alterungsbeständigem Papier.

www.budrich.de

utb-Bandnr. 5146
utb-ISBN 978-3-8252-5146-8

Online-Angebote oder elektronische Ausgaben sind erhältlich unter www.utb-shop.de.

Satz: Ulrich Grabowsky, Dülmen
Umschlaggestaltung: Atelier Reichert, Stuttgart
Titelbildnachweis: pixabay.com, geralt
Druck: Friedrich Pustet, Regensburg
Printed in Germany

Inhalt

Editorial
Michaela Stock, Wolfgang Weirer, Ursula Fritz, Karin Lauermann und Manuela Paechter . . . 7

Zum Aufbau des Buches . . . 13

TEIL I
KOMPETENZORIENTIERTES UNTERRICHTEN – GRUNDLAGEN, BEGRIFFE, ÜBERLEGUNGEN

Grundpfeiler kompetenzorientierter Didaktik
Wolfgang Weirer und Manuela Paechter . . . 19

Förderung von Motivation und Interesse im Unterricht
Silke Luttenberger, Sigrid Wimmer und Manuela Paechter . . . 43

Akzente für eine neue Lehr-, Lern- und Beurteilungskultur
Ursula Fritz und Karin Lauermann . . . 59

TEIL II
UNTERRICHTSMETHODEN UND UNTERRICHTSBEISPIELE.

Dilemmageschichten
Christian Feichtinger . . . 77

Fallarbeit – Eine Brücke zwischen Theorie und Praxis
Ursula Fritz und Karin Lauermann . . . 99

Forschendes Lernen: Naturwissenschaftliche Erkenntnisgewinnung am Beispiel Papier
Silke Luttenberger, Gerhard Rath und Manuela Paechter . . . 115

Planspiel
Georg Tafner und Gernot Dreisiebner . . . 133

Präsentationen im Rahmen der Reifeprüfung
Christian Feichtinger 151

Problem-Based-Learning (PBL) – Das Problem ist die Lösung
Ursula Fritz und Karin Lauermann 175

Rollenspiel – Von hier nach dort
Ursula Fritz und Karin Lauermann 189

Schreibwerkstatt
Doris Pany 203

World Café in der Übungsfirma
Michaela Stock und Elisabeth Riebenbauer 223

Michaela Stock, Wolfgang Weirer, Ursula Fritz, Karin Lauermann und Manuela Paechter

Editorial

»Schon wieder ein Buch zum Thema Kompetenzentwicklung!«, denken Sie sich vielleicht und fragen sich, ob es davon nicht schon mehr als genug gibt. Es drängt sich die Frage auf: Reiht sich dieses Buch in eine Flut ähnlicher Publikationen ein oder ist ein neuer Ansatz zu erwarten? Das Team der Herausgeberinnen und des Herausgebers kann Ihnen versichern: Das vorliegende Buch verfolgt einen neuen Ansatz, auch wenn wir »Kompetenz« nicht neu erfinden werden. Wir bieten eine Zusammenschau, versuchen aufzuzeigen, wie sich Zusammenhänge gestalten, und geben viele Anregungen und Beispiele, wie Kompetenzentwicklung im Unterricht gelingen kann. Das Buch ist kein Methodenhandbuch, denn in der Regel ist es keine Frage der Methode, ob Kompetenzentwicklung im Unterricht gelingen kann; dies hängt vielmehr davon ab, wie die unterschiedlichen Methoden eingesetzt werden. In diesem Band soll daher anhand konkreter methodischer Fallbeispiele für unterschiedliche Unterrichtsgegenstände exemplarisch gezeigt werden, wie die Entwicklung bestimmter Kompetenzen durch gezielten Methodeneinsatz bestmöglich unterstützt werden kann.

Zur Klärung der Ausgangslage soll zunächst offengelegt werden, welches Grundverständnis von »Kompetenz« und von »Unterricht« die Herausgeberinnen und der Herausgeber diesem Buch zugrunde legen. Wir wollen dies mit einem mittlerweile vielzitierten Modell von Unterricht veranschaulichen. Unterricht ist immer als Angebot an die Lernenden zu verstehen, wobei dieses Angebot sowohl von den Lehrenden als auch von den Lernenden selbst gemacht wird. Auch wenn wir die Lehrenden nicht von ihrer Verantwortung für guten Unterricht befreien wollen, sie nicht aus der Pflicht nehmen können und wollen, ist uns doch klar, dass die Verantwortung für das Lernen in der Schule auch bei den Lernenden liegt – letztendlich ist Lernen in der Schule als Koproduzentinnen- bzw. -produzentenschaft zwischen Lernenden und Lehrenden zu verstehen. Das Angebots-Nutzungs-

Modell nach Helmke (Helmke, 2007, 2014) bildet für diese Diskussion einen wunderbaren Rahmen.

Die Herausgeberinnen und der Herausgeber positionieren sich aber auch klar in Bezug auf ihr Verständnis von Bildung, Lernen und Wissen im Kontext des kompetenzorientierten Unterrichts – auch diese Vorentscheidungen sollen in diesem Editorial verdeutlicht werden.

Den Abschluss dieses Editorials bildet ein Überblick über die Gliederung des vorliegenden Buches in die einzelnen Abschnitte und Kapitel. Wir wünschen Ihnen viel Freude beim Lesen und noch viel mehr Freude, Spaß und Erfolg beim Umsetzen kompetenzorientierter Unterrichtsdesigns im eigenen Unterricht.

Kompetenzentwicklung im Unterricht – konkret

Was macht einen erfolgreichen Unterricht aus und wodurch zeichnen sich erfolgreiche Lehrende und Lernende aus – was sind dafür Gelingensfaktoren? Mit dieser Frage beschäftigt sich nicht nur die pädagogische Forschung, auch im Rahmen der schulischen Praxis stellt sie sich regelmäßig.

Unterricht ist ein Angebot, das nicht notwendigerweise bei allen Lernenden zum gleichen Ergebnis führt, denn Lehr-Lern-Prozesse werden konstruktivistisch verstanden. Eine Basis für dieses Verständnis bildet u. a. das Modell der Wirkungsweise des Unterrichts nach Helmke (Helmke, 2007, 2014), das aufbauend auf Arbeiten von Fend und gemeinsam mit Weinert von Helmke weiterentwickelt wurde.

Dieses Angebots-Nutzungs-Modell ermöglicht einen guten Überblick über die Wirkungsfaktoren im Unterricht. In ihm werden die folgenden unterrichtsrelevanten Merkmale unterschieden: Lehrperson, Unterricht (Angebot), Familie, Lernpotenzial, Lernaktivitäten (Nutzung), Wirkungen (Ertrag) und Kontext – siehe Abbildung 1. Angebot und Nutzung sind dabei reziprok zu verstehen, d. h. nicht nur Lehrende machen mit ihrem Unterricht ein Angebot an die Lernenden, auch die Lernenden machen ein Angebot an die Lehrenden vor und nach dem Unterricht wie auch im Unterricht, z. B. mit ihren Fragen oder ihren Fehlern. Außerdem machen auch Lernende einander Angebote (Helmke, 2007). Mit dem Modell versucht Helmke (2014) »Faktoren der Unterrichtsqualität in ein umfassenderes Modell der Wirkungsweise und Zielkriterien des Unterrichts zu integrieren« (S. 70) und macht diese an drei Analyseebenen – Lernende, Lehrende/Klasse, Schule – fest bzw. koppelt sie mit Feedbackschleifen (Helmke, 2014).

Aus unserer Sicht gestaltet es sich hochkomplex, Gütekriterien für Unterricht – und das auch noch fachübergreifend – zu definieren, denn das hat

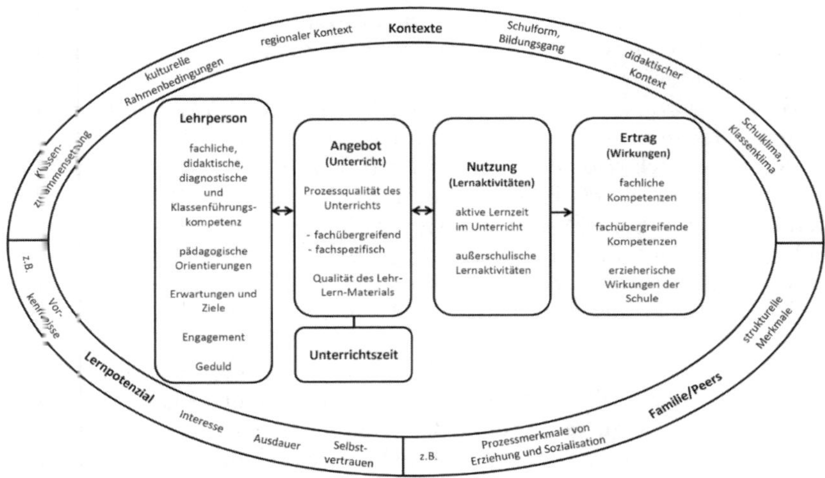

Abbildung 1: Angebots-Nutzungs-Modell (Adaption des Grundmodells von Helmke, 2007, S. 2)

immer den Beigeschmack einer Checkliste, verbunden mit dem Bestreben, möglichst alle Punkte zu erfüllen. Darum geht es aber nicht; vielmehr gilt es, situationsadäquat und qualitätsvoll ein zielführendes Zusammenspiel der folgenden Gütekriterien des Unterrichts zu finden (vgl. dazu z. B. Helmke, 2007; Helmke & Schrader, 2009):

- effiziente Klassenführung
- lernförderliches Klima
- hoher Anteil von echter Lern- bzw. Unterrichtszeit
- extrinsische Motivierung der Lernenden
- Klarheit und Strukturiertheit der Lehrinhalte
- Orientierung an den Lernenden
- Aktivierung der Lernenden
- Sicherung durch intelligentes Üben
- Orientierung an der Wirkung des Unterrichts – Feedback einholen
- Umgang mit Heterogenität – Passung an Lernendenansprüche
- Methodenvielfalt, jedoch nicht als Selbstzweck

Zudem werden im Unterricht verstärkt (Neue) Medien eingesetzt, die von Visualisierungstechniken und Videomaterialien über E-Learning-Kurse bis hin zu hochmodernen Multimedia-Angeboten reichen und dem Unterricht neue Impulse geben (Helmke & Schrader, 2009).

Was ist aber nun Auftrag von Unterricht bzw. was sind seine zentralen Elemente? Im Folgenden möchten wir uns in Bezug auf Begriffe, die im Kontext von Unterricht und Kompetenzentwicklung eine zentrale Rolle spielen, positionieren.

Bildung wird, der pädagogischen Tradition folgend, von den Herausgeberinnen und dem Herausgeber des vorliegenden Buches reflexiv verstanden, im Sinne von: Ich bilde mich. Wir folgen somit in keiner Weise dem heute so populären transitiven Bildungsverständnis im Sinne von: Ich werde gebildet. Nicht überzogene Machbarkeitsvorstellungen von Bildung sind für uns richtungsweisend, für uns ist Bildung vielmehr etwas, »das Menschen mit sich und für sich machen: Man bildet sich. Ausbilden können uns andere, bilden kann sich jeder nur selbst. Eine Ausbildung durchlaufen wir mit dem Ziel, etwas zu können. Wenn wir uns dagegen bilden, arbeiten wir daran, etwas zu werden – wir streben danach, auf eine bestimmte Art und Weise in der Welt zu sein.« (Bieri, 2005, S. 1) Der Begriff Bildung kann durch Abgrenzung zu anderen verwandten Begriffen noch deutlicher gemacht werden: Während »Bildung« die Entwicklungsprozesse und -ergebnisse stärker aus einer individuellen Verarbeitung heraus beschreibt, rückt der Begriff »Erziehung« eher die äußere Steuerung der individuellen Entwicklung in den Mittelpunkt des Interesses. Im Unterschied zu »Ausbildung« ist Bildung nicht unmittelbar an ökonomische Zwecke gebunden. Schule und Unterricht stehen ebenfalls für Ausbildung, aber nicht ausschließlich. Sie stehen auch für Bildung und sollen die jungen Menschen auf das Leben vorbereiten – Bildung ist dafür der beste Weg. In diesem Sinne können wir uns Wolfgang Klafki (1985) anschließen, der schreibt: »Bildung muss in diesem Sinne zentral als Selbstbestimmungs- und Mitbestimmungsfähigkeit des Einzelnen und als Solidaritätsfähigkeit verstanden werden« (S. 17). Ein reflexives Bildungsverständnis bildet für uns die Basis des vorliegenden Buches und ist somit richtungsweisend. Aus unserer Sicht würde ein transitives Bildungsverständnis nur dazu verleiten, Bildungsprozesse technologisch zu verstehen und uneingeschränkten Machbarkeitsvorstellungen zu frönen.

Lernen ist ein komplexer Prozess, der nie abgeschlossen ist. Einschlägiger Forschung zufolge ist bis heute in keiner Weise geklärt, wie Lernen wirklich funktioniert. »Lernen zu können ist für die Spezies Mensch Bedingung des Überlebens« (Gudjons, 2003, S. 213) und in der Forschung stehen Theorien wie Behaviorismus, Kognitivismus und Konstruktivismus (moderat und radikal) tendenziell nebeneinander. In unserem Verständnis ist Lernen letztendlich immer auch ein konstruktiver Prozess. Im Unterricht findet Lernen in der Regel immer als Koproduktion zwischen Lehrenden und Lernenden statt.

Wissen ist nicht gleich Kompetenz, aber ohne Wissen gibt es keine Kompetenz – für uns ist Wissen daher eine unverzichtbare Basis für die Kompetenzentwicklung der Lernenden. Wissen wird im Sinne von Anderson und Krathwohl in unterschiedlichen Wissensdimensionen – Fachwissen, konzeptionelles Wissen, prozedurales Wissen und metakognitives Wissen – verstanden bzw. wahrgenommen und gefördert (Anderson & Krathwohl, 2001). Bei der subjektiven Konstruktion von Wissen steht das Verbinden mit der Umwelt im Vordergrund, ein bloßes Auswendiglernen des Wissens verliert immer mehr an Bedeutung. Lebenslanges Lernen wird hingegen gerade im Kontext der rasanten technologischen Veränderungen wieder bedeutsamer.

Zum Aufbau des Buches

Abschließend wollen wir Ihnen nun einen kurzen Überblick zu den beiden Teilen des vorliegenden Buches und den darin zu findenden Kapiteln geben. Das Buch gliedert sich in zwei Hauptabschnitte*: Teil I: Kompetenzorientiertes Unterrichten – Grundlagen, Begriffe, Überlegungen* und *Teil II: Unterrichtsmethoden und Unterrichtsbeispiele.*

Die Beiträge im ersten Teil setzen sich mit dem kompetenzorientierten Unterrichten generell auseinander; hier werden Grundlagen festgelegt, Begriffe geklärt und basisbildende Überlegungen für das vorliegende Buch diskutiert.

Wolfgang Weirer und Manuela Paechter gehen in ihrem Beitrag »Grundpfeiler kompetenzorientierter Didaktik« der Frage nach, was unter einer kompetenzorientierten Didaktik grundsätzlich zu verstehen ist. Hier gilt es zu klären, was das Neue bzw. was zumindest anders ist und was so besonders an den Konzepten ist, die die Kompetenzentwicklung der Lernenden in den Mittelpunkt der Betrachtungen stellen. Die Lernenden rücken in den Mittelpunkt und die zentralen Faktoren sind das Zusammenspiel von Wissen, Können und Wollen – macht das die Besonderheit kompetenzorientierter Didaktik aus?

Im Beitrag von Silke Luttenberger, Sigrid Wimmer und Manuela Paechter »Förderung von Motivation und Interesse im Unterricht« wird ein zentraler Faktor im Kontext des Lernens fokussiert: Motivation. Erweitert wird diese Auseinandersetzung um die Frage, wie Motivation gefördert und Interesse im Unterricht geweckt werden kann. Die Autorinnen diskutieren u. a., inwiefern motivationsfördernder Unterricht auch kompetenzorientierter Unterricht sein kann.

Karin Lauermann und Ursula Fritz widmen sich in ihrem Beitrag »Akzente für eine neue Lehr-, Lern- und Beurteilungskultur« der Leistungsbeurteilung im Rahmen des kompetenzorientierten Unterrichts. Dabei wird, ausgehend von einer europäischen Betrachtung, der Fokus geschärft und am Beispiel Österreichs gezeigt, welche Herausforderungen sich bei der Leistungsfeststellung und Leistungsbeurteilung im kompetenzorientierten Unterricht ergeben.

Die Beiträge im zweiten Teil setzen sich mit dem kompetenzorientierten Unterrichten im Speziellen auseinander; hier wird anhand von konkreten

Methoden und mit ausgewählten Beispielen gezeigt, wie kompetenzorientierter Unterricht in der schulischen Praxis umgesetzt werden kann. Die Beispiele beziehen sich auf unterschiedliche Domänen, können aber in der Regel problemlos auf andere Bereiche transferiert werden.

Christian Feichtinger zeigt in seinem Beitrag über den Einsatz von »Dilemmageschichten«, wie diese die Lernenden aufgrund eines Wertekonfliktes zur Auseinandersetzung mit ethischen Problemen herausfordern können. Es wird erörtert und mit Beispielen unterlegt, dass Dilemmageschichten besonders für kompetenzorientiertes ethisches Lernen in der Schule geeignet sind. Der Autor zeigt auch auf, wie Dilemmageschichten einen Beitrag dazu leisten können, die ethische Urteils- sowie Argumentationsfähigkeit von Lernenden zu fördern.

Im Beitrag von Ursula Fritz und Karin Lauermann »Fallarbeit – Brücke zwischen Theorie und Praxis« wird auf die Fallarbeit als eine mögliche Methode für kompetenzorientierten Unterricht eingegangen. Gerade für die professionelle Berufstätigkeit ist im Lernprozess ein Zusammenspiel von theoretischem Wissen und praktischer Erfahrung unverzichtbar – die Fallarbeit vereint beide Perspektiven. Sie eignet sich besonders dafür, Lernende auf die Komplexität zukünftiger beruflicher Aufgabengebiete adäquat vorzubereiten.

Silke Luttenberger, Gerhard Rath und Manuela Paechter zeigen in ihrem Kapitel »Forschendes Lernen: Naturwissenschaftliche Erkenntnisgewinnung am Beispiel Papier« am Beispiel naturwissenschaftlichen Unterrichts, wie forschendes Lernen in der Schule umgesetzt werden kann. Forschendes Lernen ist keine Erfindung der Gegenwart; John Dewey hat bereits Anfang des 20. Jahrhunderts die Grundannahmen hinter dieser pädagogischen Idee beschrieben – Lernen ist dann besonders hochwertig, wenn die Lernenden es selbst initiieren und steuern und Lehrende möglichst wenig von außen eingreifen müssen. Wie sich das im täglichen Unterricht umsetzen lässt, wird in diesem Beitrag gezeigt.

Das »Planspiel« steht im Mittelpunkt der Ausführungen von Georg Tafner und Gernot Dreisiebner. Die beiden Autoren widmen sich einerseits den Potentialen und Grenzen des Planspiels generell im kompetenzorientierten Unterricht. Andererseits wird am konkreten Beispiel des »Straßenspiels« gezeigt, wie ein Planspiel für die politische, EU-europäische und sozioökonomische Bildung im schulischen Unterricht zielführend eingesetzt werden kann.

Christian Feichtinger widmet sich in seinem Beitrag »Präsentationen im Rahmen der Reifeprüfung« der Präsentation. Kompetenzen im Bereich des Präsentierens sind unverzichtbar für junge Menschen, spätestens nach ihrem Schulabschluss. Der Autor zeigt auf, wie sich Referat und Präsentation unterscheiden, erörtert die Bedeutung der überzeugenden Präsentation und erläutert die Elemente und Schritte der Vorbereitung und Durchführung einer gelungenen zielgruppenadäquaten Präsentation.

Problem-Based-Learning als problemorientierte und situierte Lehr-Lern-Form wird von Ursula Fritz und Karin Lauermann in ihrem Beitrag »Problem-Based-Learning (PBL) – Das Problem ist die Lösung« fokussiert. In einem ersten Schritt wird die Methode genauer erläutert und es werden ihre Vorzüge gegenüber einem klassischen lehrendenzentrierten Unterricht herausgearbeitet. In einem zweiten Schritt zeigen die Autorinnen anhand eines konkreten Unterrichtsbeispiels, wie diese kompetenzerweiternde Methode praktisch im schulischen Unterricht umgesetzt werden kann.

Ursula Fritz und Karin Lauermann widmen sich im Kapitel »Rollenspiel – Von hier nach dort« dem Rollenspiel als einer weiteren kompetenzorientierten Methode. Bei dieser steht nicht die Lösung eines Problems im Vordergrund, vielmehr geht es darum, dass die Lernenden die Problemstrukturen erkennen und sich in unterschiedlichen Rollen im geschützten Raum erproben können. Die Autorinnen zeigen nach einem theoretischen Vorspann an einem konkreten Beispiel, wie diese Methode im kompetenzorientierten Unterricht umgesetzt werden kann.

Die »Schreibwerkstatt« als kooperatives Lehr-Lern-Setting steht im Mittelpunkt des Beitrags von Doris Pany. Die Autorin arbeitet die Funktionsweise und den Nutzen einer Schreibwerkstatt heraus. Sie zeigt, wie das gemeinsame Erarbeiten und Erproben von Arbeitstechniken und Schreibstrategien, der Dialog über das Schreiben und die Nutzung gruppendynamischer Prozesse für die Motivation und Qualitätssicherung bei der Bewältigung von Schreibaufgaben in der Schule unterstützt werden können.

Michaela Stock und Elisabeth Riebenbauer widmen sich in ihrem Beitrag »World Café in der Übungsfirma« der komplexen mehrdimensionalen Lehr-Lern-Form Übungsfirma mit besonderem Fokus auf das World Café. In einem ersten Schritt erläutern sie die handlungsorientierte Methode, danach wird anhand eines konkreten Unterrichtsbeispiels und der Skizzierung des Prozessablaufs gezeigt, wie mit dem World Café Kommunikation, Austausch über Zusammenhänge und Wechselwirkungen sowie kollektive Kreativität im schulischen Unterricht gefördert und gefordert werden können.

Zum Abschluss dieses Editorials danken wir allen unseren Autorinnen und Autoren für ihre wertvollen Beiträge und die gedeihliche Zusammenarbeit. Bedanken möchten wir uns auch bei Marc André Günther, Katharina Hauer und Susanne Kamsker, die das Buch in eine schöne Form und ein ansprechendes Layout gebracht haben.

Ihnen, liebe Leserinnen und Leser, wünschen wir nun viel Freude beim Lesen und Studieren unseres Buches und viel Erfolg bei der praktischen Erprobung in Ihrem eigenen Unterricht!

Literatur

Anderson, Lorin W. & Krathwohl, David R. (2001). *A Taxonomy for Learning, Teaching, and Assessing: A Revision of Bloom's Taxonomy of Educational Objectives.* New York: Longman.

Bieri, Peter (2005). *Wie wäre es, gebildet zu sein?* Abgerufen am 10.10.2017 von http://www.hwr-berlin.de/fileadmin/downloads_internet/publikationen/Birie_Gebildet_sein.pdf

Gudjons, Herbert (2003). *Didaktik zum Anfassen: Lehrer/in-Persönlichkeit und lebendiger Unterricht.* Bad Heilbrunn: Klinkhardt.

Helmke, Andreas (2007). *Was wissen wir über guten Unterricht? Wissenschaftliche Erkenntnisse zur Unterrichtsforschung und Konsequenzen für die Unterrichtsentwicklung.* Abgerufen am 25.7.2017 von https://www.bildung.koeln.de/imperia/md/content/selbst_schule/downloads/andreas_helmke_.pdf

Helmke, Andreas (2014). *Unterrichtsqualität und Lehrerprofessionalität. Diagnose, Evaluation und Verbesserung des Unterrichts.* Seelze-Velber: Kallmeyer.

Helmke, Andreas & Schrader, Friedrich-Wilhelm (2009). Qualitätsmerkmale »guten Unterrichts«. In Stephanie Hellekamps, Wilfried Plöger & Wilhelm Wittenbruch (Hrsg.), *Handbuch für Erziehungswissenschaft* (Band II/1, S. 701–712). Paderborn: Schöningh.

Klafki, Wolfgang (1985). *Neue Studien zur Bildungstheorie und Didaktik. Zeitgemäße Allgemeinbildung und kritisch-konstruktive Didaktik.* Weinheim: Beltz.

TEIL I
Kompetenzorientiertes Unterrichten – Grundlagen, Begriffe, Überlegungen

Wolfgang Weirer und Manuela Paechter

Grundpfeiler kompetenzorientierter Didaktik

Seit einer Reihe von Jahren richtet die Didaktik ihr Interesse auf die Ergebnisse von Unterrichts- und Lernprozessen, auf die Fähigkeiten und Fertigkeiten, die durch Unterricht bei den Schülerinnen und Schülern erreicht werden sollen – auf deren Kompetenzen. Was ist das »Neue« oder zumindest »Andere« an kompetenzorientiertem Unterricht? Wodurch unterscheidet sich eine Didaktik, die die Kompetenzentwicklung von Schülerinnen und Schülern in den Mittelpunkt ihrer Überlegungen stellt, von den Konzepten davor oder daneben?

In diesem Kapitel werden die Grundpfeiler kompetenzorientierter Didaktik vorgestellt – z. B. die unterschiedlichen Auffassungen von Kompetenz und die Komponenten von Handlungskompetenz, die es in der Schule zu fördern gilt. Nicht vergessen werden soll, dass Kompetenz immer auf einem soliden und vernetzten Wissen beruht. Den Schluss des Kapitels bilden Überlegungen zur Gestaltung kompetenzorientierten Unterrichts und der Rolle von Lehrpersonen in einem solchen Unterricht.

1. Kompetenz

Eine ganze Reihe von Expertinnen und Experten spricht im Zusammenhang mit der Etablierung kompetenzorientierter Didaktik von einem Perspektivenwechsel (Bönsch et al., 2010; Mendl, 2014; Michalke-Leicht, 2011). Diese Aussage trifft insofern zu, als es in erster Linie um eine Veränderung der Sichtweise auf den Unterricht geht. Richtete sich »davor« das didaktische Interesse primär darauf, was seitens der Lehrpersonen und durch schulische Vorgaben in den Unterricht eingebracht wurde (Input) – also auf Lehr- und Bildungspläne, auf den Stoff, auf Inhalte, Themen und von Lehrpersonen angestrebte (Lehr-)Ziele – so achtet kompetenzorientierte Didaktik verstärkt darauf, wie Schülerinnen und Schüler vom Unterricht profitieren. Sie richtet ihre Aufmerksamkeit auf Kompetenzen, Performanz, Qualifikationen, Kenntnisse, Fähigkeiten, Fertigkeiten und Haltungen (Output bzw. Outcomes). Die Didaktik konzentriert sich somit weniger auf die Darbietung der Lehrperson, sondern verstärkt auf das aktive und konstruktive Lernen der Schülerinnen und Schüler. Feindt (2010) bezeichnet kompetenzorientierten Unterricht als »konsequente Schülerorientierung« (S. 85). Zentrale Faktoren sind dabei neben dem Wissen der Schülerinnen und Schüler deren Können und Wollen. Kompetenzen entstehen durch das Zusammenspiel aller drei Faktoren (Feindt, 2010).

Bei der Orientierung auf den Erwerb von Kompetenz als Bildungsziel stellt sich zunächst die Frage nach einer Definition von Kompetenz. Baartman, Bastiaens, Kirschner und van der Vleuten (2007) definieren Kompetenz als »Integration von Wissen, Fertigkeiten und Einstellungen, die zur Lösung von Problemen genutzt werden können […]« (S. 114). Weinert (2001) fasst Kompetenz genauer, nämlich als »die bei Individuen verfügbaren oder durch sie erlernbaren kognitiven Fähigkeiten und Fertigkeiten, um bestimmte Probleme zu lösen, sowie die damit verbundenen motivationalen […] Bereitschaften und Fähigkeiten, um die Problemlösungen in variablen Situationen erfolgreich und verantwortungsvoll nutzen zu können« (S. 27).

Andere Autorinnen und Autoren sowie Institutionen führen zudem die Handlungskompetenz als Bildungsziel an (KMK, Sekretariat der Kultusministerkonferenz, 2007; Reetz & Hewlett, 2008). Diese beschreibt die Kultusministerkonferenz (2007) als »die Bereitschaft und Befähigung des Einzelnen, sich in beruflichen, gesellschaftlichen und privaten Situationen sachgerecht durchdacht sowie individuell und sozial verantwortlich zu verhalten« (S. 10). Handlungskompetenz umfasst unterschiedliche Komponenten: fachlich-methodische Kompetenzen (auf den Umgang mit sachlich-gegenständlichen Aufgaben, Problemen bezogen), Sozialkompetenz (auf die Interaktion mit anderen Personen bezogen) und personale Kompetenz (auf den Umgang mit der eigenen Person bezogen).

Die fachlich-methodische Kompetenz kann nach ihrem Anwendungsbezug weiter differenziert werden (Baethge et al., 2006; Kauffeld, Frieling & Grothe, 2002). Fachkompetenz umfasst spezielle Kenntnisse über Fakten, Konzepte, Theorien, Modelle oder Sachverhalte sowie Wissen über Zusammenhänge und Prinzipien (Anderson & Krathwohl, 2001). Unter Methodenkompetenz versteht man Wissen im Hinblick auf das Erkennen von Anwendungsmöglichkeiten sowie Fähigkeiten zur Problemlösung und Entscheidungsfindung in einem Sachgebiet. Die personale Kompetenz ist notwendig, um das eigene Handeln insbesondere in Bezug auf Lern- und

Arbeitsprozesse zu planen und zu regulieren. Wissen um den Einsatz und den Nutzen von Lernstrategien ist beispielsweise ein essentieller Bestandteil der personalen Kompetenz. Soziale Kompetenz bezieht sich auf den Umgang, das Arbeiten und das Lernen mit anderen Personen.

Zu diesen Kompetenzen kommt eine übergreifende Kompetenzklasse hinzu, die sich als aktivitäts- und umsetzungsorientierte Kompetenz beschreiben lässt. Sie beinhaltet eine motivationale Komponente und das Vermögen, alle anderen Kompetenzen zu integrieren und in einer Anforderungssituation umzusetzen (Erpenbeck & von Rosenstiel, 2003). Der hier vorgestellte Begriff der Kompetenz betont das Zusammentreffen von individuellem Wissen und Anforderungen (Aufgaben) der Umwelt (Ziegler, Stern & Neubauer, 2012).

Gerhard Ziener (2008) gibt ein plakatives Beispiel für den Unterschied, den kompetenzorientiertes Denken im Vergleich zu einem lehrzentrierten Ansatz ausmacht:

> »Sie beabsichtigen, trotz knapper Freizeit, das heißt unter hohem Erfolgsdruck, den Besuch einer Vortragsreihe zum Thema ›Ökologische Putzmittel im Haushalt‹. Weil Ihre Zeit knapp bemessen ist, soll sich der Besuch für Sie ganz buchstäblich lohnen. Sie entschließen sich deshalb, der Referentin oder dem Referenten zuvor einen Besuch abzustatten, um nachzufragen, was an diesen Vortragsabenden denn ›gemacht werde‹. Nun wird die Antwort im schlechtesten Fall darin bestehen, dass man Ihnen eine Broschüre zeigt mit der Auskunft: Das machen wir durch, denn diese Broschüre enthält sozusagen den Lehrplan, das Programm. Enttäuscht stellen Sie fest, dass Sie eigentlich etwas anderes erfahren wollten, nämlich ob Sie nach Besuch dieser Vortragsreihe beispielsweise 1. die Zusammensetzung der verschiedenen Putzmittel kennen, 2. sie gezielt im eigenen Haushalt einsetzen können und damit 3. für sich selbst ein Urteil darüber fällen können, ob und inwiefern Sie Ihre Informationen bei sich zu Hause in praktische Konsequenzen umsetzen sollten.« (S. 23)

Dieses Beispiel zeigt, dass wir auch ohne den Rückgriff auf den Kompetenzbegriff den Erfolg von Bildungsbemühungen schon immer daran messen, inwieweit Lernprozesse zu Befähigung führen. Der Zusammenhang von Kenntnissen, Fertigkeiten und Einstellungen ist unabweisbar.

2. Wissen und Kompetenz

Obwohl der Begriff »Wissen« in so gut wie allen Definitionen von Kompetenz vorkommt, wird Kompetenz häufig auf das Handeln und Ausführen reduziert. Doch um – wie es der Definition von Kompetenz entspricht – »Problemlösungen in variablen Situationen erfolgreich und verantwortungsvoll nutzen zu können« (Weinert, 2001, S. 27), benötigen Lernende eine fundierte Wissensbasis, die sie z. B. dazu befähigt, Probleme und Aufgaben zu analysieren und einzuschätzen und darauf aufbauend Lösungen zu entwickeln und umzusetzen. Der folgende Abschnitt ist einem Ausflug in die Kognitionspsychologie gewidmet und es wird dargestellt, welches Wissen die Kompetenz benötigt.

Wissensarten

In der Kognitionspsychologie werden in der Regel drei Arten von Wissen unterschieden: konzeptuelles, prozedurales und metakognitives (strategisches) Wissen.

Konzeptuelles Wissen

Konzeptuelles Wissen beschreibt das Wissen einer Person in einem bestimmten Sachgebiet, das Fakten, Konzepte, Regeln und Prinzipien umfasst.

Der Aufbau von Wissen beginnt häufig mit dem Erwerb einfacher Fakten. Solches Wissen bezieht sich auf isolierte Informationen, z. B. Bezeichnungen oder Begriffe, also Fakten (Anderson & Krathwohl, 2001; DeJong & Fergusson-Hessler, 1996). Beispiele für Faktenwissen wären, dass »ein Kreis eine runde Figur ist«, »eine Dezimalzahl Kommastellen hat« oder dass »das Mittelalter eine zeitliche Epoche darstellt«. Solches Wissen ist jedoch nicht ausreichend, um Verstehen aufzubauen. Verstehensprozesse benötigen konzeptuelles Wissen, das organisiert und vernetzt ist. In diesem Sinne vernetzt konzeptuelles Wissen Fakten in einem Sachgebiet und bringt sie in einen Zusammenhang. So umfasst das konzeptuelle Wissen Klassifikationen, Kategorien, Modelle, Schemata – also Wissen, das nach unterschiedlichen Gesichtspunkten geordnet ist (Anderson & Krathwohl, 2001; DeJong & Fergusson-Hessler, 1996). Es ermöglicht den schrittweisen Aufbau von Wissen in einem Sachgebiet, wenn Lernende Beziehungen zwischen bereits vorhandenen Wissenseinheiten oder zwischen vorhandenen Wissenseinheiten und neuen Informationen herstellen. Es wird auch als »Wissen, dass« bezeichnet. Beispiele für solches vernetztes konzeptuelles Wissen wären: Um das Konzept Bruchrechnung zu verstehen, muss eine Schülerin bzw. ein Schüler wissen, was Zähler und Nenner, was ein Bruch und eine Dezimalzahl etc. sind, und diese Begriffe miteinander in Beziehung setzen. Um die Epoche des Mittelalters zu verstehen, ist es hilfreich, Entwicklungen dieser historischen Epoche mit vorherigen und nachfolgenden in Bezug setzen zu können.

Prozedurales Wissen

Vom »Wissen, dass«, dem konzeptuellen Wissen, wird das »Wissen, wie« oder auch das prozedurale Wissen unterschieden. Prozedurales Wissen ist Handlungswissen, das von einfachen Verhaltensweisen bis zu komplexen Handlungsmustern reichen kann, die zu einem gewünschten Ziel führen. Es wird benötigt, um von einem Ausgangszustand einen Zielzustand zu erreichen und ein Problem zu lösen (Anderson & Krathwohl, 2001).

Prozedurales Wissen bezieht sich auf Prozeduren in einem Sachgebiet (z. B. das Ausführen von Algorithmen, Abläufe, Routinen, Handlungen etc.). Solche Prozeduren können unterschiedlich komplex sein. Sie sind hierarchisch aufgebaut und geben einen Handlungsablauf an. Beispiele hierfür wären das Durchführen von Bruchrechnungen ebenso wie die Berechnung der Fläche eines Kreises, bei der man nach bestimmten Schritten vorgeht. Aber auch Wissen darüber, wie man einen bestimmten Typ von Text schreibt, lässt sich in hierarchisch angelegte Teilprozeduren bis hin zur Verwendung bestimmter sprachlicher Elemente oder der korrekten Rechtschreibung zerlegen (vgl. dazu das Kapitel »Schreibwerkstatt« in diesem Buch). Bei den Begriffen Handlung und Handlungswissen denkt man häufig an motorisch auszuführende Aufgaben (z. B. eine Speise zubereiten, ein Werkstück schleifen etc.). In der Kognitionspsychologie können Handlungen motorische Anteile umfassen, müssen dies aber nicht tun, wie es das Beispiel der Bruchrechnung verdeutlicht. Lange geübtes und vertieftes prozedurales Wissen kann häufig nicht mehr verbalisiert werden. Die entsprechende Handlung kann dann als Routine ausgeführt werden, ohne dass die ausführende Person dazu ihr Wissen aktualisieren muss. Dies würde z. B. auf eine Person zutreffen, die sich beim Bruchrechnen nicht mehr die Regeln ins Gedächtnis rufen muss, sondern diese Handlung automatisiert durchführt.

Metakognitives Wissen

Metakognitives Wissen ist das Wissen über das eigene Wissen und wird auch strategisches Wissen genannt (Gruber & Stambouli, 2009). Im Zusammenhang mit Lernen und Unterricht bildet das Wissen um eigene Präferenzen und Strategien eine besonders wichtige Komponente des metakognitiven Wissens, denn es umfasst Wissen um die Nutzung von Lernstrategien. Zu Lernstrategien gehören Wissen darüber, wie man das Lernen plant, wie man bestimmte Aufgaben und bestimmte Lernziele am besten angeht (z. B. wie man einem Text Informationen entnimmt oder was man tun kann, wenn man eine Textpassage nicht verstanden hat), aber auch die Fähigkeit dazu, das eigene Lernen zu kontrollieren und die Aufmerksamkeit beim Lernen aufrechtzuerhalten (Anderson & Krathwohl, 2001; Weinstein

& Palmer, 2002). Metakognitives Wissen um die eigenen Lern- und Arbeitsprozesse ist eine wichtige Basis für personale Kompetenzen.

Metakognitives Wissen kann an ein Sachgebiet gebunden sein, z. B. das Wissen darüber, wie man bestimmte Aufgaben in der Mathematik angeht, oder es kann sich allgemein auf das Lernen und die Gestaltung der eigenen Lernprozesse beziehen, z. B. Wissen darüber, wie man die Zeit für das eigene Lernen einteilt oder seinen Arbeitsplatz effizient gestaltet. Eine Person wendet beispielsweise dann ihr metakognitives Wissen an, wenn sie bei einer Bruchrechnung einschätzen kann, ob sie diese Rechnung im Kopf durchführen kann oder Papier und Bleistift oder ein Computerprogramm nutzen sollte. Metakognitives Wissen kommt auch dann zum Tragen, wenn eine Schülerin oder ein Schüler ein Referat über das Mittelalter vorbereitet und dazu zunächst eine vorläufige Gliederung des Referats erstellt, dann verschiedene Informationsquellen aufsucht und diese in Hinblick auf ihre Brauchbarkeit für das Referat beurteilt oder wenn sie oder er in einem Zeitplan festhält, welche Arbeitsschritte bis zum Referatstermin durchgeführt werden müssen.

Zur Erfassung von Lernstrategien wurden verschiedene Erhebungsinstrumente entwickelt (z. B. »Learning and Study Strategies Inventory« (LASSI) von Weinstein & Palmer, 2002; Items aus den PISA-Studien, Artelt, Baumert, Julius-McElvany & Peschar, 2004). Bei den Erhebungen werden in der Regel einer Person verschiedene Aussagen dazu vorgelegt, wie man mit bestimmtem Material lernt, und die Person soll angeben, wie häufig sie dieses Lernverhalten zeigt. Beispiele für die Erhebung von Lernstrategien im Begleitfragebogen der PISA-Studie sind folgende Aussagen von Artelt, Baumert, Julius-McElvany & Peschar (2004): »Ich überlege mir, wie man das, was ich gelernt habe, im Alltag anwenden kann« [als Beispiel für die Strategie »Wissen verknüpfen/elaborieren«] oder »Wenn ich lerne, lerne ich so viel wie möglich auswendig« [als Beispiel für die Strategie »Wissen memorieren«] (S. 92).

Um Aufgaben in einem Sachgebiet zu lösen, müssen in der Regel alle drei Wissensarten aktiviert werden – konzeptuelles, prozedurales und metakognitives Wissen. Dies soll am Beispiel der folgenden Aufgabe »Fläche eines Kontinents« aus der PISA-Studie verdeutlicht werden.

Die Anweisung für die Schülerinnen und Schüler lautet (Ministerium für Schule, Jugend und Kinder des Landes Nordrhein-Westfalen, 2003; OECD, 2006, S. 30): »Hier siehst du eine Karte der Antarktis. Schätze die Fläche der Antarktis, indem du den Maßstab der Karte benutzt. Schreibe deine Rechnung auf und erkläre, wie du zu deiner Schätzung gekommen bist. (Du kannst in der Karte zeichnen, wenn dir das bei deiner Schätzung hilft.)« Dazu erhalten die Schülerinnen und Schüler eine Abbildung mit den Umrissen der Antarktis und einem Maßstab zur Karte.

Abbildung 1: Umriss der Antarktis (OECD 2006, S. 18)

Eigentlich scheint dies eine recht einfache Aufgabe zu sein, die keine komplexen Kenntnisse in Mathematik erfordert. Doch international haben in der PISA-Studie nur 37,5 % der Schülerinnen und Schüler diese Aufgabe richtig gelöst. Die Lösungswahrscheinlichkeiten in den unterschiedlichen teilnehmenden Ländern unterscheiden sich allerdings beträchtlich. In Bezug auf Mathematik werden in dieser Aufgabe nur Grundkenntnisse verlangt. So kann man die Fläche der Antarktis schätzen, indem man einen Kreis zeichnet, der in den gezeichneten Umriss passt und davon ausgehend die Fläche schätzt, oder indem man ein oder mehrere Rechtecke in den Umriss legt und diese als Schätzung für die Fläche verwendet. Zur Lösung kommt man, wenn man konzeptuelles Wissen um geometrische Figuren, prozedurales Wissen um deren Berechnung sowie metakognitives Wissen, beispielsweise wie man verschiedene Lösungswege entwickelt und angeht, verbindet.

Qualitätsmerkmale des Wissens

Die bloße Verbindung der drei Wissensarten ist noch nicht ausreichend, wenn man in einem Sachgebiet Kompetenz erlangen möchte. Dazu bedarf es eines qualitativ hochwertigen, in der Regel vernetzten, tiefen und anwendbaren, flexiblen Wissens. Im Folgenden werden diese Qualitätsmerkmale des Wissens erläutert.

Innere Struktur des Wissens: Isoliertes versus vernetztes Wissen

Die innere Struktur des Wissens beschreibt, inwiefern Wissen eher aus isolierten oder aus vernetzten bedeutungsvollen Einheiten besteht (Gruber, 2008). Für den Aufbau vernetzten Wissens spielt das vorhandene Vorwissen eine wichtige Rolle. Neue Informationen können im Verlauf eines Lernprozesses an bestehendes Wissen angebunden werden, sodass ein Netz mit vielen Verbindungen entsteht. Je größer und vernetzter bereits bestehendes Wissen (Vorwissen) ist, desto einfacher gelingt es, neue Informationen darin einzubinden (Ziegler, Stern & Neubauer, 2012). Der Erwerb von Kompetenzen benötigt den Aufbau eines solchen Wissensnetzes, wohingegen Wissen, das als einzelne, isolierte Bausteine abgelegt ist, nicht zu tragfähigem flexiblem Wissen führt. Vernetztes Wissen bedeutet auch, dass einzelne Fakten in größeren, bedeutungsvollen Einheiten gebündelt und daher ökonomisch im Gedächtnis gespeichert sind. Dies lässt sich am Beispiel einer erfahrenen Schachspielerin bzw. eines erfahrenen Schachspielers verdeutlichen, die oder der auf dem Spielbrett nicht die jeweiligen Positionen aller Figuren im Gedächtnis speichert, sondern wenige, aber spielbedeutsame Gruppierungen auf dem Schachbrett wahrnimmt.

Natürlich kann es auch vorkommen, dass neue Informationen in vorhandenes Wissen integriert werden sollen, aber ein Widerspruch zwischen dem neuen und dem vorhandenen Wissen besteht. Dies ist z. B. der Fall, wenn naive, laienhafte Vorstellungen durch korrekte Konzepte abgelöst werden. Ein Beispiel hierfür wäre ein Kind, das sich bislang die Erde als Scheibe vorgestellt hat und nun dieses Konzept korrigieren muss. In diesem Fall muss das Wissensnetzwerk neu strukturiert werden und falsche Vorstellungen müssen durch korrekte ersetzt werden. Diese Neuaufnahme von Informationen, einhergehend mit einer Korrektur des bisherigen Wissens, ist ein alltäglicher und wichtiger Vorgang des Lernens.

Verarbeitungstiefe des Wissens: Oberflächliches versus tiefes Wissen

Tiefes Wissen wird auch als Verständniswissen bezeichnet (Gruber, 2008). Tiefergehende Wissensstrukturen ermöglichen es, Sachverhalte zu verstehen, einzuordnen und zu bewerten ebenso wie Regeln zu erstellen. Solches Wissen ist fest im Gedächtnis verankert und weniger anfällig für das Vergessen. DeJong und Feltovich (1996) beschreiben tiefes Wissen als Wissen, das es Personen ermöglicht, Zusammenhänge zu erklären und unterschiedliche Standpunkte einzunehmen. Tiefes Wissen ist auch notwendig, um komplexe Aufgaben im Beruf zu lösen (Gruber, 2008).

Wie tiefes und oberflächliches Wissen strukturiert sind, wurde unter anderem anhand von Physikaufgaben untersucht. Expertinnen und Experten, z. B. Personen mit langer beruflicher Erfahrung im Fach Physik, und Novizinnen und Novizen, Personen mit vergleichsweise weniger Erfahrungen wie z. B. Erstsemester, erhielten Physikaufgaben und sollten diese in Gruppen von ähnlichen Aufgaben klassifizieren. Dabei kamen beide Gruppen zu unterschiedlichen Lösungen (Chi, Feltovich & Glaser, 1981). Wenig erfahrene Personen klassifizierten die Aufgaben anhand von oberflächlichen, offensichtlichen Merkmalen. So fassten sie z. B. Aufgaben zusammen, in denen ähnliche Objekte dargestellt waren, oder sie orientierten sich an ähnlichen Schlüsselwörtern in den Aufgaben. Expertinnen und Experten gingen dagegen anders vor. Sie fassten z. B. Aufgaben zusammen, in denen dieselben physikalischen Gesetze angewandt werden mussten. Eine solche Klassifikation ist dabei für Novizinnen und Novizen nicht unbedingt einsichtig, sondern kann nur mit entsprechend tiefem Wissen im Sachgebiet verstanden werden.

Auch wenn bislang tiefes Wissen als ein erstrebenswertes Lernziel angesehen wurde, so sollte man nicht vergessen, dass jeder Lernprozess zunächst mit dem Aufbau von eher oberflächlichem Wissen beginnt, das erst mit zunehmender Lernerfahrung vertieft werden kann. Der Erwerb tiefen Wissens kann durch unterschiedliche Lernstrategien gefördert werden. Eine Person, die folgender Aussage zum Lernen in Mathematik zustimmt, versucht ein tiefergehendes Wissen in diesem Wissensgebiet zu erwerben: »Ich überlege mir, wie man das, was ich in Mathematik gelernt habe, im Alltag anwenden kann« (Artelt et al., 2004, S. 18).

Die Verarbeitungstiefe und die innere Struktur des Wissens sind nicht unabhängig voneinander (DeJong & Feltovich, 1996). Tiefes Wissen ist auch stets gut strukturiertes und vernetztes Wissen. Allerdings geht die Verarbeitungstiefe über den Aspekt der Strukturierung hinaus. Tiefes Wissen über einen Sachverhalt umfasst umfangreiches Wissen, das hierarchisch gespeichert ist; es umfasst abstraktes und konkretes Wissen, das miteinander verbunden ist, z. B. Regeln und Anwendungsbeispiele. Die Verarbeitungstiefe des Wissens betrifft auch das metakognitive Wissen. Personen, die z. B. in der Lage sind, Aufgaben zu klassifizieren und Ähnlichkeiten zwischen Aufgaben zu identifizieren, können leichter Wissen und Know-how aus einer gelösten Aufgabe auf andere übertragen.

Steiner (2001) hat anhand von mathematischen Aufgaben untersucht, inwieweit Schülerinnen und Schüler über tiefes und gut vernetztes strategisches Wissen verfügen und einen Transfer von einer Aufgabe auf andere vornehmen können. Dabei legte er ihnen Aufgaben wie die folgende vor (Steiner, 2001, S. 194): »Soeben wurde aus einem Lastwagen ein mächtiger Haufen Sand auf die Baustelle gekippt. Bauarbeiter müssen diesen nun mit der Schaufel abtragen. Der eine von zwei Arbeitern benötigt drei Stunden für diese Arbeit, wenn er alleine drangeht. Der andere Arbeiter schafft es in zwei Stunden. Wie lange brauchen die beiden, wenn sie die Arbeit gemeinsam verrichten?« In weiterer Folge untersuchte Steiner (2001, S. 196), ob Schülerinnen und Schüler, die diese Aufgabe lösen konnten, die Ähnlichkeit zu der folgenden Aufgabe erkennen und auch diese lösen: »Es ist Juni und Zeit das Schwimmbecken mit Wasser zu füllen. Dazu steht eine Leitung zur Verfügung, mit der das Becken in zehn Stunden gefüllt werden kann. Wenn mit einem Verlängerungsschlauch auch noch der andere Wasseranschluss genützt wird, geht es schneller. Dieser Anschluss ist jedoch langsamer; mit ihm allein müsste man 15 Stunden warten, bis das Schwimmbecken voll ist. Wie lange dauert es, bis das Becken unter Benutzung beider Leitungen gefüllt ist?« Schülerinnen und Schüler, denen der Transfer gelingt, verfügen über ein tiefes Wissen. Sie können eine Problemlösung entwickeln, einordnen, erklären und auf andere Situationen übertragen.

Automatisierungsgrad des Wissens

Ein Kind, das eine Bruchrechnung ausführt, wird diese Handlung noch langsam, Schritt für Schritt ausführen und sich vielleicht immer wieder bestimmte Regeln ins Gedächtnis rufen müssen. Das Wissen ist in diesem Fall noch nicht automatisiert. Personen mit Expertise können dagegen eine solche Handlung schnell ausführen, ohne sich jeden notwendigen Schritt ins Gedächtnis zu rufen. Sie benötigen nur wenig Gedächtnisressourcen für die jeweilige Handlung oder können sie sogar automatisch ausführen, ohne sich überhaupt die Lösungsschritte zu vergegenwärtigen (DeJong & Feltovich, 1996). Nicht alles Wissen kann und soll automatisiert werden. Wichtig ist, dass Handlungen, die immer wieder durchgeführt werden, automatisiert werden, sodass das Gedächtnis entlastet wird. Dies ermöglicht, dass freie Gedächtnisressourcen für die Analyse der Aufgabe und die Bestimmung einer Lösung genutzt werden können. Wer z. B. bei der PISA-Aufgabe zur Berechnung der Fläche der Antarktis über Routinen bei der Berechnung der Fläche eines Kreises oder Rechteckes verfügt, kann freie kognitive Ressourcen für die Aufgabenlösung entwickeln. Automatisiertes Wissen ist auch im Umgang mit Lernmaterial und der routinierten Anwendung von Lernstrategien nützlich.

3. Merkmale kompetenzorientierter Didaktik

Wie kann nun das Ziel, Kompetenz zu fördern, umgesetzt werden? Welcher Didaktik bedarf es dazu und welche Merkmale soll ein kompetenzorientierter Unterricht aufweisen? Um diese Fragen geht es in den folgenden Abschnitten.

Um kompetenzorientiert zu unterrichten, reicht es nicht aus, einfach andere Methoden im Unterricht einzusetzen (Ziener, 2013). Es geht vielmehr um eine Veränderung in der didaktischen Perspektive und um eine neue Rollenverteilung von Lehrpersonen und Lernenden im Unterricht; die Lernprozesse von Schülerinnen und Schülern rücken in den Mittelpunkt des Interesses. Alle eingesetzten didaktischen Settings, Inhalte und Methoden dienen dazu, das Lernen der Schülerinnen und Schüler und damit deren Kompetenzentwicklung bestmöglich zu unterstützen.

Immer wieder taucht die Frage auf: Worin besteht der Unterschied zwischen Zielformulierungen klassischer Didaktik und Kompetenzen? Zunächst ist festzuhalten, dass zwischen Ziel- und Kompetenzorientierung natürlich kein diametraler Gegensatz besteht. Dennoch denken Kompetenzen stärker als Ziele von den Lernenden her. Ziele inkludieren immer auch schon – im Sinne ihrer Umsetzbarbarkeit und Erreichbarkeit – konkrete Lernschritte. Kompetenzorientierung rät zu einer systemisch komplexeren Sicht (Ziener, 2008), während Lernziele die Tendenz zur Vereinfachung und zugleich zur Einengung haben. Oft ist es so, dass die Formulierung von Zielen im Grunde bereits sehr detailliert die geplanten einzelnen Arbeitsschritte einer Unterrichtseinheit abbildet. Bei aller Zielorientierung ist das Kennzeichen von kompetenzorientiertem Denken die »Offenheit für die unterschiedlichsten Lern- und Lösungswege« (Ziener, 2008, S. 29).

Kompetenzorientierung bedeutet daher auch, den Blick von der Instruktion auf die Konstruktion (von Wissen, Fertigkeiten, Fähigkeiten und letztendlich Kompetenzen) zu lenken. Stärker als in einer klassischen Vermittlungsdidaktik differenziert somit der Blick einer kompetenzorientierten Didaktik zwischen Unterricht (als von der Lehrperson gestaltetes und zu verantwortendes Geschehen) und dem Lernen der Schülerinnen und Schüler. Es lässt sich feststellen, dass nach wie vor die Erwartungshaltung an Unterricht – sowohl von Lehrpersonen als auch von Lernenden – tendenziell dem Grundmuster einer Vermittlungsdidaktik entspricht: »Dieses […] ist scheinbar so selbstverständlich, dass es die Erwartungen auf beiden Seiten prägt: der/die Lehrende bereitet die zu vermittelnden Inhalte auf, hält Unterricht und Lernende geraten schnell in eine Konsumentenhaltung« (Bönsch et al., 2010, S. 10). In Bezug auf das Verhältnis von Unterricht als durch Lehrpersonen angeleitetem Prozess und dem Lernen der Schülerinnen und Schüler ist festzuhalten, dass Unterricht natürlich exakt planbar und dann entsprechend durchführbar ist, dass jedoch das Lernen von Individuen letztlich nicht verfügbar und somit auch nur bedingt planbar ist: »Kompetenzen werden nicht unterrichtet, sie werden von den Schülern erworben« (Fahse, 2004, S. 460)

Eine Didaktik, die Kompetenzentwicklung der Lernenden bewirken will, muss sich daher verstärkt mit den Lernvoraussetzungen der Schülerinnen und Schüler, mit ihren bereits mitgebrachten Vorkenntnissen und Vorerfahrungen, mit ihren jeweils eigenen Zugangswegen und Lernweisen in Bezug auf spezifische Thematiken beschäftigen. Dabei will sie ein selbstorganisiertes und selbständiges aktives Lernen von Schülerinnen und Schülern bestmöglich unterstützen (Michalke-Leicht, 2011). Bildungstheoretisch gestützt ist das Konzept kompetenzorientierter Didaktik vom pädagogischen Konstruktivismus und der auf diesem fundierten konstruktivistischen Didaktik, die davon ausgeht, dass jegliches Wissen letztlich aktive Konstruktion des lernenden Subjekts ist (Bönsch et al., 2010; Reich, 2012).

Ein entscheidendes Merkmal kompetenzorientierter Didaktik ist es, dass Unterricht Schülerinnen und Schüler dazu befähigen möchte, das erworbene Wissen, die erlernten Fähigkeiten und Fertigkeiten nicht nur in den in der Schule kennengelernten Situationen, sondern auch in neuen und unbekannten Situationen anzuwenden (Tschekan, 2011). Dies bedeutet auch, dass Wissen, Fähigkeiten und Fertigkeiten aus unterschiedlichen Inhaltsbereichen verbunden werden sollen und im Unterricht nicht als einzeln stehende Themen, sondern als miteinander vernetzte Inhalte behandelt werden sollen (Feindt, 2010).

4. Merkmale kompetenzorientierten Unterrichts

Der Erwerb von Kompetenzen geht mit dem Erwerb qualitativ hochwertigen Wissens einher. Doch wie sollte Unterricht gestaltet sein, um diesen Wissenserwerb zu unterstützen? Kompetenzorientierung als Perspektivenwechsel bedingt Veränderungen im Bereich der Einstellungen und Haltungen aller am Unterrichtsprozess Beteiligten. Voraussetzungen sind ein möglichst angstfreies Lehr- und Lernklima sowie ein mit Lernfreude verbundener Leistungsbegriff (Seel & Wohlhart, 2012; vgl. auch das Kapitel »Förderung von Motivation und Interesse im Unterricht«). Geht man der Frage nach, woran kompetenzorientierter Unterricht zu erkennen ist, wird daher nicht zuerst auf bestimmte Methoden zu achten sein, sondern auf grundlegende Lernformen. »Methoden haben dienende Funktion. Sie kennzeichnen und strukturieren den Unterricht maßgeblich – aber sie haben niemals Selbstzweck, auch nicht unter der Perspektive ihrer Kompetenzorientierung« (Ziener, 2008, S. 103).

Im Folgenden werden unterschiedliche Merkmale kompetenzorientierten Unterrichts vorgestellt (Feindt & Meyer, 2010; Stock, Riebenbauer & Winkelbauer, 2012). Anschließend wird erläutert, wie diese Merkmale dazu dienen, den Erwerb vernetzten und tiefen Wissens zu fördern.

Die Schülerinnen und Schüler durch anspruchsvolle, aber gut abgestimmte Aufgabenstellungen kognitiv aktivieren

Feindt und Meyer (2010) zufolge fordert guter Unterricht die Schülerinnen und Schüler heraus, ihr bereits vorhandenes Wissen zu aktivieren und einzusetzen. Aufgaben sollen daher so gestaltet werden, dass die Lernenden eigene Lösungsstrategien entwickeln und erproben können. Sie sollen aufgefordert werden nachzudenken, abzuwägen, zu argumentieren, zu kommunizieren, zu erfinden und zu experimentieren. Dies kann in Situationen des Erkundens, Entdeckens und Erfindens geschehen. Bei allen Unterrichtsmethoden, die in diesem Buch vorgestellt werden, werden die Schülerinnen und Schüler in eine solche Situation versetzt. So sollen sie z. B. bei moralischen Dilemmata Informationen bewerten, abwägen und reflektieren (Kapitel »Dilemmageschichten«); bei der Methode des forschenden Lernens entwickeln Schülerinnen und Schüler selbst Experimente für den naturwissenschaftlichen Unterricht und versuchen durch eigenes Entdecken und Experimentieren Gesetzmäßigkeiten herauszufinden (Kapitel »Forschendes Lernen«). Ähnliches geschieht bei der Fallarbeit und beim problembasierten Lernen, die mit der Identifikation und Analyse eines Problems durch die Lernenden beginnen (Kapitel »Fallarbeit – Brücke zwischen Theorie und Praxis« und »Problem-Based-Learning – Das Problem ist die Lösung«). Wesentlich ist nach Feindt und Meyer (2010) in einem solchen Unterricht auch, dass die Schülerinnen und Schüler in die Lage versetzt werden, zu erkennen, wo ihnen noch Wissen fehlt. Die Forderung von Feindt und Meyer (2010), durch Aufgabenstellungen kognitiv zu aktivieren, bezieht sich darauf, tiefes und vernetztes konzeptuelles, metakognitives und prozedurales Wissen zu fördern: Werden Aufgaben so gestaltet, dass Schülerinnen und Schüler selbst Lösungswege entwickeln müssen, ausprobieren oder experimentieren, so werden neben konzeptionellem auch metakognitives Wissen darüber, wie man Aufgaben analysiert und bearbeitet, und prozedurales Wissen gefördert. Es werden nicht nur fachlich-methodische Kompetenzen, sondern auch personale Kompetenzen gestärkt.

Vernetzung des neu Gelernten mit vorhandenem Wissen und Können

Dieses Merkmal kompetenzorientierten Unterrichts bezieht sich auf die innere Struktur und auf die Tiefe des Wissens. Feindt und Meyer (2010) zufolge benötigt der Aufbau von Kompetenzen sowohl eine vertikale als auch eine horizontale Vernetzung der Wissensbestände (Feindt & Meyer, 2010).

Vertikale Vernetzung bedeutet, dass im Unterricht verdeutlicht wird, wie einzelne Wissensgebiete und das eigene Können aufeinander aufbauen, aber zugleich auch, dass der Unterricht so gestaltet wird, dass die jeweils zu bearbeitenden Wissensgebiete und die zu entwickelnden Kompetenzen ebenfalls aufeinander aufbauen. Ein didaktisches Beispiel, wie Schülerinnen und Schüler Lernstoff vernetzen können, wäre das gemeinsame Ordnen des Wissens auf einer Lernlandkarte, das Schreiben einer Mind-Map. Mit vertikaler Vernetzung und kumulativem Lernen wird die Entwicklung tiefen Wissens gefördert. Aufgaben werden so gestaltet, dass Schülerinnen und Schüler an ihr Vorwissen anknüpfen können. Um eine tiefe Wissensstruktur aufzubauen, ist das systematische Wiederaufgreifen länger zurückliegenden Stoffes erforderlich (Feindt & Meyer, 2010). Eine Voraussetzung für das Gelingen des Aufbaus einer solchen Wissensstruktur ist sicher verfügbares, gut organisiertes und anschlussfähiges Grundwissen.

Unter horizontaler Vernetzung wird der Transfer erworbenen Wissens und Könnens auf andere Bereiche verstanden (Klieme, 2009). Schülerinnen und Schüler, welche den Lösungsweg einer Aufgabe auf eine andere übertragen können, verfügen über ein horizontal vernetztes konzeptuelles und metakognitives Wissen. Diese Fähigkeit, Wissen und Können übertragen zu können, ist in der Definition von Weinert (2001) das grundlegende Merkmal von Kompetenz.

Intelligentes Üben

Feindt und Meyer (2010) sehen regelmäßiges Üben und Training als einen wichtigen Bestandteil des kompetenzorientierten Unterrichts an. Nachhaltiger Kompetenzerwerb erfordert, dass die Lernenden ihre Fähigkeiten und ihr Wissen auch in unbekannten Situationen anwenden können. Dies setzt voraus, dass prozedurales Wissen erworben wurde. Dabei sollten Grundhandlungen so automatisiert werden, dass die Schülerinnen und Schüler sie durchführen können, ohne sich jeden Schritt der Ausführung ins Gedächtnis rufen zu müssen, sodass Gedächtnisressourcen frei bleiben, um sich auf jene Aspekte einer Aufgabe konzentrieren zu können, die einer besonderen

Analyse bedürfen oder in denen neue Lösungen entwickelt werden müssen. Ein Beispiel, an dem sich die Bedeutung von intelligentem Üben und die Bedeutung von Routine gut verdeutlichen lässt, sind Präsentationen durch die Schülerinnen und Schüler im Unterricht (vgl. dazu das Kapitel »Präsentation«). Doch auch in anderen Fachbereichen sind Routinen, die durch Übung erworben wurden, wichtig.

Geeignete Anwendungssituationen anbieten

Die Forderung nach Übungen sollte um das Suchen nach geeigneten Anwendungen erweitert werden. Es sollten Anforderungssituationen geschaffen werden, die zugleich Anwendungssituationen für das neu erworbene Wissen und Können sind (Feindt & Meyer, 2010). So werden alle drei Wissensarten sowie ein tiefes Wissen gefördert, das einen Transfer von einer Aufgabe auf andere erlaubt.

Die gemeinsame Konstruktion von Wissen fördern

Das gemeinsame Arbeiten in einer Gruppe ist eine wichtige Möglichkeit, den Aufbau von Kompetenzen zu fördern. Es trägt in unterschiedlicher Weise zum Aufbau eines tiefen Wissens bei. Insbesondere die Kommunikation über eine Aufgabe oder einen Sachverhalt fördert die Entwicklung eines vernetzten und tiefen Wissens. Wenn Lernende anderen Lernstoff erläutern oder Zusammenhänge erklären, überprüfen und verbalisieren sie die eigene Wissensstruktur, festigen Vernetzungen, knüpfen neue Vernetzungen oder decken unter Umständen Widersprüche in der eigenen Wissensstruktur auf. So lernen Personen durch das Erklären und die eigene kognitive Aktivität. Andererseits lernen Personen auch durch die Erklärungen anderer Personen und erweitern ihr eigenes kognitives Netzwerk. In diesem Buch werden unterschiedliche Unterrichtsmethoden vorgestellt, in denen der Austausch von Wissen aktiv gefördert wird (siehe z. B. die Kapitel »Planspiel«, »Rollenspiel«, »World Café in der Übungsfirma«).

Individuelle Unterschiede berücksichtigen

Individuelle Unterschiede im Vorwissen und in Bezug auf die bisherigen Kompetenzen der Schülerinnen und Schüler zu berücksichtigen bedeutet, dass sie gezielt in ihren individuellen Lernprozessen unterstützt und begleitet werden. Dabei wird dem gestuften Kompetenzerwerb besondere Aufmerksamkeit gewidmet. Feindt und Meyer (2010) schlagen vor, für jede

Kompetenz mehrere Dimensionen und für jede Kompetenzstufe ein Stufenkriterium zu definieren und beispielhaft zu erläutern. Dann können für jede Schülerin bzw. für jeden Schüler gezielte Lernangebote entwickelt werden, die auf ihren jeweiligen Wissensstand zugeschnitten sind. Wichtig ist es hier auch, die Aufgabenlösungen der Schüler/innen zu analysieren. Dabei sollte sowohl analysiert werden, welche Schülerinnen und Schüler einer Klasse etwa bestimmte Kompetenzen (wahrscheinlich) besitzen, weil sie eine bestimmte Aufgabe lösen können, als auch, woran einzelne Schülerinnen und Schüler scheitern, was mögliche Ursachen sind und wie man diese Schülerinnen und Schüler unterstützen kann. Derartige Maßnahmen setzen am Vorwissen der einzelnen Lernenden an und versuchen durch jeweils individuell zugeschnittene Aufgaben Unterschiede in der Wissensstruktur der Schülerinnen und Schüler zu berücksichtigen.

Die Reflexion des Lernfortschritts durch die Schülerinnen und Schüler fördern

Dieses Merkmal kompetenzorientierten Unterrichts bezieht sich auf die Förderung des metakognitiven Wissens und der personalen Kompetenzen. Die Schülerinnen und Schüler entwickeln Wissen um die eigenen Stärken und Schwächen im Lernprozess. Besonders hilfreich ist es, wenn sich die Lernenden überlegen, welche Lernstrategien sie zur Bearbeitung welcher Aufgaben genutzt haben (Klieme, 2009). Für die Gestaltung des Unterrichts bedeutet dies, dass stets auch Phasen eines individuellen und/oder gemeinsamen Reflektierens über die Lernfortschritte eingebaut werden. So ist es auch ein gemeinsames Merkmal aller in diesem Buch vorgestellten Unterrichtsmethoden, dass sie die Reflexion von Lernergebnissen miteinbeziehen.

5. Veränderte Rolle von Lehrpersonen und Lernenden

Kompetenzorientierter Unterricht zeichnet sich zentral dadurch aus, dass die Schülerinnen und Schüler gezielt und gezielter als bislang üblich in ihren individuellen Lernprozessen unterstützt und begleitet werden (Feindt & Meyer, 2010). Die Frage, die sich stellt, ist: Was bedeutet die Orientierung an individuellen und gemeinsamen Lernprozessen für ein (erneuertes) Rollenverständnis von Lehrpersonen und Lernenden? Ebenso wenig, wie es bereits eine elaborierte »Kompetenzentwicklungs-Didaktik« gäbe, sind die Rollenbilder, die sich aus dieser ergäben, klar. Vielfach wird die »neue« Rolle von Lehrpersonen und Schülerinnen und Schülern in Abgrenzung zur

»alten« Rolle (als ob es diese so eindeutig gäbe …) definiert. Dennoch zeichnen sich erste zaghafte Konturen ab, die auf Veränderungen von Rollen, Verantwortungen und letztlich Tätigkeiten im Unterricht hinweisen.

Lehrpersonen als Begleiterinnen und Begleiter von Lernprozessen

Kompetenzorientierter Unterricht bringt einen zentralen Perspektivenwechsel in der Rolle von Lehrpersonen mit sich. Die zuvor instruierende Lehrperson wird zur Lernbegleiterin bzw. zum Lernbegleiter, die bzw. der Lernprozesse unterstützt. Damit ist aber zugleich auf ein verbreitetes Missverständnis hinzuweisen: Die Lehrpersonen bleiben dennoch kompetente Fachpersonen für Unterricht und moderieren nicht lediglich autonome Lerngruppen (Bönsch et al., 2010). Die Verantwortung für den Unterrichtsprozess bleibt bei der Lehrperson. Bönsch und Kolleginnen und Kollegen (2010) formulieren dies folgendermaßen: »Die neue Rolle besteht zu einem großen Teil darin, für die Kinder ein Lernarrangement aufzubereiten, indem sie ihre eigenen Lernwege in ihrem eigenen Lerntempo zielorientiert begehen. Unter den geeigneten Voraussetzungen und mit angemessenen Hilfestellungen werden viele Kinder in der Lage sein, dies selbstständig, mit Partnern oder in Gruppenarbeit durchzuführen« (S. 45).

Tschekan (2011) unterscheidet vier mögliche Rollen von Lehrpersonen im Unterrichtsgeschehen: eine stark vorgebende Rolle (lehrergesteuert); eine aktivierende Rolle; eine eher begleitende Rolle (schülergesteuert) und zuletzt eine die Verantwortung von sich weisende Rolle. Das letztgenannte Rollenverständnis ist didaktisch nicht vertretbar. In einem konstruktivistisch orientierten Unterricht wird die Lehrperson zwischen der aktivierenden und der eher begleitenden Rolle pendeln. Wieviel Unterstützung sie dabei gibt, hängt auch von den personalen Kompetenzen der jeweiligen Schülerin bzw. des jeweiligen Schülers, insbesondere von Fähigkeiten im selbstgesteuerten Lernen, ab (Tschekan, 2011).

Reich (2012) weist darauf hin, dass die Rolle der Lehrperson je nach konkretem Unterrichtsdesign und je nach Phase des Unterrichts unterschiedlich definiert sein wird und unterscheidet im Lehrbuch für konstruktivistische Didaktik zwischen der Beobachterrolle (im Sinne von Selbstbeobachtung und Fremdbeobachtung), der Teilnehmerrolle und einer Rolle als Akteurin bzw. Akteur im Lernprozess.

Das Verständnis der je eigenen Rolle als Lehrperson im didaktischen Geschehen hat nicht nur mit didaktischen Vorannahmen und Optionen zu tun, sondern ist letztlich auch auf das Menschenbild zurückzuführen. Das Menschenbild, das Lehr- und Lernprozessen zugrunde liegt, beeinflusst das

Lernen entscheidend (Bönsch et al., 2010). Dies betrifft z. B. die Fragen: Wie viel Führung, Anleitung benötigen Menschen, wie viel Selbständigkeit kann ich ihnen zugestehen? Wie können sich Einfallsreichtum und Kreativität entwickeln, und welche Rolle spielen diese? Sind Fremdkontrolle und Strafandrohungen probate Mittel? Lehrerinnen und Lehrer werden von Schülerinnen und Schülern in der Regel als mächtige Agentinnen und Agenten eines mächtigen Systems erlebt. Wenn nun Lehrpersonen im Kontext des Konzeptes der Kompetenzorientierung aufgefordert sind, Lernentscheidungen in die Hand der Schülerinnen und Schüler zu legen, so müssen sie zwangsläufig einen Teil ihrer Macht abgeben (Michalke-Leicht, 2012).

Lernende als Akteure und Subjekte des eigenen Lernprozesses

Konsequent ist auch die Rolle von Lernenden im Unterrichtsprozess neu zu bedenken. Diese sind nicht länger Konsumentinnen und Konsumenten des von Lehrpersonen dargebotenen und inszenierten Unterrichts, sondern gestalten die eigenen Lernprozesse und letztlich die eigenen Lernbiografien. Unterricht kann Lernen nicht realisieren, gelernt werden kann nur von den Schülerinnen und Schülern selbst. Diese Einsicht, die auch kognitions- und neuropsychologisch vielfach fundiert ist und auch die Grundlage für jegliche konstruktivistische Didaktik darstellt (Ziegler et al., 2012), ist zugleich auch wesentliche Grundlage für eine Didaktik, die die Kompetenzentwicklung von Kindern und Jugendlichen anstrebt. Insofern ist der Perspektivenwechsel, der mit einer Didaktik der Kompetenzentwicklung einhergeht, davon bestimmt, stärker das Lernen als den Unterricht im Blick zu haben (Bönsch et al., 2010).

Dieses Wechselspiel vom Handeln der Lehrperson (Unterricht) und aktivem Lernen von Schülerinnen und Schülern bedeutet auch, dass Lernende Unterstützung von Seiten der Lehrperson einfordern und ihre jeweiligen individuellen Bedürfnisse zur Gestaltung des Lernprozesses formulieren können. Bönsch und Kolleginnen und Kollegen (2010) formulieren dies aus der Perspektive der Lernenden folgendermaßen: »Zeige mir die Ziele, die ich erreichen soll, begleite mich auf dem Weg dahin, spiegle mir zurück, wo ich in meinem Lernprozess stehe und halte auch aus, wenn ich Nebenwege benutze. Lass mich meine Entscheidungen selber treffen, teile mir aber auch mit, welche Konsequenzen meine Entscheidungen für mich haben können.« (S. 44)

Ein Knackpunkt des Gelingens kompetenzorientierter Didaktik ist es, die Verantwortung für das eigene Lernen bei den Lernenden zu lassen und ihnen gleichzeitig genau die Unterstützung zu geben, die notwendig ist. Diese Balance erfordert viel Erfahrung und Einfühlungsvermögen. Bönsch und Kolleginnen und Kollegen (2010) weisen darauf hin, dass die gegenwärtige Praxis diese Balance oft zu Ungunsten der Eigenverantwortung von Lernenden aus dem Lot bringt: »Erbringen Kinder nicht die erwarteten Leistungen, ist es immer noch weit verbreitete Praxis, sie in Fördergruppen zusammenzufassen, ihnen Inhalte noch und noch einmal zu erklären, meist noch auf unterschiedlichen Lernwegen. ›Ich erkläre dir das noch einmal‹ lautet das gut gemeinte Motto. Hier entsteht eine seltsame Schleife. Die Verantwortung für das Lernen liegt weiter bei der Lehrperson, das Kind wird davon entlastet und bekommt in seiner passiven Rolle lediglich Unfähigkeit gespiegelt. Es wird bei der nächsten Lerneinheit wieder die alten erfolglosen Lernstrategien anwenden und erneut in der Fördergruppe landen. Alternative Entscheidungen zu treffen, hat es nicht gelernt. Das Kind lässt die Verantwortung für sein Lernen bei den Lehrerinnen und Lehrern und den Eltern.« (S. 45)

Wichtig wäre es im Gegensatz dazu im Sinne einer neuen Lehr- und Lernkultur, die aktuellen Leistungen zum Anlass zu nehmen, gemeinsam mit den Schülerinnen und Schülern ihre individuellen Lernwege zu reflektieren. So könnten die Lernenden selbst entscheiden, bei der nächsten Lerneinheit andere Strategien zu nutzen und die Anforderungen so zu meistern. Damit hätten sie die Chance, die Mechanismen, die zu einem konkreten Ergebnis führten, zu erkennen und selbst neue Wege für zukünftiges Lernen zu entwickeln. Eine solche Lernkultur orientiert sich nicht an Defiziten, sondern am Lernzuwachs der Lernenden (Bönsch et al., 2010).

Anforderungen an die Kompetenzen von Lehrpersonen

Der Perspektivenwechsel zu kompetenzorientiertem Unterricht ist verbunden mit einem verstärkten Blick auf die Schülerinnen und Schüler. Er erfordert es, dass die Lehrpersonen, sich in die Lage der Lernenden versetzen können, verstehen, was deren Anliegen sind und was sie benötigen, um konstruktiv lernen zu können (Michalke-Leicht, 2012). Entscheidend für einen solchen Unterricht ist die Entwicklung von »Wahrnehmungskompetenzen« (Weirer, 2004). Dazu gehört die Fähigkeit, sich systematisch einen Überblick über die unterschiedlichen Lernausgangslagen der Schülerinnen und Schüler der jeweiligen Klasse zu machen (Feindt & Meyer, 2010), von der jeweiligen Situation der Lernenden her zu denken und das Unterrichtsdesign entsprechend zu gestalten. »Voraussetzung für eine gezielte individuelle Beratung sind jedoch Diagnose und intensive Beobachtung der Kinder in ihren Arbeitsprozessen und ihrer Arbeitsorganisation. [...] Dies erfordert viel Geduld, verlangt und schafft ein gutes Vertrauensverhältnis zwischen Lernenden und Lehrenden« (Bönsch et al., 2010, S. 46).

Gerhard Ziener spricht in diesem Zusammenhang treffend von der Fähigkeit zur Kompetenzexegese (Ziener, 2008), indem Lehrpersonen versuchen, die Frage zu beantworten: »Was können Schülerinnen und Schüler, die über diese Kompetenz verfügen?« Dies bedeutet, konkrete Wissensbestandteile und Fähigkeiten zu benennen, die für die Entwicklung einer Kompetenz entscheidend sind. Ein Beispiel dafür wäre in einem Unterricht, in dem die Schülerinnen und Schüler Präsentieren und Argumentieren lernen (vgl. dazu das Kapitel »Präsentation«) die Feststellung, dass sie eigene bzw. fremde Positionen argumentativ schlüssig vertreten können, dass sie über das nötige Sachwissen, über sprachliche Ausdrucksfähigkeit, die Fähigkeit, andere Positionen wahrzunehmen, usw. verfügen.

Allerdings reicht die Wahrnehmungsfähigkeit alleine nicht aus, um kompetenzorientiert zu unterrichten, sondern sie ist vielmehr die Grundlage dafür, dass Lehrpersonen kognitiv und motivational anregenden Unterricht konstruieren können (Mendl, 2014). Dazu gehört auch die Nutzung von geeigneten Unterrichtsmethoden, von denen einige in diesem Buch vorgestellt werden.

Weit über derartige didaktische Überlegungen und Kompetenzen von Lehrpersonen hinaus scheinen aber jüngsten Studien zufolge die Überzeugung und damit auch die Begeisterungsfähigkeit von Lehrerinnen und Lehrern eine entscheidende Rolle zu spielen (Seel & Wohlhart, 2012). Das Interesse und die Motivation von Lehrpersonen an ihrem Unterrichtsfach und ihr Interesse an den Lernprozessen ihrer Schülerinnen und Schüler fördern auch deren Motivation.

6. Fazit

Grundpfeiler kompetenzorientierten Unterrichts – ausgehend von dieser Überschrift wurden im vorliegenden Kapitel drei »Grundpfeiler« vorgestellt. Ein Grundpfeiler sind die Lernenden selbst, die befähigt werden sollen, auf der Grundlage von Wissen, Fertigkeiten und Fähigkeiten Kompetenzen zu entwickeln. Zur Kompetenz gehört dabei auch das Wollen, die Motivation (sie wird im Kapitel »Förderung von Motivation und Interesse im Unterricht« in den Blick genommen). Um Kompetenz zu fördern, bedarf es eines Perspektivenwechsels. Dieser bezieht sich einerseits auf den zweiten Grundpfeiler, die Didaktik und den Unterricht, in dem Wissen, Fähigkeiten und Fertigkeiten aus unterschiedlichen Inhaltsbereichen verbunden werden sollen und nicht als einzeln stehende Themen, sondern als miteinander vernetzte Inhalte behandelt werden sollen (Feindt, 2010). Andererseits betrifft der Perspektivenwechsel auch den dritten in diesem Kapitel genannten

Grundpfeiler, die Lehrpersonen. Die zuvor instruierende Lehrperson wird zur Lernbegleiterin bzw. zum Lernbegleiter, die allerdings die Verantwortung für den Unterrichtsprozess beibehält und aufgrund der eigenen professionellen Kompetenzen förderliche Lernarrangements schafft.

Literatur

Artelt, Cordula, Baumert, Jürgen, Julius-McElvany, Nele & Peschar, Jules (2004). *Das Lernen lernen. Voraussetzungen für lebensbegleitendes Lernen. Ergebnisse von PISA 2000*. Paris: OECD.

Anderson, Lorin W. & Krathwohl, David R. (2001). *A Taxonomy for Learning, Teaching, and Assessing: A Revision of Bloom's Taxonomy of Educational Objectives*. New York: Longman.

Baartman, Liesbeth K. J., Bastiaens, Theo J., Kirschner, Paul A. & Vleuten, Cees P. M. van der (2007). Evaluation assessment quality in competence-based education: A qualitative comparison of two frameworks. *Educational Research Review, 2*, 114–129.

Baethge, Martin, Achtenhagen, Frank, Arends, Lena, Babic, Edvin, Baethe-Kinsky, Volker & Weber, Susanne (2006). *Berufsbildungs-PISA Machbarkeitsstudie*. Stuttgart: Franz Steiner Verlag.

Bönsch, Manfred, Kohnen, Helga, Möllers, Birgit, Müller, Günther, Nather, Wolfgang & Schüürmann, Anja (2010). *Kompetenzorientierter Unterricht: Selbstständiges Lernen in der Grundschule* (Praxis Pädagogik, 1. Auflage). Braunschweig: Westermann.

DeJong, Tom & Fergusson-Hessler, Monica G. M. (1996). Types and quality of knowledge. *Educational Psychologist, 3*, 105–113.

Chi, Michelene T. H., Feltovich, Paul J. & Glaser, Robert (1981). Categorization and representation of physics problems. *Cognitive Science, 5*, 121–152.

Erpenbeck, John & Rosenstiel, Lutz von (2003). Einführung. In John Erpenbeck & Lutz von Rosenstiel (Hrsg.), *Handbuch Kompetenzmessung. Erkennen, verstehen und bewerten von Kompetenzen in der betrieblichen, pädagogischen und psychologischen Praxis* (S. IX–XL). Stuttgart: Schäffer-Poeschel Verlag.

Fahse, Christian (2004). Wie unterrichtet man Kompetenzen? Anregungen für die Unterrichtspraxis. *Der mathematische und naturwissenschaftliche Unterricht, 57*(8), 460–464.

Feindt, Andreas & Meyer, Hilbert (2010). Kompetenzorientierter Unterricht. *Die Grundschulzeitschrift, 237*, 29–33.

Feindt, Andreas (2010). Kompetenzorientierter Unterricht – wie geht das? Didaktische Herausforderungen im Zentrum der Lehrerarbeit. *Friedrich Jahresheft*, 85–89.

Gruber, Hans. (2008). Lernen und Wissenserwerb. In Wolfgang Schneider & Marcus Hasselhorn (Hrsg.), *Handbuch der Pädagogischen Psychologie* (S. 95–104). Göttingen: Hogrefe.

Gruber, Hans & Stamouli, Elena (2009). Intelligenz und Vorwissen. In Elke Wild & Jens Möller (Hrsg.), *Pädagogische Psychologie (Lehrbuch mit Online-Materialien)* (S. 28–48). Heidelberg: Springer.

Kauffeld, Simone, Frieling, Ekkehard & Grote, Sven (2002). Soziale, personale, methodische oder fachliche: Welche Kompetenzen zählen bei der Bewältigung von Optimierungsaufgaben in betrieblichen Gruppen? *Zeitschrift für Psychologie, 210*, 197–208.

Klieme, Eckhard (2009). Leitideen der Bildungsreform und der Bildungsforschung. *Pädagogik, 1*(5), 44–47.

KMK, Sekretariat der Kultusministerkonferenz (2007). *Handreichung für die Erarbeitung von Rahmenlehrplänen der Kultusministerkonferenz für den berufsbezogenen Unterricht in der Berufsschule und ihre Abstimmung mit Ausbildungsordnungen des Bundes für anerkannte Ausbildungsberufe.* Bonn: Sekretariat der Kultusministerkonferenz.

Mendl, Hans (2014). Kompetent in Religion? Didaktische Elemente einer kompetenzorientierten Lehr- und Lernkultur im Religionsunterricht. *Informationen für den Religionsunterricht, 71*, 10–17.

Michalke-Leicht, Wolfgang (2011). *Kompetenzorientiert unterrichten: Das Praxisbuch für den Religionsunterricht* (1. Auflage). München: Kösel.

Michalke-Leicht, Wolfgang (2012). Auf die Haltung kommt es an: Das Lehr-Lerngeschehen als ein wechselseitiger und dynamischer Prozess. In Clauß Peter Sajak (Hrsg.), *Religionsunterricht kompetenzorientiert. Beiträge aus fachdidaktischer Forschung* (S. 35–46). Paderborn: Schöningh.

Ministerium für Schule, Jugend und Kinder des Landes Nordrhein-Westfalen (2003). *Mathematik, Informatik, Naturwissenschaften und Technik in NRW.* Düsseldorf: Ministerium für Schule, Jugend und Kinder des Landes Nordrhein-Westfalen.

OECD (2006). *PISA released items – mathematics.* Paris: OECD. Abgerufen am 19.06.2017 von http://www.oecd.org/pisa/38709418.pdf

Reetz, Lothar & Hewlett, Clive (2008). *Das Prüferhandbuch.* Hamburg: B+R Verlag.

Reich, Kersten (2012). *Konstruktivistische Didaktik: Das Lehr- und Studienbuch mit Online-Methodenpool* (5. erweiterte Auflage). Weinheim: Beltz.

Seel, Andrea & Wohlhart, David (2012). Kompetenzorientierter Unterricht: Konsequenzen für die Ausbildung der Lehrerinnen und Lehrer. In Manuela Paechter, Michaela Stock, Sabine Schmölzer-Eibinger, Peter Slepcevic-Zach & Wolfgang Weirer (Hrsg.), *Handbuch Kompetenzorientierter Unterricht* (S. 304–318). Weinheim: Beltz.

Steiner, Gerhard (2001). Lernen und Wissenserwerb. In Andreas Krapp & Bernd Weidenmann (Hrsg.), *Pädagogische Psychologie* (S. 137–206). Weinheim: Beltz.

Stock, Michaela, Riebenbauer, Elisabeth & Winkelbauer, Anna (2012). Wirtschaft – Kompetenzorientierung im kaufmännischen Unterricht. In Manuela Paechter,

Michaela Stock, Sabine Schmölzer-Eibinger, Peter Slepcevic-Zach & Wolfgang Weirer (Hrsg.). *Handbuch Kompetenzorientierter Unterricht* (S. 257–270). Weinheim: Beltz.

Tschekan, Kerstin (2011). *Kompetenzorientiert unterrichten: Eine Didaktik* (1. Auflage). Berlin: Cornelsen Scriptor.

Weinstein, Claire E. & Palmer, David R. (2002). *Learning and Study Strategies Inventory (LASSI): User's manual* (2. Auflage). Clearwater, FL: H & H Publishing.

Weinert, Franz E. (2001). Vergleichende Leistungsmessung in Schulen – eine umstrittene Selbstverständlichkeit. In Franz E. Weinert (Hrsg.), *Leistungsmessung in Schulen* (S. 17–31). Weinheim: Beltz.

Weirer, Wolfgang (2004). Theologische Wahrnehmungs- und Deutungskompetenz als Qualitätsmerkmal des Theologiestudiums. *Christlich-pädagogische Blätter, 117*(3), 146–149.

Ziegler, Ellen, Stern, Elsbeth & Neubauer, Aljoscha (2012). Kompetenzen aus der Perspektive der Kognitionswissenschaften und der Lehr-Lern-Forschung. In Manuela Paechter, Michaela Stock, Sabine Schmölzer-Eibinger, Peter Slepcevic-Zach & Wolfgang Weirer (Hrsg.), *Handbuch Kompetenzorientierter Unterricht* (S. 14–26). Weinheim: Beltz.

Ziener, Gerhard (2008). *Bildungsstandards in der Praxis: Kompetenzorientiert unterrichten* (1. Auflage). Seelze-Velber: Klett/Kallmeyer.

Ziener, Gerhard (2013). *Kompetenzorientiert unterrichten – mit Methode: Methoden entdecken, verändern, erfinden* (Unterrichtsentwicklung und Unterrichtsqualität: Praxisband). Seelze: Friedrich Verlag.

Silke Luttenberger, Sigrid Wimmer und Manuela Paechter

Förderung von Motivation und Interesse im Unterricht

Die Motivation von Kindern und Jugendlichen im schulischen Kontext ist ein zentrales Thema der Bildungsforschung und aus den Bereichen Lernen und Lehren nicht mehr wegzudenken. Auch in der Kompetenzdefinition von Weinert spielt Motivation eine wesentliche Rolle (Weinert, 2001). Sie ist ein Bestandteil der Kompetenz und trägt dazu bei, dass Personen ihre Fähigkeiten und Fertigkeiten tatsächlich nutzen und umsetzen (vgl. auch das Kapitel »Grundpfeiler kompetenzorientierter Didaktik«).

Wie kann Motivation im Unterricht gefördert werden? Und welche Rolle spielt dabei das Interesse? Um die Möglichkeiten der Förderung von Motivation im kompetenzorientierten Unterricht klären zu können, werden zunächst der Motivationsbegriff sowie seine Bedeutung für einen langfristigen und nachhaltigen Aufbau von Wissen, Können und Kompetenzen beschrieben. Danach wird in diesem Kapitel diskutiert, wie im kompetenzorientierten Unterricht Motivation gefördert werden kann.

1. Motivation: Ein Zusammenspiel zwischen Lernenden und der Lernsituation

Der Begriff Motivation beschreibt eine aktuelle oder generelle Verhaltensbereitschaft, die eine Person zu einer Handlung oder zur Unterlassung einer Handlung veranlasst (Gredler, 2001). Motivation gilt somit als der Antrieb für ein bestimmtes Verhalten. Rheinberg und Vollmeyer (2012) definieren Motivation als die »aktivierende Ausrichtung des momentanen Lebensvollzugs auf einen positiv bewerteten Zielzustand« (S. 15). Die Motivation einer Schülerin oder eines Schülers sollte sich demnach im lernbezogenen Verhalten widerspiegeln. Das folgende Beispiel zeigt, wie dies aussehen kann:

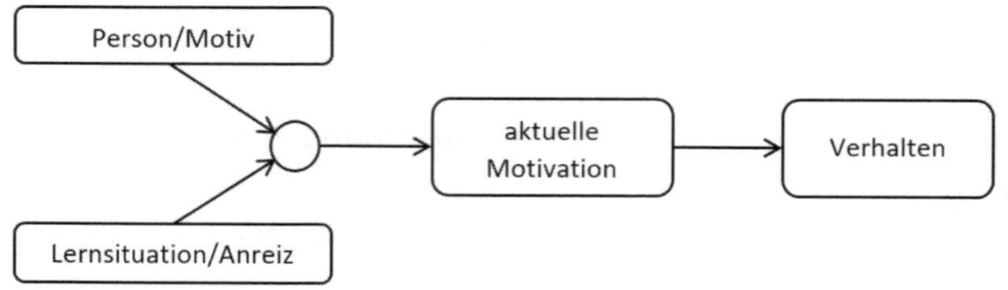

Abbildung 1: Zusammenwirken von Person und Lernsituation (Adaption des Grundmodells der »klassischen« Motivationspsychologie, Rheinberg & Vollmeyer, 2012, S. 70)

Eine Schülerin möchte beim nächsten Mathematiktest eine gute Note erreichen. Daher setzt sie sich an den Tagen vor dem Test wiederholt an die vorbereitete Aufgabensammlung, um die Mathematikbeispiele zu üben. Sie ist zuversichtlich, dass sie den Test gut besteht, und interessiert sich auch sehr für Mathematik. Insgesamt investiert die Schülerin viel Zeit in das Lernen für diesen Test.

Die Motivation dieser Schülerin führt somit zu einem förderlichen Verhalten, nämlich der Vorbereitung auf den Test. Dass die Schülerin die Vorbereitung für den Test als positiv erlebt, hat mehrere Ursachen: Die eigenen Einstellungen hinsichtlich des Lernens und der Leistungserbringung (man spricht hier auch von Motiven), ihr Interesse am Unterrichtsfach sowie die aktuelle Situation (die Tage vor dem Test; die Lernunterlagen, die zum Üben auffordern). Dieses Beispiel zeigt, wie die Persönlichkeitsmerkmale der Schülerin mit Anreizen der Lernsituation zusammenwirken und in einer Lernhandlung resultieren können (Rheinberg & Vollmeyer, 2012).

Abbildung 1 verdeutlicht dieses Zusammenspiel von Person und Situation und seine Wirkung auf die aktuelle Motivation. Persönliche Einstellungen und situative Anreize tragen zur aktuellen Motivation bei, die schließlich im Verhalten einer Person sichtbar wird.

Lern- und Leistungsmotive als personenbezogene Merkmale

Das Beispiel der Schülerin, die sich für den Mathematiktest vorbereitet, veranschaulicht, dass Motivation mit einem dahinterliegenden Ziel verbunden ist und sich im leistungsbezogenen Verhalten einer Person äußert (Spinath & Stiensmeier-Pelster, 2003). Im konkreten Fall ist es das Ziel der Schülerin, eine gute Note zu erreichen, weshalb sie viel Zeit in die Vorbereitung des Tests investiert. Die Ziele, die sich Lernende setzen, hängen jeweils von ihren persönlichen Einstellungen oder Werthaltungen ab, also von ihren Motiven. Rheinberg und Vollmeyer (2012) vergleichen Motive mit einer individuellen Sichtweise, aufgrund derer Menschen Entscheidungen treffen oder die dafür ausschlaggebend ist, wie Menschen Ereignisse beurteilen. Motive tragen auch zu einer gewissen Stabilität der Einstellungen und Wahrnehmungen von Menschen bei.

Dem aktuellen Erleben von Motivation liegen somit auch Motive als Merkmale der Persönlichkeit zugrunde. In Bezug auf die schulische Leistungserbringung werden zwei wichtige Motive unterschieden: das Lernmotiv und das Leistungsmotiv.

Unter dem Lernmotiv versteht man die Bereitschaft, sich aktiv und dauerhaft mit bestimmten Themengebieten auseinanderzusetzen, um neues Wissen zu erwerben sowie um das eigene Können und die eigenen Kompetenzen zu erweitern (Seidel & Krapp, 2014). Schülerinnen und Schüler mit einem stark ausgeprägten Lernmotiv lernen vor allem aus der Freude am Lernen selbst heraus; sie empfinden es als positiv, wenn sie neues Wissen erworben haben und Dinge können, die sie zuvor nicht geschafft haben. Das Ziel ist hier vorrangig die Tätigkeit des Lernens.

Das Leistungsmotiv richtet sich auf einen Teilaspekt des Lernens, nämlich auf die sichtbare Leistung, die man durch Anstrengungen erzielen kann. Bei diesem Motiv steht das Bestreben im Mittelpunkt, die eigene Tüchtigkeit und das eigene Können zu steigern und es in all jenen Bereichen, die von persönlicher Bedeutung sind, auf einem möglichst hohen Niveau zu halten (Heckhausen, 1965). Schülerinnen und Schüler mit einem stark ausgeprägten Leistungsmotiv setzen sich somit hohe Ziele bzw. haben einen hohen Gütemaßstab für ihre Leistung und strengen sich entsprechend an, um ihre Ziele zu erreichen. Sie wünschen sich außerdem Anerkennung, z. B. gute Noten, für ihre Anstrengungen und wählen eher anspruchsvolle Aufgaben, bei denen sie sich und/oder anderen ihre Kenntnisse beweisen können (Brunstein & Heckhausen, 2006).

Stark ausgeprägte Lern- und Leistungsmotive sind dem Erwerb von Kompetenzen förderlich, denn sie befähigen Schülerinnen und Schüler, sich zu bemühen, Zeit und Anstrengung in den Lernprozess zu investieren sowie bei Misserfolgen nicht aufzugeben. Zudem ist es wichtig, dass Lernende zuversichtlich sind, die gesetzten Ziele auch tatsächlich erreichen zu können, und dass die Aufgaben, die sie bewältigen möchten, auch ihrem Können und ihrem Leistungspotential entsprechen (Fritz, Tanzmeister & Bauer, 2014). Im Idealfall treffen ein stark ausgeprägtes Lernmotiv und ein stark ausgeprägtes Leistungsmotiv mit einer realistischen Einschätzung der eigenen Fähigkeiten zusammen, wodurch Schülerinnen und Schüler dann befähigt sind, ihre Lern- und Leistungspotentiale voll auszuschöpfen.

Lern- und Leistungsmotive werden im Laufe der Kindheit und des Jugendalters erworben und die jeweilige Ausprägung der Motive variiert individuell (Hasselhorn & Gold, 2013). Abgesehen von Eltern und Gleichaltrigen beeinflusst vor allem die Schule, also Lehrpersonen und Erzieherinnen und Erzieher, die Entwicklung der Lern- und Leistungsmotive von Kindern wesentlich. Beide Motive verfestigen sich während des Erwachsenwerdens und eine Veränderung im Erwachsenenalter gelingt weniger gut bzw. dauert länger.

Interesse, intrinsische und extrinsische Motivation

Lern- und Leistungsmotive stellen somit Persönlichkeitsmerkmale dar, die den individuellen Zielorientierungen einer Person unterliegen und ausschlaggebend dafür sind, wie sich eine Person im Kontext von Leistungssituationen verhält (Spinath & Stiensmeier-Pelster, 2003). Eine Person, die sehr lernmotiviert ist und sich hohe Ziele setzt, lernt, weil ihr die Tätigkeit des Lernens an sich und das Erwerben neuen Wissens Freude bereiten (Schiefele & Streblow, 2005). Es kann sein, dass eine Schülerin oder ein Schüler nur für ein bestimmtes Unterrichtsfach viel lernt, weil dieses als besonders interessant erlebt wird. Umgekehrt kann es auch sein, dass eine Schülerin oder ein Schüler sich für ein Unterrichtsfach wenig anstrengt, weil es nicht als interessant erlebt wird und für sie/ihn die Leistungen in diesem Fach weniger wichtig sind.

Ein weiteres, wichtiges Persönlichkeitsmerkmal, das den individuellen Lernprozess und die Anstrengung für ein Schulfach beeinflusst, ist also das Interesse (Hasselhorn & Gold, 2013). Es kann auf einen inhaltlichen Bereich (z. B. ein Unterrichtsfach) oder auf eine Tätigkeit begrenzt sein. So kann beispielsweise ein Schüler oder eine Schülerin hohes Interesse an Mathematik zeigen oder sehr am Lesen interessiert sein. Interesse an einem Inhaltsbereich ist eine wichtige motivationale Voraussetzung für erfolgreiches Lernen (Seidel & Krapp, 2014). Interessiert sich eine Person für ein Thema oder ein Unterrichtsfach, so wird sie sich auch stärker dafür anstrengen oder sich sogar über die Erfordernisse des Unterrichts hinaus damit beschäftigen. Krapp (2010) beschreibt Interesse als besondere Beziehung einer Person zu einem Inhaltsbereich, die sich in Form positiver Emotionen während des Lernens und in einer hohen Wertschätzung des Inhaltsbereichs äußert (Hasselhorn & Gold, 2013). Interesse an einem Thema geht zumeist auf den Wunsch zurück, mehr darüber zu erfahren, das eigene Wissen darüber zu erweitern bzw. entsprechende Kompetenzen zu erwerben.

Wenn Schülerinnen und Schüler während einer Lernhandlung Interesse zeigen, bzw. wenn sie am Unterrichtsfach interessiert sind, so sind sie intrinsisch motiviert (Schiefele & Köller, 2010). Das bedeutet, dass sie um der Lerntätigkeit und der Sache willen lernen und dass ihnen der Erwerb von Kompetenz in diesem Gebiet Freude bereitet. Interesse ist also eine langfristig eher stabile Eigenschaft einer Person, die sich während des Lernens in intrinsischer Motivation äußert.

Hohes Interesse an einem Inhaltsbereich ist auch eine wichtige Voraussetzung für den Erwerb von Kompetenzen. Wird ein Lerninhalt als bedeutsam und relevant für die eigene Person, den Alltag und/oder den späteren Beruf empfunden, so werden sich Schülerinnen und Schüler auch mehr bemühen, sich länger mit ihm beschäftigen und mehr lernen, als es notwendig wäre, um beispielsweise nur eine positive Note im entsprechenden Unterrichtsfach zu erreichen. Interesse zu wecken, ist daher eine wesentliche Aufgabe des Unterrichts.

Als Gegenpol zu intrinsischer Motivation wird die extrinsische Motivation gesehen (Schiefele & Köller, 2010). Während bei der intrinsischen Motivation der primäre Anreiz für das Lernen in der Freude am Lernen und am jeweiligen Inhalt liegt, ist bei der extrinsischen Motivation der primäre Anreiz das erwartete Ergebnis bzw. der Erfolg des Lernens. Das kann beispielsweise das Erzielen einer guten Note oder das Vermeiden von negativen Konsequenzen sein (z. B. eine Strafe der Eltern bei einer schlechten Note). Das Lernen selbst ist somit Mittel zum Zweck und hat die Funktion, eine erwünschte Belohnung zu erhalten oder eine Strafe zu vermeiden.

Zwischen der intrinsischen Motivation, wie sie beim Interesse vorliegt, und der extrinsischen Motivation, die auf Belohnung ausgerichtet ist, gibt es Mischformen. Deci und Ryan (2002) teilten die Motivation ursprünglich in fünf Formen ein, davon vier unterschiedliche Formen der extrinsischen Motivation. Diese Formen der Motivation unterscheiden sich vor allem darin, wie stark Lernen aus eigenem Antrieb geschieht bzw. wie stark es durch externe Anreize und Folgen beeinflusst wird. Die Theorie von Deci und Ryan wird im Folgenden verkürzt dargestellt (im Original werden innerhalb der fremdbestimmten sowie der selbstbestimmten extrinsischen Motivation noch Differenzierungen vorgenommen, auf die hier nicht näher eingegangen wird):

– Fremdbestimmte, extrinsische Motivation: Diese Form der Motivation ist am stärksten von außen beeinflusst, d. h., gelernt wird vor allem aus äußerem Antrieb oder aufgrund von Druck. Gründe dafür, dass extrinsisch motivierte Schülerinnen und Schüler lernen, sind demnach in erster Linie die Aussicht auf eine Belohnung oder das Ausbleiben einer bestrafenden Maßnahme. Beispielsweise kann es dazu kommen, dass sich ein Schüler, der das Fach Mathematik nicht mag, dennoch sehr intensiv für seine Mathematik-Klausur vorbereitet, einzig deshalb, weil ihm bei einer Verbesserung seiner Leistungen in Mathematik eine Belohnung versprochen wurde. Kann er seine Mathematikleistungen schließlich verbessern, wird er in erster Linie Freude aufgrund der Belohnung empfinden und weniger aufgrund von Stolz über seine Leistung. Extrinsische Motivation kann somit zu einer Verbesserung der Schulleistungen beitragen, ohne dass sich Schülerinnen und Schüler tatsächlich für ein Schulfach interessieren oder sich mit ihrer Leistung darin identifizieren.

– Selbstbestimmte, extrinsische Motivation: Auch diese Form der Motivation geht auf den Antrieb von außen zurück, sie liegt aber bereits näher an der intrinsischen Motivation. Bei selbstbestimmter extrinsischer Motivation entwickeln Schülerinnen und Schüler noch keine Freude an den Lerninhalten selbst, erkennen jedoch, dass das Lernen oder das Unterrichtsfach für die eigene Person bzw. die eigene Zukunft wichtig ist. So wird sich beispielsweise eine Schülerin mehr für die Vorbereitungen auf ihre Englischarbeit anstrengen, wenn sie einen Beruf in der Hotellerie-Branche anstrebt. Die Relevanz guter Englischkenntnisse in der angestrebten Berufsbranche wird dazu führen, dass sie eine gute Englischnote als wichtig betrachtet und sich entsprechend bemüht. Die Schülerin wird sich über gute Leistungen in Englisch freuen und stolz darauf sein. Auch selbstbestimmte extrinsische Motivation trägt nicht notwendigerweise zur Erhöhung des Interesses an einem Schulfach bei, zeigt aber, dass ein Handlungsziel verinnerlicht wurde und dass sich Personen mit ihrer Leistung identifizieren.
– Intrinsische Motivation: Sie ist die am stärksten selbstbestimmte Form der Motivation. Intrinsisch motivierte Lernende führen Handlungen freiwillig aus, weil diese ihren persönlichen Interessen entsprechen; bestimmte Tätigkeiten werden somit um der Sache willen ausgeführt (Deci & Ryan, 1993; Kreisler, Paechter & Zug, 2013). Zahlreiche empirische Befunde belegen, dass intrinsische Motivation für anspruchsvolle Formen des Lernens und für den Erwerb von Kompetenzen bedeutsam ist. Bei dieser Form von Motivation identifiziert sich die Schülerin bzw. der Schüler mit den Lerninhalten, sie bzw. er möchte mehr darüber erfahren und ihr bzw. sein Wissen sowie Kompetenzen erweitern (Prenzel, 1988).

Diese Differenzierung unterschiedlicher Motivationsformen fokussiert auf die für das Lernen und die individuelle Entwicklung notwendige Voraussetzung der Lernmotivation, die auch wichtig ist, um gegenstandsspezifisches Interesse zu entwickeln (Krapp, 2010).

Fazit für die Unterrichtsgestaltung

Lern- und Leistungsmotivation resultieren aus dem Zusammenspiel von persönlichen Einstellungen und Persönlichkeitsmerkmalen mit Merkmalen der Situation. Einerseits hat die Leistungsbereitschaft einer Schülerin bzw. eines Schülers Einfluss darauf, wie sie bzw. er sich in einer Lern- oder Unterrichtssituation verhält. Andererseits kann die aktuelle Lern- oder Unterrichtssituation die Motivation und das Interesse an Lerninhalten fördern oder vermitteln, dass es sich lohnt, bestimmte Kompetenzen zu erwerben. Eine generelle Leistungsbereitschaft sowie die Ausprägung von Lern- und Leistungsmotiven kann während des Heranwachsens durch das Elternhaus und vor allem durch die Schule geprägt und gefördert werden. Motivation und Interesse sind wesentlich dafür verantwortlich, dass sich Schülerinnen und Schüler für Lerninhalte begeistern und schließlich auch entsprechende Kompetenzen erwerben.

2. Förderung von Motivation im kompetenzorientierten Unterricht

Motivationsfördernder Unterricht ist von großer Bedeutung, weil er zu einem angenehmeren Lern- und Unterrichtsklima beiträgt und Schülerinnen und Schülern dauerhaft zu einer Verbesserung des Lernerfolgs verhelfen kann (Helmke, 2009). Zudem kann Förderung von Motivation bewirken, dass selbst begabte Schülerinnen und Schüler lernen, ihre Fähigkeiten besser zu nutzen (Wimmer, Luttenberger & Paechter, 2017). Wie Schülerinnen und Schüler im Unterricht motiviert werden können und welche Ziele dabei im Vordergrund stehen sollten, wird im Folgenden beschrieben.

Ziele eines motivations- und interesseförderlichen Unterrichts

Ziel der Förderung von Motivation im Unterricht ist einerseits, dass Schülerinnen und Schüler in der Entwicklung von Lern- und Leistungsmotiven gefördert werden. Dabei sollen sie lernen, ihre Fähigkeiten und Kenntnisse gut einzuschätzen und sich selbst Ziele zu setzen, die sie in ihrer Entwicklung voranbringen. Andererseits soll die Förderung von Motivation im Unterricht auch dazu beitragen, dass Schülerinnen und Schüler sich für Themengebiete interessieren und deren Bedeutung für die eigene Person oder einen künftigen Beruf erkennen.

Folgende Ziele kennzeichnen nach Schiefele (2014) motivierenden und interessanten Unterricht:

- Förderung des Vertrauens in die eigenen Fähigkeiten
- Förderung der Autonomieerfahrung
- Förderung der sozialen Einbindung
- Förderung der persönlichen Bedeutsamkeit

Die drei erstgenannten Ziele können indirekt zur Förderung von Motivation und Interesse im Unterricht beitragen, da hier die Lerntätigkeit mit der Befriedigung grundlegender Bedürfnisse verbunden wird. Das vierte Ziel »Förderung der persönlichen Bedeutsamkeit« legt den Schwerpunkt auf die Förderung von Interesse sowie auf die Verdeutlichung der inhaltlichen Relevanz von Lerninhalten mittels Alltags- oder Berufsbezug.

Förderung des Vertrauens in die eigenen Fähigkeiten

Die Förderung des Vertrauens in die eigenen Fähigkeiten zielt darauf ab, die Lernaktivitäten der Schülerinnen und Schüler zu steigern und Fortschritte im Kompetenzerwerb mit eigener Anstrengung und Selbstbestimmung zu verknüpfen. Im Idealfall treffen das Vertrauen in die eigenen Fähigkeiten mit einer realistischen Bewertung des eigenen Leistungspotentials und einem hoch ausgeprägten Leistungsmotiv zusammen. Lernende, bei denen diese Kombination zutrifft, wählen eher anspruchsvolle Aufgaben, durch die sie ihre eigenen Kompetenzen steigern können.

Das Vertrauen in die eigenen Fähigkeiten kann unterschiedlich gefördert werden (Krapp, Lewalter & Geyer, 2014; Schiefele, 2014); im Kapitel »Grundpfeiler kompetenzorientierter Didaktik« wurden bereits mehrere Förderungsmaßnahmen beschrieben:

- Anbieten von anspruchsvollen, gut abgestimmten Aufgabenstellungen und Berücksichtigung individueller Unterschiede: Anspruchsvolle Aufgabenstellungen anzubieten hat nicht nur eine kognitive, sondern auch eine motivationale Komponente, insbesondere dann, wenn die Aufgabenstellungen im Schwierigkeitsniveau an das Vorwissen und Fähigkeitsniveau der Schülerinnen und Schüler angepasst sind (Seidel & Krapp, 2014), sodass diese die Aufgaben bei hinreichender Anstrengung lösen können (Schiefele, 2014). So erfahren Schülerinnen und Schüler, zu welchen Leistungen sie fähig sind und lernen, ihre eigenen Fähigkeiten gut einzuschätzen. Durch Aufgaben, die sie bewältigen können, und durch positives Feedback darüber entwickeln sie Vertrauen in die eigenen Fähigkeiten.
- Die Vernetzung neu gelernter Inhalte mit bereits vorhandenem Wissen und Können in geeigneten Anwendungssituationen: Diese beiden Merkmale des kompetenzorientierten Unterrichts unterstützen nicht nur den Transfer des erworbenen Wissens und Könnens, sondern fördern auch das Interesse an einem Themengebiet. Auf diese Weise können Schü-

lerinnen und Schüler erkennen, wozu sie den Lernstoff benötigen und in welchen Bereichen die erworbenen Kompetenzen wichtig sind. Damit sollen Interesse sowie intrinsische Motivation gefördert werden. Seidel und Krapp (2014) schlagen in diesem Kontext vor, Aufgaben aus dem realen Lebensraum der Schülerinnen und Schüler zu wählen. Durch die Anwendung alltagstauglicher Lernaufgaben sind Inhalte besser nachvollziehbar und es kommt rasch zu Situationen, in denen Lernende Zusammenhänge verstehen und positive Lernergebnisse erzielen. Damit werden Interesse und Motivation geweckt (beispielweise, wenn die Schülerinnen und Schüler in naturwissenschaftlichen Fächern selbst experimentieren und die Erkenntnisse an lebenspraktischen Aufgaben ausprobieren können – z. B. Trinkwasser oder Bodenstoffe analysieren). In diesem Buch werden mehrere Unterrichtsmethoden vorgestellt, bei denen das Anwenden von Wissen in einem alltags- oder berufsnahen Kontext wesentlich ist (z. B.: »Fallarbeit – Brücke zwischen Theorie und Praxis«, »Forschendes Lernen«, »World Café in der Übungsfirma«).
- Rückmeldung und Bekräftigung: Um Informationen über die Lernprozesse der Lernenden zu erhalten und diese aktiv in die Leistungsbeurteilung einbeziehen zu können, sind Methoden wie formative Evaluation, Leistungsdiagnosen und Feedback zielführend. Auf ihre Bedeutung für die Bestärkung der Schülerinnen und Schüler weist auch Hattie (2013) hin. Wichtig ist es, dass die Schülerinnen und Schüler zu einer realistischen und richtigen Einschätzung der eigenen Fähigkeiten und Stärken kommen (vergleiche dazu auch das Kapitel »Präsentation«).

Zudem sehen Schiefele (2014) sowie Prenzel und Kolleginnen und Kollegen (2002) eine verständliche Strukturierung der Inhalte und Aufgabenstellungen als bedeutsam für die Förderung von Motivation an. Werden Inhalte strukturiert (d. h. einer klaren Sachlogik folgend) sowie anschaulich kommuniziert und sprachlich gut aufbereitet, wird auch die Entwicklung von Interesse an einem Themengebiet unterstützt (Schiefele, 2014).

Förderung der Autonomieerfahrung

Bei diesem Ziel geht es darum, mittels Selbstbestimmung und Autonomie im Unterricht (z. B. Unterrichtsmethoden, Wahlmöglichkeiten von Aufgaben) auf Seiten der Lernenden motivations- und interessenförderliche Bedingungen zu erreichen (Krapp et al., 2014; Schiefele, 2014). Wenn Schülerinnen und Schüler selbst über ihr Lernen bestimmen können, werden Lern- und Leistungsmotive angesprochen und gefördert. Möglichkeiten dazu sind:

- Anbieten von anspruchsvollen, gut abgestimmten Aufgabenstellungen und Berücksichtigung individueller Unterschiede: Feindt und Meyer (2010) zufolge soll kompetenzorientierter Unterricht die Schülerinnen und Schüler herausfordern, ihr bereits vorhandenes Wissen zu aktivieren und einzusetzen. Aufgaben sollen daher so gestaltet sein, dass die Lernenden autonom Lösungsstrategien entwickeln und erproben können. Auf diese Weise erleben sie, wie erfolgreich sie durch eigenständiges Lernen sein können. In diesem Buch werden mehrere Unterrichtsmethoden vorgestellt, in dem das eigenständige Entwickeln und Erproben besonders wichtig sind (z. B. Kapitel »Forschendes Lernen«, »Problem-Based-Learning«, »Schreibwerkstatt«).
- Reflexion des Lernfortschritts durch die Schülerinnen und Schüler: Die Schülerinnen und Schüler entwickeln Wissen um die eigenen Stärken und Schwächen im Lernprozess. Dieses Wissen hilft ihnen, selbständig darüber zu entscheiden, wie sie Aufgaben bewältigen möchten, z. B. welche Lernstrategien sie zur Bearbeitung von Aufgaben nutzen. Den Lernenden werden dabei Techniken zur Dokumentation der eigenen Lernfortschritte vermittelt (z. B. Portfolios, Lernkurven zur Dokumentation von Lernfortschritten). Dadurch wird Lernen als selbstbestimmte Handlung erlebt und die Zuversicht der Schülerinnen und Schüler in die eigenen Fähigkeiten gefördert.

Die Veränderung der Rolle der Lehrperson – von der Wissensvermittlerin bzw. vom Wissensvermittler hin zur Begleiterin bzw. zum Begleiter von Lernprozessen im kompetenzorientierten Unterricht – kommt der Förderung von Autonomieerfahrung entgegen. Schülerinnen und Schüler erhalten mehr Mitbestimmung und werden in die Auswahl der Lerninhalte und -ziele eingebunden, z. B. durch Entscheidungen über verschiedene Lernwege oder Lernmaterialien. Dafür ist der Einsatz von Zeit- und Arbeitsplänen erforderlich, um festzuhalten, bis wann welche Ziele zu erreichen sind.

Förderung der sozialen Einbindung

Motivation und Interesse können durch die soziale Einbindung der Schülerinnen und Schüler in eine Gruppe gefördert werden. Das Gefühl, Teil des sozialen Geschehens zu sein und das eigene Wissen und Können an andere weitergeben zu können, kann das Interesse sowie die Leistungsmotivation steigern (Krapp et al., 2014; Schiefele, 2014). Dies gelingt besonders gut, wenn Lernende eine Aufgabenstellung, die ihnen persönlich bedeutungsvoll erscheint, in Kleingruppen bearbeiten (z. B. ein Unterrichtsprojekt, für das sie sich selbst entschieden haben). Die Durchführung von Arbeiten in der Kleingruppe erfordert einen intensiven sozialen Austausch zwischen den Gruppenmitgliedern. Jedes Mitglied muss Verantwortung für eine Teilaufgabe übernehmen und die Aufgabe mit den Mitschülerinnen und Mitschülern diskutieren. Die Lehrpersonen sollten den Schülerinnen und Schülern glaubhaft ihr Interesse am individuellen Lernfortschritt vermitteln und im Unterricht auch über mögliche Lernstrategien und Arbeitstechniken informieren (z. B. in Gruppengesprächen die Reflexion des eigenen Lernverhaltens bzw. der eigenen Lerntechniken anregen). Manche Unterrichtsmethoden wie z. B. Rollenspiele oder Planspiele verknüpfen das gemeinsame Arbeiten mit der Übernahme unterschiedlicher Perspektiven durch die Schülerinnen und Schüler (siehe z. B. die Kapitel »Rollenspiel – Von hier nach dort« und »Planspiel«).

Lernen in der Gruppe und die gemeinsame Konstruktion von Wissen wurden im Kapitel »Grundpfeiler kompetenzorientierter Didaktik« als wichtiges Merkmal von kompetenzorientiertem Unterricht genannt. Dabei wurde betont, dass in kognitiver Hinsicht die Kommunikation über Lerninhalte zum Aufbau eines vertieften Wissens bei Schülerinnen und Schülern beiträgt und die Vernetzung von Wissensinhalten fördert. Wie die obigen Überlegungen zeigen, hat gemeinsames Lernen zudem positive Auswirkungen auf die Motivation.

Förderung der persönlichen Bedeutsamkeit

Die bisher beschriebenen Ziele des motivationsförderlichen Unterrichts stellen Bedingungen für die indirekte Förderung von Motivation und Interesse im Unterricht dar. Sie verbinden Lernen mit der Befriedigung der Bedürfnisse nach Bestätigung der eigenen Fähigkeiten, Autonomieerfahrung und sozialer Einbindung. Außerdem werden mit dem Ziel der persönlichen Bedeutsamkeit Motivation und Interesse direkt gefördert, indem der subjektive Wert von Lerninhalten erhöht wird. Die folgenden Merkmale des kompetenzorientieren Unterrichts erhöhen die persönliche Bedeutsamkeit des Lernstoffs und des Lernens:

- Vernetzung neu gelernter Inhalte mit vorhandenem Wissen und Können: Die Vernetzung des neu Gelernten mit bereits vorhandenem Wissen und Können lässt Lernende erkennen, dass sie schon über wichtiges Vorwissen verfügen und dieses mit neu gelernten Inhalten verbinden und umsetzen können. So kann das Vertrauen in die eigenen Fähigkeiten gestärkt werden.
- Anbieten geeigneter Anwendungssituationen: Durch das Anbieten geeigneter Anwendungssituationen sollen die Relevanz der Lerninhalte besser erkannt und das Interesse sowie die Motivation gefördert werden. Schülerinnen und Schüler sollen den Zusammenhang zwischen dem, was sie für

die Schule lernen, und dem, was sie im Alltag benötigen, erkennen (z. B. die Relevanz von naturwissenschaftlichen Phänomenen für die Lösung von Alltagsproblemen).

Lerninhalte gewinnen dann persönliche Bedeutung, wenn ein Bezug zu den eigenen übergeordneten Lern- und Leistungszielen hergestellt werden kann (Krapp et al., 2014; Schiefele, 2014). Somit müssen Schülerinnen und Schüler einen plausiblen Grund dafür erkennen, warum sie sich mit einem bestimmten Lernstoff befassen sollten. Dabei sollten die Bedeutung des Lernstoffs sowie des Berufsbezugs nachvollziehbar sein (z. B. Englisch als zentrale Sprache bei internationalen Kontakten). Sind diese Voraussetzungen gegeben, wird der Lernstoff mit den eigenen Interessen, Zielen und Berufsvorstellungen abgeglichen. Persönliche Bedeutsamkeit kann auch gefördert werden, wenn sich die Schülerinnen und Schüler mit eigenen Erlebnissen oder den Erlebnissen anderer Personen, die ihnen ähnlich sind, befassen (siehe dazu z. B. das Kapitel »Dilemmageschichten«).

Nachhaltige Förderung der Motivation

Die Ansätze zur Förderung von Motivation und Interesse im Unterricht zeigen, dass es umfangreicherer Bemühungen bedarf, um die Lernmotivation und das Interesse der Lernenden an einem Unterrichtsfach oder an Themengebieten wirkungsvoll und dauerhaft zu erhöhen. Oft führen Maßnahmen nur zu einer kurzfristigen Zunahme der Motivation, die schnell wieder verblasst, und bei vielen Lernenden kommt es zu keinem Lernprozess bzw. zu keinem dauerhaften Kompetenzerwerb (Hasselhorn & Gold, 2013). Die zuvor genannten Maßnahmen müssen nicht bei allen Lernenden die gewünschte Wirkung erzielen, schließlich sind auch Lern- und Leistungsmotive auf Seiten der Schülerinnen und Schüler erforderlich, um mit Hilfe der Motivationstechniken die Motivation erhöhen zu können. Dafür ist eine positive und realistische Einschätzung der eigenen Fähigkeiten für einen erwünschten Kompetenzzuwachs erforderlich. Didaktik, die kompetenzorientierten Prinzipien folgt, sollte sich verstärkt mit individuellen Lernvoraussetzungen auseinandersetzen. Motivationsförderliche Maßnahmen müssen den Prinzipien der kompetenzorientierten Didaktik folgen.

3. Motivation und Kompetenz

Kompetenz und Motivation werden in vielerlei Hinsicht gemeinsam genannt. Die häufig verwendete Definition von Weinert (2001) sieht Kompetenzen als »die bei Individuen verfügbaren oder durch sie erlernbaren kognitiven Fähigkeiten und Fertigkeiten, um bestimmte Probleme zu lösen, sowie die damit verbunden motivationalen, volitionalen und sozialen Bereitschaften und Fähigkeiten, um die Problemlösungen in variablen Situationen erfolgreich und verantwortungsvoll nutzen zu können« (S. 27). Auch Klieme und Kolleginnen und Kollegen (2003) definieren Kompetenzen als das Zusammenwirken zwischen Komponenten wie Wissen, Fähigkeit, Verstehen, Können, Handeln, Erfahrung, Motivation und Wille. Nach diesen Definitionen kann Motivation als Bestandteil des Kompetenzbegriffes gesehen werden.

Wird Motivation jedoch nur mehr als Komponente der Kompetenz verstanden, kann dies zu Schwierigkeit führen, da die Konzepte nicht mehr getrennt werden können. Als Konsequenz könnten die folgenden Aussagen nicht mehr getroffen werden: Die Lernenden verfügen zwar über die notwendigen Kompetenzen, sind aber kaum motiviert. Oder: Die Lernenden sind motiviert, verfügen aber nicht über die notwendigen Kompetenzen. Eine Integration der Motivation in den Kompetenzbegriff würde solche Aussagen unmöglich machen (Hartig, 2006). Schließlich ist Motivation nicht nur in Verbindung mit einem Lerninhalt zu sehen, sondern, wie die Ausführungen im ersten Teil dieses Kapitels gezeigt haben, ist die Motivation zu lernen auch ein langfristig stabiles Persönlichkeitsmerkmal. Im Unterricht gilt es, Lern- und Leistungsmotive und somit die nachhaltige Motivation von Schülerinnen und Schülern zu fördern.

4. Fazit

Motivation ist durch individuellen Antrieb sowie durch die Verhaltensbereitschaft eines Menschen gekennzeichnet und ist bei Schülerinnen und Schülern durch Beobachtung ihrer lernbezogenen Handlungen erkennbar. Lernmotivation und die Motivation, Leistung zu erbringen, bilden gemeinsam mit Interesse die wesentlichsten Voraussetzungen für die Entwicklung von Kompetenzen. Die Förderung von Motivation und Interesse im Unterricht kann langfristig zu einer Leistungssteigerung führen und die generelle Leistungsbereitschaft fördern.

Die Förderung von Motivation und Interesse ist ein wichtiger Bestandteil des Unterrichts und fordert von Lehrpersonen, in ihrem Unterricht die Motive der Schülerinnen und Schüler zu berücksichtigen und zu fördern sowie eine anregende Lernsituation zu schaffen. Motivationsfördernder Unterricht setzt eine hohe Orientierung an den Schülerinnen und Schülern voraus und soll positive Einstellungen gegenüber Lerninhalten oder gegenüber einem Unterrichtsfach fördern. Die Ziele von motivationsförderndem Unterricht liegen in folgenden Bereichen, in denen Lernende unterstützt werden sollen: Autonomie und Mitbestimmung im Unterricht, Vertrauen in die eigenen Fähigkeiten und Kompetenzen, Gefühl der Eingebundenheit in eine soziale Gruppe sowie das Empfinden, dass die Lerninhalte von Relevanz und Wichtigkeit sind.

Obwohl die Motivation von Lernenden schon seit den 1970ern beforscht wird, wird der erst halb so lange gebräuchliche Kompetenzbegriff aktuell häufiger verwendet. Seine vielseitige, aber auch uneinheitliche Anwendung stößt dabei immer wieder auf Kritik. Zwischen Motivation und Kompetenz bestehen starke Überschneidungen und Motivation wird oft als ein Teil der Kompetenz oder als Mittel zur Ausübung von Kompetenzen beschrieben. Dennoch handelt es sich hier um zwei voneinander unabhängige Begriffe, denn Motivation ist mehr als nur eine an der Umsetzung von Kompetenzen beteiligte Komponente.

Literatur

Brunstein, Joachim C. & Heckhausen, Heinz (2006). Leistungsmotivation. In Jutta Heckhausen & Heinz Heckhausen (Hrsg.), *Motivation und Handeln* (S. 143–191). Heidelberg: Springer.

Deci, Edward L. & Ryan, Richard M. (1993). Die Selbstbestimmungstheorie der Motivation und ihre Bedeutung für die Pädagogik. *Zeitschrift für Pädagogik, 39*, 223–238.

Deci, Edward L. & Ryan, Richard M. (2002). Overview of self-determination theory: An organismic dialectical perspective. In Edward L. Deci & Richard M. Ryan (Hrsg.), *Handbook of self-determination research* (S. 3–33). Rochester, NY: University of Rochester Press.

Feindt, Andreas & Meyer, Hilbert (2010). Kompetenzorientierter Unterricht. *Die Grundschulzeitschrift, 24*(237), 29–33.

Fritz, Ursula, Tanzmeister, Ingrid & Bauer, Romana (2014). *Die neue Oberstufe Ziel-, lösungs- und ressourcenorientiert. Individuelle Lernbegleitung*. Wien: BMBF.

Gredler, Margret E. (2001). *Learning and instruction: Theory into practice*. Upper Saddle River, NJ: Prentice Hall.

Hartig, Johannes (2006). Kompetenzen als Ergebnisse von Bildungsprozessen. *DIPF informiert, 20*, 2–7.

Hasselhorn, Markus & Gold, Andreas (2013). *Pädagogische Psychologie. Erfolgreiches Lernen und Lehren*. Stuttgart: Kohlhammer.

Hattie, John (2013). *Lernen sichtbar machen*. Baltmannsweiler: Schneider Verlag.

Heckhausen, Heinz (1965). Leistungsmotivation. In Hans Thomae (Hrsg.), *Handbuch der Psychologie* (S. 602–702). Göttingen: Hogrefe.

Helmke, Andreas (2009). *Unterrichtsqualität und Lehrerprofessionalität. Diagnose, Evaluation und Verbesserung des Unterrichts*. Seelze-Velber: Klett Kallmeyer.

Klieme, Eckhard, Avenarius, Hermann, Blum, Werner, Döbrich, Peter, Gruber, Hans, Prenzel, Manfred, Reiss, Kristina, Riquarts, Kurt, Rost, Jürgen, Tenorth, Heinz-Elmar & Vollmer, Helmut J. (2003). *Zur Entwicklung nationaler Bildungsstandards. Eine Expertise*. Berlin: BMBF.

Krapp, Andreas (2010). Interesse. In Detlev H. Rost (Hrsg.), *Handwörterbuch Pädagogische Psychologie* (S. 311–323). Weinheim: Beltz.

Krapp, Andreas, Lewalter, Doris & Geyer, Claudia (2014). Motivation und Emotion. In: Tina Seidel & Andreas Krapp (Hrsg.), *Pädagogische Psychologie* (S. 193–222). Münster: Waxmann.

Kreisler, Mareike, Paechter, Manuela & Zug, Ulrike (2013). Wie können soziale und personale Kompetenzen in berufsbildenden Schulen für Schüler/innen motivierend, interessant und lernwirksam gefördert werden? Beschreibung der Entwicklung und empirischen Überprüfung von Unterrichtsaufgaben zur Förderung sozialer und personaler Kompetenzen. *Wissenplus. Österreichische Zeitschrift für Berufsbildung, 5*, 44–49.

Prenzel, Manfred (1988). *Die Wirkungsweise von Interesse: Ein pädagogisch-psychologisches Erklärungsmodell*. Opladen: Westdeutscher Verlag.

Prenzel, Manfred, Seidel, Tina, Lehrke, Manfred, Rimmele, Rolf, Duit, Reinders, Euler, Manfred, Geiser, Helmut, Hoffmann, Lore, Müller, Christoph & Widodo, Ari (2002). Lehr-Lernprozesse im Physikunterricht – eine Videostudie. *Zeitschrift für Pädagogik, 45*, 139–156.

Rheinberg, Falko & Vollmeyer, Regina (2012). *Motivation*. Stuttgart: Kohlhammer.

Schiefele, Ulrich (2014). Förderung von Interessen. In Gerhard W. Lauth, Matthias Grünke & Joachim C. Brunstein (Hrsg.), *Interventionen bei Lernstörungen* (S. 251–261). Göttingen: Hogrefe.

Schiefele, Ulrich & Köller, Olaf (2010). Intrinsische und extrinsische Motivation. In Detlev H. Rost (Hrsg.), *Handwörterbuch Pädagogische Psychologie* (S. 336–344). Weinheim: Beltz.

Schiefele, Ulrich & Streblow, Lilian (2005). Intrinsische Motivation – Theorien und Befunde. In Regina Vollmeyer & Joachim C. Brunstein (Hrsg.), *Motivationspsychologie und ihre Anwendung* (S. 39–58). Stuttgart: Kohlhammer.

Seidel, Tina & Krapp, Andreas (2014). *Pädagogische Psychologie*. Weinheim: Beltz.

Spinath, Birgit & Stiensmeier-Pelster, Joachim (2003). Goal orientation and achievement: The role of ability self-concept and failure perception. *Learning and Instruction, 13*, 403–422.

Weinert, Franz E. (2001). Vergleichende Leistungsmessung in Schulen – Eine umstrittene Selbstverständlichkeit. In Franz E. Weinert (Hrsg.), *Leistungsmessungen in Schulen* (S. 17–33). Weinheim: Beltz.

Wimmer, Sigrid, Luttenberger, Silke & Paechter, Manuela (2017). Lern- und Leistungsmotivation im Kontext von Begabung und lebensbegleitendem Lernen. *Journal für Begabtenförderung, 1*, 59–67.

Ursula Fritz und Karin Lauermann

Akzente für eine neue Lehr-, Lern- und Beurteilungskultur

Europas Bildungssysteme unterliegen seit den letzten zwei Dekaden einem Wandel. Der Perspektivenwechsel hin zur Kompetenzorientierung ist ein notwendiger Schritt in Richtung einer neuen Lehr-, Lern- und Beurteilungskultur, die am lebenslangen Lernprozess orientiert ist. Die Auslöser für die umfassenden Bildungsdiskussionen sind vielfältig. Im Folgenden werden einige grundlegende Aspekte aufgezeigt.

1. Internationale Vergleichsstudien

Ein wesentlicher impulsgebender Faktor sind internationale Vergleichsstudien wie u. a. PISA (Programme for International Student Assessment), TIMSS (Trends in Mathematics and Science Study) und PIRLS (Progress in International Reading Literacy Study). So lösten beispielsweise in Deutschland und Österreich die PISA-Ergebnisse in den Jahren 2000 bzw. 2003 den sogenannten »PISA-Schock« aus und brachten Dynamik in die bildungspolitischen Debatten. Die Frage, welche Veränderungen notwendig seien, um bessere Ergebnisse zu erzielen, stand nun im Fokus. Die damalige Bundesministerin für Bildung und Forschung in Deutschland Edelgard Bulmahn thematisierte in einer Rede am 28. Mai 2002 erforderliche Konsequenzen nach der PISA-Studie und nannte als entscheidenden Punkt die Notwendigkeit einer neuen Kultur des Lernens (Bulmahn, 2003). Ähnlich argumentierte die damals in Österreich amtierende Bundesministerin für Bildung, Wissenschaft und Kultur Elisabeth Gehrer: »Jetzt kommt es darauf an, sich nicht auf den Lorbeeren auszuruhen, damit wir beim nächsten PISA-Vergleich von einem der besten Plätze Europas zur Weltklasse aufrücken« (zit. nach News, 2004). Im Zuge dessen wurde auch deutlich, dass ein Paradigmenwechsel von der Input- zur Outputsteuerung im Bildungssystem Zeit, Akzeptanz und Umsetzungswillen auf allen Ebenen benötigt. In diesem Sinne betonte auch die in Österreich 2017 amtierende Bildungsministerin Sonja Hammerschmid: »Trotz der durchgeführten Reformen im Schulsystem haben sich Österreichs Schüler bei der PISA-Studie nicht verbessert. Ganz im Gegenteil: In der letzten PISA-Studie fiel Österreich sogar leicht zurück, bleibt aber weiter im Mittelmaß« (zit. nach Roth & Madlener, 2017).

PISA liefert Informationen über die Ergebnisse beziehungsweise die Effizienz des Lehrens und Lernens in unterschiedlichen Bildungssystemen. Die teilnehmenden Staaten können sich und ihr Bildungssystem damit im internationalen Vergleich bewerten und analysieren. Besonderen Wert legt PISA dabei auf die Frage, wie es den einzelnen Staaten gelingt, Lernenden unabhängig von ihrer kulturellen und sozialen Herkunft die Entwicklung ihrer Kompetenzen zu ermöglichen. Die aktuellen Ergebnisse bestärken die Bildungspolitik, das neue Verständnis von Bildung mit Konsequenz zu verfolgen: Jene Grundkompetenzen und Fähigkeiten, die notwendig sind, um reale Lebenssituationen und berufliche Anforderungen zu bewältigen, sollen weiterhin verstärkt im Mittelpunkt der Unterrichtsarbeit stehen.

2. Arbeitsmarkt und lebenslanges Lernen

Weitere Auslöser für Umgestaltungen im Bildungssystem sind der beschleunigte Wandel der Arbeitsmarkt- und Qualifikationserfordernisse, ein Trend zur Höherqualifizierung, neue Arbeitskulturen, aber auch verändertes Sozialverhalten. Auch globale Einflüsse, virtuelle Kommunikationsformen sowie soziale Medien machen sich in der Lebenswelt bemerkbar (Marterer & Härtl, 2014). Vertreterinnen und Vertreter der Wirtschaft fordern neben den fachlichen Qualifikationen verstärkt personale, soziale und emotionale Kompetenzen: »70 Prozent der österreichischen Firmen geben an, sich bei der Suche nach geeigneten Mitarbeitern schwer zu tun. Hauptgründe sind der mangelnde Leistungswille der Bewerber (61 Prozent) und die fehlende Qualifikation (59 Prozent)« (Die Presse, 2011). Es geht somit um Disziplin, Belastbarkeit, Interesse, Leistungsbereitschaft und Umgangsformen (Baum & Laschkolnig, 2012). Die Schweizerische Eidgenossenschaft ergänzt hierzu im Bericht des Bundesrats 2017: »Auf der anderen Seite werden auch komplementäre Fähigkeiten, welche sich nicht digitalisieren lassen, wie bspw. interpersonelle Kompetenzen, an Bedeutung gewinnen« (Schweizerische Eidgenossenschaft, 2017, S. 86).

Diese Veränderungen erfordern neue Formen der Wissensaneignung, die Erschließung neuer Kompetenzbereiche sowie ein dynamisches Modell des Kompetenzerwerbs und rücken damit das ganzheitliche Lernen – in Rückbesinnung auf Pestalozzi – in den Fokus. Dies umso mehr, als eine stete Erweiterung des Allgemein- und Fachwissens sowie der spezifischen beruflichen Qualifikationen, aber auch der Selbstständigkeit und der Eigenverantwortung unverzichtbar sind. Es geht dabei nach Ott (2000) um ein inhaltlich-fachliches, ein methodisch-problemlösendes, ein sozial-kommunikatives und ein affektiv-ethisches Lernen. Nur wer seine Kenntnisse und Fertigkeiten eigenständig erweitern kann und gelernt hat, ein Leben lang zu lernen, ist befähigt, ein autonomes Leben zu führen, das gesellschaftliche Umfeld mitzugestalten, den eigenen persönlichen Aufstieg und die individuelle Existenz zu sichern. »Bildung begleitet den Menschen ein Leben lang. Sie wandelt den Menschen; zugleich bereitet sie ihn für diesen Wandel vor und befähigt ihn zu handeln« (Lenz, 1995, S. 24). Erworbenen Kompetenzen kommt dabei eine entscheidende Bedeutung zu. Sie unterstützen die Fähigkeit zur Entwicklung eigener Lernstrategien sowie zur Selbstorganisation für die Aneignung neuen Wissens. Auch das Europäische Parlament und der Rat empfehlen für lebensbegleitendes Lernen, dass »eine hochwertige Grundbildung für alle schon von früher Jugend an« sowie »die Verbesserung des Bildungsniveaus […] von entscheidender Bedeutung« (Empfehlung, 2006) sind. Welche konkreten Konsequenzen diese Anforderungen für Bildungssysteme in Europa haben und welche nationalen Rahmenbedingungen u. a. geschafften werden sollten, um kompetenzorientierte Unterrichtsgestaltung zu verstärken, wird im Folgenden skizziert.

3. Europäischer Qualifikationsrahmen

Auch die Bemühungen der Europäischen Union, die in den einzelnen Mitgliedstaaten erworbenen Qualifikationen und Kompetenzen grenzüberschreitend transparent und vergleichbar zu machen, spielen im Rahmen der Reformbewegungen nationaler Bildungssysteme eine wesentliche Rolle.

Abkürzungen wie EQR, ECVET, ESCO[1] bezeichnen europäische Instrumente, deren erklärtes gemeinsames Ziel es ist, erworbene (berufliche)

1 EQR = Europäischer Qualifikationsrahmen, ECVET = European Credit System for Vocational Education and Training (Europäisches Leistungspunktesystem für die Berufsbildung), ESCO = European Taxonomy of Skills, Competences and Occupations (Europäische Klassifizierung für Fähigkeiten/Kompetenzen, Qualifikationen und Berufe).

Qualifikationen und Kompetenzen zu stärken sowie deren Klassifizierung, Transparenz, Vergleichbarkeit und gegebenenfalls gegenseitige Anerkennung in der Europäischen Union zu fördern. Als etabliertes Instrument setzt vor allem der Europäische Qualifikationsrahmen (EQR) wesentliche Impulse für die nationale und europäische Bildungspolitik, insbesondere für die Umsetzung der Kompetenzorientierung. Er wird als entscheidende Maßnahme gesehen, um erworbene Qualifikationen und Kompetenzen auf europäischer Ebene transparent und vergleichbar zu machen. Im Folgenden soll daher näher auf ihn eingegangen werden.

Die Empfehlung des Europäischen Parlaments und des Rates vom 23. April 2008 zur Einrichtung des Europäischen Qualifikationsrahmens für lebenslanges Lernen ist an den Bologna-Prozess[2] geknüpft sowie in der Lissabon-Strategie[3], im Kopenhagen-Prozess[4] zur beruflichen Bildung und in der Strategie für intelligentes, nachhaltiges und integratives Wachstum[5] verankert. Ihr primäres Ziel lautet, »einen gemeinsamen Referenzrahmen als Übersetzungsinstrument zwischen verschiedenen Qualifikationssystemen und deren Niveaus zu schaffen, [und somit einen Beitrag zur] Förderung des lebenslangen Lernens und der Erhöhung der Beschäftigungsfähigkeit, Mobilität und sozialen Integration von Arbeitskräften und Lernenden« (Empfehlung, 2008) zu leisten. Konkret sollen die in den nationalen Bildungssystemen der Mitgliedstaaten erworbenen Qualifikationen und Kompetenzen zueinander in Bezug gesetzt werden. Der EQR dient dabei als Metarahmen, dem nationale Qualifikationsrahmen anhand definierter Kriterien zugeordnet werden. Dies leistet einen wesentlichen Beitrag zur Mobilitätsförderung innerhalb des Wirtschaftsstandortes Europa. Ausgehend von der EU-Empfehlung haben sich viele Mitgliedstaaten für die Entwicklung nationaler Qualifikationsrahmen entschieden.

2 Bologna-Prozess: Ziel ist die Schaffung eines einheitlichen europäischen Hochschulraums (Gemeinsame Erklärung der europäischen Bildungsminister, 1999).

3 Lissabon-Strategie: Ziel ist es, die EU innerhalb von zehn Jahren, also bis 2010, zum wettbewerbsfähigsten und dynamischsten wissensgestützten Wirtschaftsraum der Welt zu machen (Europäischer Rat, 2000).

4 Kopenhagen-Prozess: Ziel ist eine verstärkte europäische Zusammenarbeit bei der beruflichen Bildung (Erklärung der für die berufliche Bildung zuständigen Ministerinnen und Minister und der Europäischen Kommission, 2002).

5 Europa 2020: Ziel ist es, dass Europa aus der Wirtschafts- und Finanzkrise gestärkt hervorgeht (Mitteilung der Europäischen Kommission, 2010).

4. Der Nationale Qualifikationsrahmen in Österreich, Deutschland und in der Schweiz

Österreich hat einen Nationalen Qualifikationsrahmen (NQR) entwickelt, welcher mit dem Inkrafttreten des Bundesgesetzes über den NQR (BGBl. I Nr. 14/2016 von 21.3.2016) eine gesetzliche Grundlage erhielt. Das NQR-Gesetz regelt das Verfahren der Zuordnung von Qualifikationen zu acht Qualifikationsniveaus, welche auf Basis der mit der Qualifikation erworbenen Kompetenzen – grundsätzlich unabhängig von Lerndauer, Lernort und Lernformen – vorgenommen wird. In einem ersten Schritt[6] wurden in Österreich die Qualifikationen, die im formalen Bildungssystem erworben werden, zugeordnet. Der Abschluss der drei- und vierjährigen berufsbildenden mittleren Schulen (BMS) sowie der Lehrabschluss (Duale Ausbildung) wurden dem NQR-Niveau 4 zugeordnet; der Abschluss der berufsbildenden höheren Schulen (BHS) dem NQR-Niveau 5 und die Qualifikationen »Ingenieur« und »Meister« dem Niveau 6. Voraussetzung für die Zuordnung ist, dass die Qualifikation kompetenzorientiert formuliert ist und diese in einem Zuordnungsansuchen explizit dargelegt wird. Grundsätzlich gibt es keine einheitlichen Vorgaben zur kompetenzorientierten Formulierung von Qualifikationen. Im NQR-Kontext wird jedoch auf folgende »Regeln« verwiesen: Verwendung aktiver Verben, die die Handlungen und Fähigkeiten von Lernenden beschreiben; Darstellung des Rahmens, in dem die Handlung ausgeführt wird; Vermeidung vager und mehrdeutiger Formulierungen (Auzinger & Luomi-Messerer, 2017).

Der Deutsche Qualifikationsrahmen für lebenslanges Lernen (DQR) ist ebenfalls ein achtstufiger Rahmen. Seine Deskriptoren basieren auf Lernergebnissen und beschreiben jene Kompetenzen, die für das Erreichen einer Qualifikation erforderlich sind. Der DQR unterscheidet dabei zwei Kompetenzkategorien: »Fachkompetenz« einerseits – dazu gehören Wissen und Fertigkeiten – sowie »Personale Kompetenz« andererseits – dazu zählen Sozialkompetenz und Selbstständigkeit. Auf Basis dieser Deskriptoren werden die wichtigsten Abschlüsse der beruflichen Bildung (z. B. duale Berufsausbildung, Berufsfachschulen etc.) sowie der tertiären Bildung, ebenso die allgemeine und fachgebundene Hochschulreife den DQR-Niveaus zugeordnet. Auch berufliche Fortbildungsqualifikationen nach BBIG/HwO[7] finden sich bereits im DQR. Seine Integration in die Bildungspolitik der unterschiedlichen Sektoren ist ein evolutionärer Prozess. Seit 2014 finden sich

6 In einem nächsten Schritt sollen in Österreich auch nicht-formale Qualifikationen zugeordnet werden (Bundesministerium für Bildung, 2017a).

7 BBIG/HwO = Berufsbildungsgesetz/Handwerksordnung

Hinweise auf das entsprechende DQR- und EQR-Niveau auf den Zeugnissen berufsbildender Qualifikationen sowie in den Diploma Supplements im hochschulischen Bereich (Cedefop, 2015; Bundesministerium für Bildung und Forschung, 2013, 2017; Bund-Länder-Koordinierungsstelle für den Deutschen Qualifikationsrahmen für lebenslanges Lernen, 2017).

Auch für die Schweiz stellt die europäische Kooperation in der Umsetzung des EQR eine wichtige Chance zur Schaffung von Transparenz und Vergleichbarkeit nationaler Qualifikationen in Europa dar. Der NQR für Abschlüsse der Berufsbildung (NQR-CH-BB) wurde mittels Verordnung im Jahr 2014 beschlossen und folgte dem bereits im Jahr 2009 etablierten schweizerischen Hochschulrahmen. Der NQR-CH-BB orientiert sich auch an der achtstufigen Struktur des EQR und ist exklusiv der beruflichen Bildung vorbehalten. Die höhere Berufsbildung stellt eine besondere Stärke des schweizerischen Bildungssystems dar und findet sich auf den Niveaus 5 bis 7 des NQR-CH-BB, aufbauend auf den Qualifikationen der beruflichen Grundbildung, welche die Niveaus 3 und 4 besiedeln (Cedefop, 2015; Staatssekretariat für Bildung, Forschung und Innovation, 2017).

Vor dem Hintergrund all dieser länderspezifischen Entwicklungen werden die entsprechenden Bildungssysteme u. a. mit folgenden Fragestellungen konfrontiert:

- Welche Veränderungen braucht es, damit 15-/16-jährige Schülerinnen und Schüler bei den PISA-Tests bessere Ergebnisse erzielen?
- Welche Konsequenzen hat der Wandel der Arbeitsmarkt- und Qualifikationserfordernisse unter dem Aspekt der Forderung nach heterogenen Kompetenzen und nach lebenslangem Lernen?
- Welche Maßnahmen waren und sind erforderlich, um den NQR einzuleiten und weiterzuentwickeln?

Versuche, Antworten auf diese Fragen zu formulieren, führen zum Perspektivenwechsel hin zur Kompetenzorientierung, wenn auch auf unterschiedlichen Ebenen und in unterschiedlichen Strukturen. In Europa herrscht grundlegender Konsens darüber, dass ein Vergleich von Bildungssystemen und einzelnen Qualifikationen sowie Kompetenzen nur möglich ist, wenn kompetenzorientierte Bildungsstandards und Lehrpläne vorliegen bzw. entwickelt werden (Fritz & Staudecker, 2010).

5. Bildungsstandards und Lehrpläne in den berufsbildenden Schulen in Österreich

In Österreich nahm diese Entwicklung in den Bildungsstandards und in den Lehrplänen in den berufsbildenden Schulen ihren Anfang. Dieser Paradigmenwechsel wird im Folgenden skizziert.

Die österreichische Bildungspolitik hat die Kompetenzorientierung zu einer ihrer bildungspolitischen Schwerpunktsetzungen gemacht. Ein Reformansatz war nötig, der auf eine neue Lehr- und Lernkultur sowie auf Kontinuität und Transparenz von Bildung und Ausbildung in einem lebenslangen Lernprozess ausgerichtet ist, wie folgendes Zitat aus dem Bundesqualitätsbericht des berufsbildenden Schulwesens (Bundesministerium für Bildung und Frauen, 2014) betont: »Aktuell wird im Bereich der berufsbildenden Schulen an mehreren Reformvorhaben zum kompetenzorientierten Unterrichten und Prüfen gearbeitet: Bildungsstandards, kompetenz- und lernergebnisorientierte Lehrpläne, Oberstufe Neu ([…] ab der 10. Schulstufe), teilstandardisierte, kompetenzorientierte Reife- und Diplomprüfung« (S. 5).

Die Pionierarbeit wurde in der Sektion Berufsbildung im Jahr 2004 mit der Entwicklung von Bildungsstandards geleistet und damit ein erster Schritt in Richtung Kompetenzorientierung gesetzt. Im Rahmen dieser Initiative wurden sowohl gegenstandsbezogene (schulartenübergreifende) als auch berufsbezogene (schulartenspezifische) Standards formuliert. Diese setzen sich aus einem Kompetenzmodell für den jeweiligen Unterrichtsgegenstand/Fachbereich, das aus einer Handlungs- und Inhaltsdimension besteht, den Deskriptoren an den Schnittpunkten von Handlungs- und Inhaltsdimension und den Unterrichtsbeispielen zusammen. Sie haben zum Ziel, jene Kernkompetenzen als Regelstandards zu formulieren, die die Schülerinnen und Schüler bis zu einer bestimmten Schulstufe nachhaltig erwerben sollen (Bundesministerium für Bildung und Frauen, 2015). Das Augenmerk wird dabei nicht auf kurzfristiges Wissen, beispielsweise für die nächste Prüfung, gelegt, sondern auf »langfristig verfügbare Kompetenzen« (Heugl, 2004, S. 3). Die Beschreibung dieser Kompetenzbereiche erfolgt in einer Tabelle zur Erfassung von Lernprozessen, die Anderson und Krathwohl (2001) – ausgehend von der Bloom'schen Taxonomie für Lernziele – entwickelt haben. Die zentralen und besonders bedeutsamen Lerninhalte und Kompetenzen werden somit in einem Kompetenzmodell ausformuliert, in Deskriptoren konkretisiert und schließlich anhand von Unterrichtsbeispielen illustriert. Das Kompetenzmodell und die Deskriptoren ermöglichen die Übersetzung abstrakter Bildungsziele in konkrete kompetenzorientierte Aufgabenstellungen, die direkt im Unterricht eingesetzt werden. Damit schloss sich Österreich den Entwicklungen im deutschsprachigen Bildungsraum an[8].

Als Zwischenbilanz kann festgehalten werden, dass die Bildungsstandards in der Berufsbildung eine praxisorientierte Möglichkeit bieten, Lernsituationen kompetenzorientiert zu gestalten.

Des Weiteren musste sich der Paradigmenwechsel zur Kompetenzorientierung auch in den Lehrplänen abbilden. Mit der Neugestaltung der Lehrpläne ist eine enge Verknüpfung mit den Bildungsstandards umgesetzt worden. Im Gegensatz zu den traditionellen Rahmenlehrplänen, die sich durch Inputformulierungen charakterisieren und Auskunft darüber geben, was Lehrpersonen in der Schule zu unterrichten haben, beinhalten die neuen kompetenzorientierten Lehrpläne eine handlungsorientierte Zielvorgabe. Sie geben an, was Schülerinnen und Schüler verstehen, entwickeln und anwenden können. Lehrpläne früherer Zeit gaben an, was »gelehrt« werden soll – die neuen kompetenzorientierten Lehrpläne beschreiben, was junge Menschen »lernen« sollen (Ziener, 2006). Darüber hinaus wurden die neuen Lehrpläne ab der 10. Schulstufe semestriert, da parallel eine neue Strukturierung der Oberstufe (10. bis 12./13. Schulstufe) gesetzlich verankert wurde. Jedes Semester bildet ein eigenes Kompetenzmodul, das die Bildungs- und Lehraufgaben sowie den Lehrstoff enthält[9]. In den Bildungs- und Lehraufgaben finden sich wiederum die Deskriptoren – also die zu erreichenden zentralen Kompetenzen – des jeweiligen Bildungsstandards wieder. Durch die semestrierten Lehrpläne sollen die kontinuierliche Leistungserbringung der Lernenden gefördert und die Kompetenzen nachhaltig erworben werden. In diesem Zusammenhang wird auch von einem »Spirallehrplan« gesprochen, »in dem zentrale Inhalte im Laufe der […] Jahrgänge in zunehmendem Detaillierungsgrad und aufsteigendem Komplexitätsniveau wiederholt behandelt werden« (Lehrplan HAK, BGBl. II Nr. 209/2014, S. 4). Die neue Generation der Lehrpläne ermöglicht dadurch, Themen zu verschiedenen Zeiten aufzugreifen und auf immer höherem Niveau zu vertiefen bzw. zu festigen. Ebenso wie die Bildungsstandards bauen auch die kompetenzorientierten Lehrpläne auf den Anforderungen des Arbeitsmarktes und der Vielfalt der Berufsfelder auf. Dieser Perspektivenwechsel führt weg von den rein fachlichen Inhalten hin zu Verweisen auf grundlegende Zieldimensionen wie z. B. die Fähigkeit zum kritischen Denken, die Problemlösefähigkeit,

8 Siehe hierzu www.bildungsstandards.berufsbildendeschulen.at.

9 Die letzte Schulstufe besteht aus zwei Semestern, ist aber ein gesamtes Kompetenzmodul. Weitere Details zur neuen Oberstufe finden sich unter https://bildung.bmbwf.gv.at/nost

Kooperationsfähigkeit, das eigenverantwortliche Arbeiten sowie die Teamarbeit.

Die folgenden Abbildungen 1 und 2 illustrieren die Verknüpfung des Bildungsstandards »Pädagogik/Didaktik/Praxis« mit dem kompetenzorientierten und semestrierten Lehrplan der Bildungsanstalt für Sozialpädagogik aus dem Fachbereich Pädagogik der 13. Schulstufe:

Abbildung 1: Kompetenzmodell »Pädagogik/Didaktik/Praxis« (Bundesministerium für Bildung, 2017b)

Die Verknüpfung zwischen Bildungsstandard und Lehrplan ist somit sichergestellt.

Lehrpläne sind damit neben den Bildungsstandards wichtige Elemente eines zeitgemäßen und umfassenden Gesamtkonzepts für die Entwicklung und Sicherung der Qualität schulischer Arbeit. Auch John Hattie (2013) bestätigt in seiner Studie, dass zu den wirkungsmächtigsten Faktoren – um die Lehrerprofessionalität, die Unterrichtsqualität und die Lernleistungen der Schülerinnen und Schüler zu verbessern – bestimmte Lehr-Lern-Strategien, das Unterrichtsklima sowie curriculare Programme und Materialien zählen (Bundesministerium für Bildung und Frauen, 2014). Im Sinne von Hattie, der unter diesen curricularen Programmen und Materialien mehr als inputorientierte Lehrstoffangaben versteht (Hattie, 2013), stellen auch die

13. Schulstufe

Sommersemester – Kompetenzmodul 9:

Bildungs- und Lehraufgabe:

Die Schülerinnen und Schüler können

im Bereich „Kooperation, Sozial- und Projektmanagement"

- die Aufgaben- und Verantwortungsbereiche unterschiedlicher Berufsgruppen in der interdisziplinären Arbeit beschreiben.

im Bereich „Intervention"

- Prozesse der Wahrnehmungsverarbeitung und deren mögliche Auswirkungen auf die Entwicklung des Kindes erkennen,
- die spezielle Situation von Familien mit Kindern, Jugendlichen und (jungen) Erwachsenen mit Behinderung reflektieren,
- Unterstützungsmaßnahmen für Betroffene und Familien beschreiben.

Lehrstoff:

Bereich „Kooperation, Sozial- und Projektmanagement":

Unterschiedliche Wissenschafts- und Berufsdisziplinen, Unterstützungsmaßnahmen im Alltag

Bereich „Intervention":

Beobachtung, Dokumentation, Gestaltung von Interaktion und Umfeld im Alltag von sozialpädagogischen Einrichtungen, Formen und Auswirkungen von Wahrnehmungsprozessen, Neurowissenschaften, Elterngespräche, Entwicklungsgespräche, Selbsthilfegruppen

Abbildung 2: Lehrplanausschnitt der Bildungsanstalt für Sozialpädagogik (Lehrplan der Bildungsanstalt für Sozialpädagogik, BGBl. II Nr. 204/2016, S. 73)

Bildungsstandards in der Berufsbildung inklusive ihrer Unterrichtsbeispiele sowie die kompetenzorientierten Lehrpläne derartige wirkungsmächtige Faktoren dar.

Beide Instrumente unterstützen den Perspektivenwechsel hin zur Kompetenzorientierung, da sie Wissen nicht als einen Gegenstand sehen, sondern als Beitrag zum Kompetenzerwerb. Damit wird Lernen als aktiver, konstruktiver, an (Arbeits-)Situationen gebundener und sozialer Prozess verstanden. Daraus resultiert wiederum ein neues Verständnis der Rollen der Lehrenden und der Lernenden sowie der Interaktion zwischen beiden. In einem schülerzentrierten Unterricht verändert sich die Lehrerrolle dahingehend, dass die Inputphase in den Hintergrund, die Planung und Organisation des Unterrichtes und die Begleitung der Lernenden in aktiven Lernprozessen in den Vordergrund rücken. In diesem Zusammenhang sind Lehrende gefordert, entsprechende Lehr- und Lernsettings im Unterricht einzusetzen. Wie entsprechende Unterrichtsbeispiele zu gestalten und in

Unterrichtseinheiten einzubetten sind, zeigen die exemplarischen Unterrichtsbeispiele in diesem Band. Die neue Rolle der Lernenden wechselt von der passiven, konsumierenden in die aktive, selbst bestimmende Haltung. Die Selbstverantwortlichkeit der Lernenden für Lernerfolg oder -misserfolg wird betont. Zur Unterstützung der Lernenden, die sich in die neue Lehr- und Lernkultur nicht ohne Weiteres einfinden, bietet das österreichische Bildungssystem – auch im Rahmen der neuen Oberstufe – Unterstützungsmaßnahmen wie Förderunterricht und Lernbegleitung[10] an.

6. Leistungsfeedback und -beurteilung

Im schülerzentrierten Unterricht rückt das selbstgesteuerte Lernen der Schülerinnen und Schüler in den Fokus und benötigt veränderte Konzepte der Leistungserbringung sowie der Leistungsfeststellung und -beurteilung. Während die Leistungsfeststellung einen kontinuierlichen Prozess der Leistungserhebung durch die Lehrperson beschreibt, handelt es sich bei der Leistungsbeurteilung um die Zuordnung von Noten im Rahmen der gesetzlichen Vorgaben zu den erworbenen Kompetenzen der Lernenden.

Die traditionellen Formen der Leistungsfeststellung im lehrerzentrierten Unterricht wie z. B. Schularbeiten bzw. Klassenarbeiten, Tests oder Prüfungsgespräche können die Vielfalt von Lernaktivitäten nicht erfassen und sind deshalb für einen schülerzentrierten und kompetenzorientierten Unterricht nicht mehr ausreichend. Sollen jedoch der Lernbedarf der Schülerinnen und Schüler erkannt und die Zonen ihrer nächsten Entwicklung (Wygotski, 1987) erfasst werden, sind Informationen über die Lernprozesse notwendig. Bei Tests oder Schularbeiten bzw. Klassenarbeiten wird häufig nur kognitives Merkwissen abgefragt. Deshalb braucht es weitere Formate der Leistungsfeststellung, die z. B. Kreativität, Teamfähigkeit oder die Anwendung sowie Umsetzung von Wissen in unterschiedlichen Kontexten der Alltags- und Berufswelt erfassen. Lernende sollen bei dieser Form der Leistungsfeststellung eine zunehmend größere und eigenständigere Rolle einnehmen und in die Lage versetzt werden, ihr Lernhandeln aktiv zu steuern (Sacher, 2009). Soll die Leistungsfeststellung das Lernen bzw. den Lernfortschritt unterstützen, muss diese kontinuierlich, den Lernprozess begleitend, erfolgen (von der Groeben, 2014; Winter, 2015).

Die Frage nach dem Ergebnis eines Lernprozesses »Welche Kompetenzen haben die Lernenden nachhaltig erworben?« ist Grundlage für eine

10 Weitere Details zur individuellen Lernbegleitung finden sich unter https://bildung.bmbwf.gv.at/nost/ilb

mögliche Beurteilung und kann somit die erzielten Lernergebnisse zu diesem Zeitpunkt nicht mehr beeinflussen (= summative Leistungsfeststellung) (Altrichter & Schratz, 2004; Harlen & Deakin Crick, 2003; Krainer, 2002; Stern, 2010).

Die Frage »Wo hat die/der Lernende noch Entwicklungsbedarf?« wird während des Lernprozesses immer wieder gestellt, hat diagnostischen Charakter und ist Grundlage für Feedback an die Lernenden sowie Basis für die passgenaue Planung des Unterrichts (= formative Leistungsfeststellung).

Beide Formen der Leistungsfeststellung haben ihre Berechtigung, verfolgen jedoch unterschiedliche Ziele. So können Prüfungen mit summativem Charakter als Entscheidungsinstrumente für die weitere Schulkarriere auch Ansporn sein, sich anzustrengen und die Leistung zu steigern. Sie können aber ebenso als Bedrohung wahrgenommen werden und das Lernen als »teaching and learning to the test« auf den Prüfungserfolg und weniger auf die Kompetenzentwicklung ausrichten. Prüfungen sind auf Fehlersuche in den Lernergebnissen der Schülerinnen und Schüler fokussiert und werden somit zum Indikator der Leistungen.

Formative Leistungsfeststellung zielt dagegen darauf ab, bereits bestehende Qualitäten im Lernprozess und in den Lernergebnissen zu diagnostizieren und zu beschreiben sowie den Dialog über Lernen und Leistung zwischen Lehrperson und Lernenden bzw. unter den Lernenden anzuregen. Eine solche Kultur des reflexiven Lernens führt hin zur Beachtung des vorhandenen Könnens und Wissens. Befunde aus der didaktischen Forschung belegen, dass formative Leistungsfeststellung mehr als jede andere Maßnahme die Leistungen der Schülerinnen und Schüler, insbesondere der leistungsschwachen steigern kann. Black und Wiliam (1998) folgern aus ihren Studien, dass eine formative Leistungsfeststellung während des Lernprozesses zur Verbesserung von Lernergebnissen führt, wenn die Beurteilungskriterien transparent, die Leistungserwartungen hoch, für die Schülerinnen und Schüler jedoch erreichbar – fördernd, jedoch nicht überfordernd – sind und ein ausführliches Feedback gegeben wird.

Daher empfehlen Black und Wiliam (1998) eine Aufwertung formativer Leistungsfeststellungen als Ergänzung zu den häufig nach wie vor dominanten formalen Tests und Schularbeiten bzw. Klassenarbeiten.

Die neue Lehr- und Lernkultur geht von einem Lernbegriff aus, der einen erweiterten Leistungsbegriff impliziert und das Lernen selbst als Leistung begreift (Klafki, 1975). Nicht nur die Lernergebnisse, auch die Qualität der Lernprozesse selbst wird zum Gegenstand der Leistungsfeststellung und -beurteilung, die prozess- und produktorientiert ist (Bohl, 2004; Schmidinger & Vierlinger, 2012; Winter, 2006).

Die formative Leistungsfeststellung erfolgt im Rahmen des Lernvollzugs an möglichst realitätsnahen Unterrichtsbeispielen. Sie dient vor allem dem

Lernfortschritt der Schülerinnen und Schüler, die Informationen für den Lernprozess erhalten, aber auch den Lehrpersonen, die damit den Unterricht an die aktuellen Lernbedürfnisse der Lernenden anpassen können. Leistungsfeststellung als wichtiger didaktischer »Teil einer pädagogischen Handlungseinheit« (Bohl, 2004, S. 78) durchdringt und prägt den Unterricht insgesamt. Sie muss sorgsam geplant sowie mehrdimensional angelegt werden und sollte kontinuierlich erfolgen.

Im traditionellen fragend-entwickelnden Unterricht stören Fehler häufig, werden abgewertet oder ignoriert, als Fehlleistungen geahndet, jedoch nicht hinterfragt. Eine kompetenzorientierte Lehr-, Lern und Beurteilungskultur braucht dagegen eine dialogische, lernfördernde Prüfungskultur, die sich an Kompetenzen, Stärken und Ressourcen orientiert und die Grundfragen des Prüfens und Beurteilens in ein neues Licht stellt. Wissenserweiterung und Kompetenzsteigerung erfordern eine aktive Auseinandersetzung mit den Lerninhalten. Zudem müssen die Lernenden höhere kognitive Fähigkeiten, z. B. das Analysieren von Problemen, das Denken in Zusammenhängen oder die Urteilsbildung entwickeln. Eine der wirkungsvollsten Methoden, das Verständnis zu vertiefen, ist Fehler zu machen und daraus zu lernen.

Literatur

Altrichter, Herbert & Schratz, Michael (2004). Bildungsstandards und die Weiterentwicklung von Unterricht und Schule. *Erziehung und Unterricht, 154*, 63–645.

Anderson, Lorin W. & Krathwohl, David R. (2001). *A Taxonomy for Learning, Teaching, and Assessing: A Revision of Bloom's Taxonomy of Educational Objectives.* New York: Longman.

Auzinger, Monika & Luomi-Messerer, Karin (2017). *Umsetzung der Lernergebnisorientierung in der österreichischen Berufsbildung – Status quo* (Broschüre). Abgerufen am 23.10.2017 von http://3s.co.at/de/node/1626

Baum, Thilo & Laschkolnig, Martin (2012). *Die Bildungslücke. Der komprimierte Survival-Guide für Berufseinsteiger.* Kulmbach: Börsenmedien.

Black, Paul & William, Dylan (1998). *Inside the Black Box: Raising Standards Through Classroom Assessment.* Abgerufen am 4.2.2015 von http://www.pdkintl.org/kappan/kbla9810.htm

Bohl, Thorsten (2004). *Prüfen und Bewerten im Offenen Unterricht.* Weinheim: Beltz.

Bulmahn, Edelgard (2003). *Rede zum Zukunftsprogramm Bildung und Betreuung für Ganztagsschulen vor dem Deutschen Bundestag.* Abgerufen am 23.10.2017 von https://archiv.bundesregierung.de/Content/DE/Bulletin/2001_2007/2003/14-4_Bulmahn.html

Bundesministerium für Bildung (2017a). *»Bildung ohne Sackgassen« – Die Entwicklung eines Nationalen Qualifikationsrahmens in Österreich.* Abgerufen am 18.10.2017 von www.bmb.gv.at/schulen/euint/eubildung_nqr/index.html

Bundesministerium für Bildung (2017b): *Bildungsstandards.* Abgerufen am 18.10.2017 von www.bildungsstandards.berufsbildendeschulen.at

Bundesministerium für Bildung und Forschung (2013). *German EQF Referencing Report.* Abgerufen am 18.10.2017 von https://ec.europa.eu/ploteus/sites/eac-eqf/files/German_EQF_Referencing_Report.pdf

Bundesministerium für Bildung und Forschung (2017). *Der Deutsche Qualifikationsrahmen für lebenslanges Lerne*n. Abgerufen am 18.10.2017 von https://www.dqr.de

Bundesministerium für Bildung und Frauen (2014): *Bundesqualitätsbericht des berufsbildenden Schulwesens für den Berichtzeitraum 2010–2012 und den Planungszeitraum 2012–2014. Bericht der QIBB Steuergruppe.* Abgerufen am 19.10.2017 von www.qibb.at/fileadmin/content/QIBB/Dokumente/Q-Berichte/BBS-Bundes-Q-Bericht_2010–12_QIBB-STG_FINAL.pdf

Bundesministerium für Bildung und Frauen (2015). *Bildungsstandards in der Berufsbildung. Projekthandbuch.* Abgerufen am 19.10.2017 von http://www.bildungsstandards.berufsbildendeschulen.at/fileadmin/content/bbs/Handbuch_BIST_15.10.2015.pdf

Bund-Länder-Koordinierungsstelle für den Deutschen Qualifikationsrahmen für lebenslanges Lernen (DQR) (2017). *Liste der zugeordneten Qualifikationen.* Abgerufen am 18.10.2017 von https://www.dqr.de/media/content/Liste%20der%20zugeordneten%20Qualifikationen_01082017.pdf

Cedefop (2015). *National qualifications framework developments in Europe – Anniversary edition Luxembourg.* Luxemburg: Publications office of the European Union.

Die Presse (2011). *Bewerber zu wenig motiviert und qualifiziert.* Abgerufen am 19.10.2017 von http://diepresse.com/home/wirtschaft/economist/691239/Bewerber-zu-wenig-motiviert-und-qualifiziert?from=suche.intern.portal

Empfehlung (2006). *Empfehlung des Europäischen Parlaments und des Rates vom 18. Dezember 2006 zu Schlüsselkompetenzen für lebensbegleitendes Lernen (2006/962/EG).* Abgerufen am 23.10.2017 von http://eur-lex.europa.eu/legal-content/DE/TXT/?uri=celex:32006H0962

Empfehlung (2008). *Empfehlung des Europäischen Parlaments und des Rates vom 23. April 2008 zur Einrichtung des Europäischen Qualifikationsrahmens für lebenslanges Lernen (2008/C 111/01*). Abgerufen am 23.10.2017 von http://eur-lex.europa.eu/LexUriServ/LexUriServ.do?uri=OJ:C:2008:111:0001:0007:DE:PDF

Erklärung der für die berufliche Bildung zuständigen Ministerinnen und Minister und der Europäischen Kommission. Über eine verstärkte europäische Zusammenarbeit bei der beruflichen Bildung (2002). *Intensivierung der Zusammenarbeit der EU bei der beruflichen Bildung.* Abgerufen am 18.10.2017 von http://eur-lex.europa.eu/legal-content/DE/TXT/?uri=LEGISSUM:ef0018

Europäischer Rat (2000). *Lissabon-Strategie.* Abgerufen am 28.11.2017 von http://www.europarl.europa.eu/summits/lis1_de.htm

Fritz, Ursula & Staudecker, Eduard (2010). *Bildungsstandards in der Berufsbildung. Kompetenzorientiertes Unterrichten*. Wien: Manz.

Gemeinsame Erklärung der europäischen Bildungsminister (1999). *Bologna-Prozess: Schaffung eines Europäischen Hochschulraums*. Abgerufen am 18.10.2017 von http://eur-lex.europa.eu/legal-content/DE/TXT/HTML/?uri=LEGIS-SUM:c11088&from=DE

Groeben, Annemarie von der (2014). *Verschiedenheit nutzen 1: Umgang mit Leistung und Schulentwicklung*. Berlin: Cornelsen.

Harlen, Wynne & Deakin Crick, Ruth (2003). Testing and motivation for learning. *Assessment in Education, 10*(2), 16–208.

Hattie, John (2013). *Lernen sichtbar machen*. (Überarbeitete deutschsprachige Ausgabe von »Visible Learning«). Baltmannsweiler: Schneider.

Heugl, Helmut (2004). Standards – ein Beitrag zur Qualitätsentwicklung? *Österreichische Zeitschrift für Berufsbildung, 24*(3), 3–5.

Klafki, Wolfgang (1975). *Studien zur Bildungstheorie und Didaktik*. Weinheim, Basel: Beltz.

Krainer, Konrad (2002). Ausgangspunkt und Grundidee von IMST². Reflexion und Vernetzung als Impulse zur Förderung von Innovationen. In Konrad Krainer, Willibald Dörfler, Helga Jungwirth & Helmut Kühnelt (Hrsg.), *Lernen im Aufbruch: Mathematik und Naturwissenschaften* (S. 21–58). Innsbruck: StudienVerlag.

Lehrplan der Bildungsanstalt für Sozialpädagogik, BGBl. II Nr. 204/2016. Abgerufen am 28.11.2017 von https://www.ris.bka.gv.at/Dokumente/BgblAuth/BGBLA_2016_II_204/COO_2026_100_2_1257957.pdf

Lehrplan HAK, BGBl. II Nr. 209/2014. Abgerufen am 18.10.2017 von https://www.ris.bka.gv.at/Dokumente/BgblAuth/BGBLA_2014_II_209/COO_2026_100_2_1028436.pdf

Lenz, Werner (1995). *Zwischenrufe. Bildung im Wandel*. Wien: Böhlau.

Marterer, Martine & Härtel, Peter (2014). Guidance für Bildung und Beruf: Herausforderungen und Antworten in einer Welt im Wandel. Was ändert sich? Worauf kommt es an? Was bleibt? In Ernst Gesslbauer & Carin Dániel Ramírez-Schiller (Hrsg.), *Die Rolle von Guidance in einer sich wandelnden Arbeitswelt* (S. 86–95). Innsbruck: StudienVerlag.

Mitteilung der Europäischen Kommission (2010). *Europa 2020. Eine Strategie für intelligentes, nachhaltiges und integratives Wachstum*. Abgerufen am 18.10.2017 von http://ec.europa.eu/eu2020/pdf/COMPLET%20%20DE%20SG-2010-80021-06-00-DE-TRA-00.pdf

News (2004). *Schulmisere: Österreich im Pisa-Schock*. Abgerufen am 18.10.2017 von https://www.news.at/a/schulmisere-oesterreich-pisa-schock-99323

Ott, Bernd (2000). *Grundlagen des beruflichen Lernens und Lehrens*. Berlin: Cornelsen.

Roth, Jennifer & Madlener, Rebecca (2017). *Hammerschmid: Autonomiepaket soll Ergebnisse der PISA-Studie verbessern*. Abgerufen am 18.10.2017 von www.vol.at/hammerschmid-autonomiepaket-soll-ergebnisse-der-pisa-studie-verbessern/

Sacher, Werner (2009). *Leistungen entwickeln, überprüfen und beurteilen: Bewährte und neue Wege für die Primar- und Sekundarstufe*. Bad Heilbrunn: Klinkhardt.

Schmidinger, Elfriede & Vierlinger, Rupert (2012). *Zeitgemäße Leistungsbeurteilung*. Wien: Jugend & Volk.

Schweizerische Eidgenossenschaft (2017). *Bericht über die zentralen Rahmenbedingungen für die digitale Wirtschaft. Bericht des Bundesrats vom 11. Januar 2017*. Abgerufen am 23.10.2017 von https://www.newsd.admin.ch/newsd/message/attachments/46892.pdf

Staatssekretariat für Bildung, Forschung und Innovation (2017). *Der Nationale Qualifikationsrahmen (NQR) Berufsbildung*. Abgerufen am 18.10.2017 von https://www.sbfi.admin.ch/sbfi/de/home/bildung/mobilitaet/nqr.html

Stern, Thomas (2010). *Förderliche Leistungsbewertung*. Abgerufen am 18.10.2017 von http://www.oezeps.at/wp-content/uploads/2011/07/Leistungsbewertung_Onlineversion_Neu.pdf

Winter, Felix (2006). *Leistungsbewertung*. Hohengehren: Schneider.

Winter, Felix (2015). *Lerndialog statt Noten. Neue Formen der Leistungsbeurteilung*. Weinheim: Beltz.

Wygotski, Lew (1987). *Ausgewählte Schriften II: Arbeiten zur psychischen Entwicklung der Persönlichkeit*. Köln: Pahl-Rugenstein.

Ziener, Gerhard (2006): *Bildungsstandards in der Praxis. Kompetenzorientiert unterrichten*. Seelze: Kallmeyer.

TEIL II
Unterrichtsmethoden und Unterrichtsbeispiele.

Christian Feichtinger

Dilemmageschichten

Dilemmageschichten sind Erzählungen, die anhand eines Wertekonfliktes zur Auseinandersetzung mit ethischen Problemen herausfordern. Sie tragen dazu bei, dass die ethische Urteils- und Argumentationsfähigkeit von Lernenden gefördert wird. Sie eignen sich besonders für kompetenzorientiertes ethisches Lernen in der Schule, da Moral nicht nur als Einstellung, sondern auch als Fähigkeit verstanden werden kann. Im Ethik- oder Religionsunterricht können Dilemmageschichten sowohl zur Veranschaulichung wie auch zur Anwendung ethischer Theorien eingesetzt werden, im Fachunterricht eignen sie sich als Methode zur Anwendung von Fachwissen bei ethischen Fragen. Dieser Artikel bietet eine kritische Darstellung der Methode, beschreibt beispielhaft ihre Anwendung im Unterricht an Hand des sogenannten »Trolley-Problems« und stellt abschließend schematisch den Ablauf und die Lernmöglichkeiten für den Kompetenzerwerb dar.

1. Dilemmageschichten als Methode des ethischen Lernens

Ein ethisches Dilemma ist mehr als einfach nur eine unangenehme Entscheidung. Es stellt einen Handlungskonflikt dar, bei dem »mindestens zwei moralische Prinzipien miteinander in Konflikt geraten, indem sie den Handelnden gegenteilige Handlungen vorschreiben« (Schipperges, 2013, S. 178). Es geht bei einem Dilemma also um einen Normen- bzw. Wertekonflikt, bei dem zwei gegensätzliche Handlungsmöglichkeiten gegeben sind und es für beide Möglichkeiten ethisch gut vertretbare Gründe gibt. Entscheidend dabei ist, dass eine der beiden sich ausschließenden Möglichkeiten gewählt werden »muss«. Es gilt das Prinzip des »tertium non datur«, d. h. ein Dilemma liegt dann vor, wenn außer den beiden genannten Handlungsmöglichkeiten keine weiteren Alternativen, wie z. B. Kompromisse oder Aus-der-Affäre-ziehen, existieren: Die Person muss sich für eine der beiden Handlungen entscheiden (Köck, 2002). Durch ethische Dilemmageschichten, die solche Konflikte durch geschickte Konstruktion auf die Spitze treiben, kann im ethischen Lernen eine intensive Auseinandersetzung mit konkurrierenden Wertvorstellungen, Normen und Konfliktlösungen erreicht werden. Wichtig ist dabei zu bemerken, dass es sich bei einem Dilemma um einen pragmatischen, nicht um einen logischen Widerspruch handelt. Aus der Entscheidung für die eine Option folgt nicht automatisch, dass die andere grundsätzlich abzulehnen ist, sondern nur, dass sie in dieser Situation zurückgestellt wird (Pfeifer, 2003). Ein Beispiel: Wenn sich jemand entschließt, zu lügen, um eine Person zu schützen, bedeutet dies nicht, dass Lüge für ihn grundsätzlich in Ordnung ist. Es wird lediglich in dieser Situation der Wert Fürsorge dem Wert Wahrheit aus pragmatischen Gründen übergeordnet.

Ursprung der Methode

Die bekannteste Dilemmageschichte geht auf den US-amerikanischen Psychologen Lawrence Kohlberg (1927–1987) zurück. Es handelt sich um das sogenannte »Heinz-Dilemma«, hier zitiert nach Standop (2005, S. 43):

> Eine todkranke Frau litt an einer besonderen Krebsart. Es gab ein Medikament, das nach Ansicht der Ärzte ihr Leben hätte retten können. Ein Apotheker der Stadt hatte es kurz zuvor entdeckt. Das Medikament war teuer in der Herstellung, der Apotheker verlangte jedoch ein Vielfaches seiner eigenen Kosten. Heinz, der Ehemann der kranken Frau, borgte von allen Bekannten Geld, brachte aber nur die Hälfte des Preises zusammen. Nach ergebnislosen Verhandlungen mit dem Apotheker brach Heinz in die Apotheke ein und stahl das Medikament für seine Frau.

In dieser paradigmatischen Erzählung wird der für ein Dilemma typische Wertekonflikt (Lebensrettung vs. Eigentum) sichtbar. Ebenso zeigt sich ein Konflikt von deontologischer und utilitaristischer Ethik, d. h. von ethischen Argumentationsformen, die sich entweder an Pflichten oder an Konsequenzen orientieren: Heinz begeht eine unmoralische Tat (Diebstahl), handelt also aus deontologischer Perspektive falsch, bewirkt damit jedoch positive Konsequenzen (die Rettung seiner Frau). Es kann sogar noch weitergegangen und gefragt werden, ob es nicht nur vertretbar, sondern im Hinblick auf die Notlage sogar moralisch geboten wäre, das Medikament zu stehlen.

Kohlberg nutzte das Heinz-Dilemma, um in seinen Studien zu ermitteln, wie Menschen moralische Urteile fällen und begründen. Er baute dabei auf Jean Piagets Entdeckung auf, dass sich Wahrnehmung und Urteilsvermögen von Kindern mit dem Alter verändern. Daraus entwickelte er sein bekanntes

Stufenmodell, bei dem er sechs (bzw. sieben) qualitativ aufsteigende moralische Entwicklungsstufen definierte, die eine Person mit Zunahme des Alters und der persönlichen Reife durchlaufen müsse, wobei die beiden höchsten Stufen nur von wenigen erreicht würden. Je nachdem, wie die (meist männlichen) Probanden in einem Gespräch zu einer Dilemmageschichte argumentierten, konnte Kohlberg sie anschließend einer der Entwicklungsstufen zuordnen. Die Stufen beschreiben eine kontinuierliche Entwicklung von einer egoistisch-situativen Sichtweise hin zu einer autonomen ethischen Urteilsfähigkeit, die sich an abstrakten und universalen Prinzipien orientiert. Kohlberg setzte dabei voraus, dass moralische Entscheidungen je nach Stufe konsistent bleiben, dass eine Person also ihre moralischen Entscheidungen immer nach den Kriterien jener Stufe trifft, auf der sie sich gerade befindet.

Das Modell stellt sich nach Kohlberg wie folgt dar: Nach einer vormoralischen Stufe 0 beschreiben die ersten beiden Stufen das »prä-konventionelle«, d. h. nicht an gesellschaftlichen Konventionen orientierte, moralische Denken. Die folgenden zwei Stufen beschreiben das »konventionelle«, d. h. soziale Normen bewahrende, moralische Denken (Standop, 2005):

Stufe 0: Orientierung an eigenen Bedürfnissen (bis 4 Jahre, vormoralische Stufe)
Stufe 1: Orientierung an Bestrafung und Gehorsam
Stufe 2: Orientierung an Gegenseitigkeit zur Erfüllung eigener Bedürfnisse (bis 9 Jahre)
Stufe 3: Orientierung an sozialer Anerkennung
Stufe 4: Orientierung an der Aufrechterhaltung der bestehenden Ordnung (Erwachsenenalter)

Nur ein geringer Teil der Erwachsenen erreicht schließlich das »post-konventionelle« Stadium, welches das Kohlberg'sche Idealziel einer autonomen Ethik repräsentiert (Standop, 2005):

Stufe 5: Orientierung an Gerechtigkeit und gesellschaftlichen Verträgen
Stufe 6: Orientierung an Gewissen und Prinzipien

Kohlberg steht für eine »kognitive Wende in der Moralerziehung« (Köck, 2002, S. 163): Die Art und Weise, wie die Probandinnen und Probanden ihre Urteile fällten und rational begründeten, sollte darüber Aufschluss geben, auf welcher moralischen Stufe sie standen, und zugleich darüber, wie sie ihre moralischen Entscheidungen im Alltag fällten. Die Diskussion von Dilemmageschichten erfüllt damit nach Kohlberg zwei Funktionen: Die erste ist eine diagnostische, die zweite eine erzieherische Funktion, denn die Auseinandersetzung mit Dilemmata soll die moralische Entwicklung der Person zur nächsten Stufe hin fördern. Dies gelingt vor allem dann, wenn die

Person mit anderen und/oder mit moralisch »Höherstehenden« diskutieren und sich dabei mit der Perspektive von Andersdenkenden beschäftigen muss. Das moralische Urteilsniveau kann so mit Hilfe von Dilemmageschichten in Richtung Autonomie und Differenzierung gehoben werden (Prettenthaler, 2012). Kohlberg hat auf diese Weise deren »moralpsychologische und pädagogische Bedeutung wie kein anderer bewusst gemacht« (Kuld & Schmid, 2001, S. 109).

Der zentrale ethische Wert in Kohlbergs Modell ist das Prinzip der Gerechtigkeit bzw. Fairness. Carol Gilligan kritisierte 1982 in ihrem Konzept der Care-Ethik, dass Kohlbergs Modell einseitig an rationaler Gerechtigkeit orientiert sei und dabei Fürsorge für andere und Vermeidung von Schadenszufügung vernachlässige. Daraufhin erweiterte Kohlberg, der in seinen Studien keine Unterschiede zwischen Frauen und Männern feststellen konnte, sein Prinzip dahingehend, dass er Wohlergehen bzw. Schadensvermeidung als wesentliche Faktoren von Gerechtigkeit anerkannte. Ethisches Lernen in der Tradition von Kohlberg heißt also zu lernen, Entscheidungen rational und gerecht zu treffen und dabei das Wohlergehen bzw. Leiden der Betroffenen zu berücksichtigen.

Bedeutung für das ethische Lernen im Unterricht

In der gegenwärtigen Pädagogik hat ethisches Lernen nicht die direkte Weitergabe von Werten und Normen zum Ziel, sondern will die autonome ethische Urteilsfähigkeit der Lernenden fördern (Pfeifer, 2003). Die Arbeit mit Dilemmageschichten gehört daher zu ihren zentralen Unterrichtsformen. Durch den konstruierten moralischen Konflikt sind die Lernenden dazu aufgefordert, ihre moralischen Urteile zu formulieren, zu reflektieren und zu argumentieren. Zugleich lernen sie durch die Interaktion in der Klasse auch andere Perspektiven und Argumentationen kennen. Das Lösen von Dilemmata ist daher nach Lind eine »Schlüsselqualifikation« (Lind, 2009, S. 19) im Bereich der ethischen Kompetenz.

Dilemmageschichten entsprechen einem modernen ethischen Ideal, das auf abstrakten Prinzipien (z. B. Gerechtigkeit) und rationalen Argumentationen basiert, welche möglichst umfassend und daher unabhängig von einzelnen Personen oder Situationen gelten sollen. Über das Lernen solcher abstrakter ethischer Ideale und Werte hinaus schulen Dilemmageschichten die Fähigkeit, diese Ideale auch auf konkrete Situationen anzuwenden, eine Fähigkeit, die sich schließlich auch im Alltag der Lernenden bewähren soll. Durch die Diskussion innerhalb der Klasse wird auch die Bedeutung von Emotionen und sozialen Dynamiken für ethische Diskurse sichtbar und zum Gegenstand der Reflexion (Prettenthaler, 2012). Moralische Urteilsfähigkeit und entsprechende Diskursfähigkeit gehören daher unmittelbar zusammen (Lind, 2009).

Der erfolgreiche Einsatz von Dilemmageschichten im Unterricht hängt dabei von mehreren Faktoren ab. Neben einem methodisch-planvollen Vorgehen sind vor allem die Situierung im Unterricht sowie die Auswahl des Dilemmas von großer Bedeutung. Dilemmageschichten lassen sich für verschiedene Zwecke einsetzen. Es ist möglich, sie als Problemaufriss oder Lernanlass für bestimmte theoretische Fragen zu verwenden, umgekehrt können sie aber auch als Übung, um gelernte ethische Theorie auf konkrete Fragestellungen anzuwenden, genutzt werden. Es muss regelmäßig mit ihnen gearbeitet werden und sie sollten daher einen fixen Platz im ethischen Lernen in der Schule haben; nur so ergibt sich für Lernende die Gelegenheit, ihre Reflexions- und Argumentationsfähigkeit zu schulen und zu verbessern. Ihr Einsatz muss dabei nicht auf den Ethik- oder Religionsunterricht beschränkt sein, auch in anderen Gegenständen können dort auftauchende fachliche Probleme als Dilemma aufbereitet werden, um auf die ethischen Implikationen verschiedener Sachthemen aufmerksam zu machen.

Im Ethik- oder Religionsunterricht kommen weniger fachspezifische, sondern primär »reale« und »semi-reale« (bzw. »hypothetische«) Dilemmageschichten zum Einsatz. Unter realen Dilemmageschichten werden Erzählungen verstanden, die direkt der Lebenswelt der Schülerinnen und Schüler entnommen sind und entsprechende Identifikation ermöglichen. Als semireale Dilemmageschichten werden dagegen Erzählungen bezeichnet, die zwar keine realen Vorbilder haben, sich aber irgendwo in der Welt so ereignen könnten. In der didaktischen Literatur finden sich Plädoyers für beide: Peter Köck gibt »Realdilemmata aus der Lebenswelt der Schüler [...] den Vorzug vor hypothetischen und fachspezifischen Dilemmata« (Köck, 2002, S. 165), da seiner Meinung nach nur diese die Schülerinnen und Schüler gefühlsmäßig betreffen und ihrem Entwicklungsstand angepasst sind. Georg Lind hingegen empfiehlt semi-reale Dilemmata, »die von anderen Personen als den Lernenden erlebt wurden (oder so erlebt werden können), die aber die Lernenden nicht direkt betreffen« (Lind, 2009, S. 76), da ohne persönliche Betroffenheit eine rationalere Auseinandersetzung möglich sei. Dass nur reale Dilemmata motivierend wirken, kann nicht bestätigt werden: Schülerinnen und Schüler (auch in der Primarstufe) widmen sich gern auch semi-realen Dilemmata, wenn diese einen klaren ethischen Konflikt aufweisen und in eine spannende, dramatische oder bemerkenswerte Erzählung eingefasst sind. Jedenfalls sollte nicht aus pragmatischen Gründen einfach das bekannte »Heinz-Dilemma« gewählt werden, vielmehr müssen der Wertekonflikt und die Erzählung mit Sorgfalt und im Hinblick auf das Alter und die kognitiven Fähigkeiten der Schülerinnen und Schüler ausgesucht werden. 2016 basierte der Fernsehfilm »Terror – Ihr Urteil« (Regie: Lars

Kraume) auf einer ethischen Dilemmasituation, die medial für Aufsehen sorgte. Auch diese Geschichte könnte für den Unterricht aufbereitet werden. Auch historische Rechtsfälle, z. B. das Strafverfahren gegen Dudley/Stephens über das Töten in Notsituationen (1884 in Großbritannien) oder der Fall »Baby M« (1986–1988 in den USA) über die Geltung von Verträgen und Versprechen können als komplexere Dilemmageschichten für den Unterricht umgesetzt werden, wobei in den letztgenannten drei Fällen unbedingt eine Unterscheidung zwischen Recht und Ethik vorzunehmen ist. Eine Sammlung von geeigneten Erzählungen aus dem Alltag junger Menschen findet sich z. B. bei Piel (2009).

Entsprechend ausgewählt und dargestellt können Dilemmageschichten sowohl in der Primarstufe wie auch in der Sekundarstufe eingesetzt werden, allerdings mit der Einschränkung, dass die Fähigkeit zum rationalen ethischen Argumentieren, die mit der Methode primär geschult wird, im jungen Alter noch nicht so ausgeprägt ist. Darüber hinaus können die Geschichten vielfältig aufbereitet werden, etwa durch Erzählung, darstellendes Spiel, Filmsequenzen, Grafiken, Comics etc. Eine Checkliste für eine ideale Dilemmageschichte legt Lind (2009) vor:

- Liegt eine moralische Zwangslage vor?
- Wird Neugier, Empathie, Spannung ausgelöst?
- Werden keine Ängste ausgelöst?
- Lassen sich keine leichten Auswege aus der Zwangslage finden?
- Ist die Geschichte kurz und verständlich dargestellt?
- Wird im ersten Satz gesagt, dass ein Dilemma vorliegt und wer das Dilemma entscheiden muss?
- Hat die Dilemma-Person einen Namen?
- Ist das Dilemma für die Altersgruppe geeignet?

Darüber hinaus empfiehlt Lind, nur Dilemmata zu verwenden, deren zwei Lösungsmöglichkeiten in der Klasse etwa zu je 50 Prozent vertreten werden. Dies wird jedoch nicht weiter erklärt und das unten beschriebene Unterrichtsbeispiel zeigt, dass diese Verteilung nicht unbedingt notwendig ist. Vielmehr ist es sogar eine besondere Stärke des ausgewählten Beispiels, dass es in der Regel klare Mehrheiten innerhalb einer Gruppe herstellt, die jedoch wieder wechseln können.

Grenzen der Methode

In der Tradition nach Kohlberg galten Dilemmageschichten lange als ethische Lernmethode schlechthin, welche Kinder und Jugendliche zu vernünftigem Urteilen und in der Folge zum Aufstieg innerhalb des Stufenmodells befähigen sollte. Doch auch wenn sie für das ethische Lernen weiter unverzichtbar bleibt, so hat die Methodik auch ihre Grenzen.

Kohlbergs Schüler Elliot Turiel konnte zeigen, dass Kohlberg primär die Fähigkeit zur rationalen Argumentation überprüfte, die jedoch nicht mit moralischer Urteilsfähigkeit gleichzusetzen ist. Er wies nach, dass schon Kinder im Alter von fünf Jahren in der Lage sind, soziale Konventionen und moralische Prinzipien zu unterscheiden, in Kohlbergs Versuchen hätten ihnen lediglich die sprachlichen Fähigkeiten gefehlt, um dies auch entsprechend zu artikulieren (Laupa & Turiel, 1986). Das Stufenmodell lässt sich also nur unzureichend auf die kindliche Moralentwicklung anwenden, die bereits früher einsetzt als von Kohlberg angenommen. Eine Einstufung von Argumenten in das Kohlberg-Modell sollte daher nur mit Vorbehalt oder gar nicht vorgenommen werden. Stanley Milgram wiederum zeigte in seinem bekannten Experiment zu Autorität und Gehorsam, dass moralische Entscheidungen nicht konsistent auf einer Stufe, sondern situations-, beziehungs- und emotionsabhängig getroffen werden (Milgram, 1963).

So wichtig Kohlbergs Forschungen für die Frage nach Rationalität und Argumentationsfähigkeit waren und sind, so sehr fehlen ihnen für ihren umfassenden Anspruch die Bezüge zu emotionalen und unbewusst-intuitiven Denkprozessen, deren Bedeutung für moralische Entscheidungsprozesse zunehmend betont wird. Auch die Berücksichtigung von situationsbedingten Einflüssen und von Verhaltensweisen in realen Lebenssituationen fehlt (Standop, 2005). Die Diskussion von Dilemmageschichten stellt daher eine moralische Ausnahmesituation dar, in der eine Testperson ausreichend Zeit zu überlegen hat, von außen zur Reflexion angeregt wird, anderen Personen vernünftige Rechenschaft schuldig ist, nicht unter Stress oder intensiven emotionalen Belastungen steht und nicht unmittelbar betroffen ist. Unter diesen Umständen sind Menschen sehr wohl zu abstrakten, wertorientierten Urteilen fähig, sie stellen jedoch nicht die Normalität im Alltag dar (Wahl, 2015).

Aus diesem Grund lässt sich auch, anders als Kohlberg angenommen hatte, aus der Fähigkeit zum rationalen ethischen Argumentieren kein Rückschluss auf moralisches Verhalten im Alltag ziehen (De Oliveira-Souza, Zahn & Moll, 2015). Daher überrascht Anton Buchers (2001, S. 121) Einsicht nicht, dass ethische Curricula in den Schulen nur »selten zu Änderungen in der moralischen Einstellung oder zu Verhaltenskonsequenzen« führen. Einige moralpsychologische Studien legen allerdings nahe, dass obwohl die Fähigkeit zum rationalen ethischen Argumentieren nicht zu verstärkt positivem Verhalten führt, sie doch die Bereitschaft zu negativen Handlungen verringert (Haidt, 2001). Das würde beispielsweise bedeuten, dass diese Form des ethischen Lernens jemanden nicht zu einer Tierschützerin bzw. einem Tierschützer macht, aber ihre/seine Hemmschwelle erhöht,

Tieren bewusst zu schaden. Die Diskussion von Dilemmageschichten kann also dazu beitragen, zukünftige intuitive Entscheidungen positiv zu beeinflussen.

Trotz dieser kritischen Aspekte sind Dilemmageschichten ein wesentliches Element ethischer Lernprozesse und sie stellen eine unverzichtbare, wenn auch nicht allein ausreichende Methode des ethischen Lernens dar. Reflexions- sowie Argumentationsfähigkeit, die durch das Bearbeiten von Dilemmata geübt werden, sind gerade in einem zunehmend pluralen gesellschaftlichen Kontext von höchster Wichtigkeit. Sie müssen freilich durch emotional-empathisch akzentuierte Lernprozesse sowie Persönlichkeitsbildung im Unterricht ergänzt werden. Die Entwicklung zur Empathiefähigkeit sowie die Förderung von Sicherheitsgefühl, Resilienz und einem Grundvertrauen in sich selbst sind neben kognitiven und kommunikativen Fähigkeiten Grundpfeiler einer umfassenden ethischen Erziehung (Pfeifer, 2003; Wahl, 2015).

2. Unterrichtsbeispiel: Das »Trolley-Problem« und seine Erweiterungen

Für das Unterrichtsbeispiel wurde ein mehrteiliges semi-reales Dilemma gewählt: das von Philippa Foot definierte »Trolley-Problem« sowie dessen von Judith Thomson stammenden Erweiterungen. Diese vierteilige Variante besitzt mehrere Vorteile: Sie ist simpel konstruiert, sodass keine besonderen Fachkenntnisse nötig sind, auf deren Basis die Entscheidungen gefällt werden müssen. Trotz ihrer Realitätsferne[1] (die auch von manchen Lernenden bemerkt wird) wird sie durch die kuriosen Situationen und überraschenden Wendungen als spannend erlebt und weckt Interesse daran, die Problematik zu lösen. Ihr abstrakter und fiktiver Gehalt mindert die emotionale Wirkung einer Entscheidung über Leben und Tod. Schließlich ist sie so gestaltet, dass an ihr auf besonders anschauliche Weise die beiden Grundorientierungen ethischer Urteilsbildung sichtbar werden: Erstens die an Pflichten und Prinzipien orientierte deontologische Ethik und zweitens die an Handlungsfolgen orientierte konsequenzialistische Ethik. Durch die vierteilige Version des »Trolley-Problems« kann gezeigt werden, was deontologische und konsequenzialistische Ethik bedeuten und dass Menschen in ethischen

1 Mit der aktuellen Entwicklung von selbstfahrenden Autos gewinnt das Beispiel jedoch einen Realitätsbezug: Wie müsste der Bordcomputer eines Autos für Situationen programmiert werden, in denen er z. B. einer Fußgängergruppe ausweichen muss, durch das Ausweichmanöver jedoch ein einzelner Passant gefährdet wird?

Argumentationen in der Regel zwischen beiden Ansätzen hin- und herwechseln und sich nicht auf eine Denkweise festlegen.

Herkunft und Definition der verwendeten Dilemmageschichte

Das »Trolley-Problem« als methodisches Gedankenexperiment geht auf die Tugendethikerin Philippa Foot zurück, das man in folgender Form beschreiben kann (Foot, 1967):

> Der Fahrer einer außer Kontrolle geratenen Straßenbahn bemerkt, dass er auf fünf Arbeiter zurast, die gerade die Strecke reparieren. Er hat jedoch die Möglichkeit, die Straßenbahn auf eine zweite Spur zu lenken, auf der nur ein Arbeiter steht. Es ist sicher, dass die Arbeiter auf den jeweiligen Spuren durch den Zusammenstoß getötet werden. Soll der Fahrer auf der Spur mit den fünf Arbeitern bleiben oder soll er die Straßenbahn auf die zweite Spur lenken, auf der nur ein Arbeiter steht?

Foot entwarf dieses Beispiel im Zuge einer Diskussion des »double effects«, der Unterscheidung zwischen der Absicht, die einer Handlung zu Grunde liegt, und den zu erwartenden Konsequenzen, die dabei in Kauf genommen werden: Der Fahrer, der den Spurenwechsel vornimmt, nimmt bewusst in Kauf, dass er den einen Arbeiter tötet. Seine Absicht ist jedoch etwas anderes, nämlich die Rettung der fünf anderen (Foot, 1967). Die Mehrheit der Befragten löst dieses Dilemma in der Regel konsequenzialistisch, d. h. Personen entscheiden sich eher dafür, dass die Konsequenz, fünf zu retten und einen zu töten, gegenüber der umgekehrten Variante zu bevorzugen ist, auch wenn durch die Handlung eine Tötung in Kauf genommen wird. Dieses erste Dilemma wird im Unterrichtsbeispiel als »erster Teil« bezeichnet.

Eine Variation des Dilemmas stammt von Judith Thomson und wird in diesem Unterrichtsmodell als »zweiter Teil« der Erzählung bezeichnet. In dieser »Fat Man«-Geschichte rollt wiederum ein Wagen auf fünf Arbeiter zu, doch diesmal gibt es keine zweite Spur und das Subjekt der Dilemmageschichte beobachtet das Ereignis von einer Fußgängerbrücke aus, die über die Strecke führt (Thomson, 1985).

> Eine Person steht auf einer Fußgängerbrücke und beobachtet, dass ein außer Kontrolle geratener Schienenwagen auf fünf Gleisarbeiter zurast. Sie kennt sich mit den technischen Gegebenheiten aus und weiß, dass der Wagen gestoppt werden kann, indem man ein sehr schweres Objekt auf die Schiene wirft. Zufälligerweise befindet sich gerade ein extrem übergewichtiger Mann auf der Brücke, der sich genau oberhalb des Gleises über das Brückengeländer lehnt. Ein entschlossener Stoß würde genügen, um den Mann auf das Gleis zu werfen, so den Wagen zu bremsen und die fünf Arbeiter zu retten. Sollte man den Mann hinunterstoßen?

Die Pointe von Thomsons Variante ist, dass sie sich nach konsequenzialistischen Gesichtspunkten nicht von der Ursprungserzählung unterscheidet: Wieder wird ein Leben geopfert, um fünf Leben zu retten. Trotzdem argumentiert die Mehrzahl der Personen im Normalfall dafür, den Mann nicht hinunterzustoßen. Offensichtlich zählen also nicht nur die Konsequenzen einer Handlung, sondern auch die Handlung selbst, gemäß einer deontologischen Ethik. Doch was genau macht den Unterschied zwischen den beiden Erzählungen aus? Dieser Frage gilt es in der Diskussion nachzuspüren. Stößt ein reiner Konsequenzialismus hier an seine Grenzen, und wenn ja, warum?

Grundsätzlich lässt sich mit diesen beiden Teilen der Erzählung die Differenzierung von deontologischen und konsequenzialistischen Argumenten schon gut herausarbeiten. Je nachdem, wie die Diskussion verläuft, kann die Geschichte mit zwei zusätzlichen Erweiterungen Thomsons weitererzählt werden, um den Konflikt noch einmal auf die Spitze zu treiben und überzeugte Konsequenzialisten auf die Probe zu stellen. Der »dritte Teil« der Erzählung kann analog zum ursprünglichen »Trolley-Problem« wie folgt gestaltet werden (Thomson, 1985):

> Eine Person ist als Ärztin in einem abgeschiedenen Gebiet tätig. Zu ihr werden fünf schwer verletzte Arbeiter gebracht (sie waren in einen Unfall mit einem Schienenwagen verwickelt). Einer der Männer ist besonders schwer verletzt. Die Ärztin hat zwei Möglichkeiten: Sie kann entweder ihre ganze Zeit und ihr ganzes medizinisches Können aufbieten, um den einen Arbeiter zu retten, allerdings um den Preis, dass die anderen vier sterben werden, oder sich um die vier kümmern, um den Preis, dass der besonders schwer verletzte Arbeiter sterben wird. Wie soll sich die Ärztin entscheiden?

In diesem dritten Teil wechseln Befragte im Normalfall wieder zu konsequenzialistischen Argumenten zurück: Es ist besser, vier Personen zu retten und eine zu opfern, als umgekehrt. Der »vierte Teil« schließlich ist wieder analog zum zweiten Teil konstruiert und strebt an, rein konsequenzialistische Argumentationen ins Absurde zu führen und Befragte wieder ins deontologische Lager wechseln zu lassen (Thomson, 1985):

> Eine Person ist als Ärztin in einem abgeschiedenen Gebiet tätig. Zu ihr werden fünf schwer verletzte Arbeiter gebracht (sie waren in einen Unfall mit einem Schienenwagen verwickelt). Sie alle benötigen dringend Blut- und Organspenden, um zu überleben. Zufälligerweise befindet sich gerade ein gesunder Patient mit passender Blutgruppe für eine Routineuntersuchung in der Ordination. Die Möglichkeit, sich für die fünf Notfälle zu opfern, lehnt er ab. Freilich besteht die Möglichkeit, den gesunden Patienten zu töten und dadurch die fünf lebensgefährlich Verletzten zu retten. Wäre es moralisch erlaubt, den Patienten zu töten?

Dieser vierte Teil ist bewusst ins Absurde übersteigert, um die Grenzen rein konsequenzialistischer Argumentation sichtbar zu machen, denn aus einer solchen Perspektive müsste ein gezielter Mord an einer unbeteiligten Person wiederum gerechtfertigt werden, da durch diese Tat das Leben von fünf anderen gerettet wird. Wiederum kann gefragt werden, was diese Situation vom dritten, aber auch vom zweiten Teil der Geschichte unterscheidet. Was lässt uns von konsequenzialistischen zu deontologischen Argumentationen wechseln?

Veranschaulichung einer konkreten Unterrichtseinheit

Situierung und Auswahl

Das vierteilige Dilemma wurde im katholischen Religionsunterricht einer vierten Gymnasialklasse (8. Schulstufe) als Einleitung zum Thema »Moral und Ethik« verwendet. Als Vergleichsgruppe wurde zusätzlich eine siebente Klasse (11. Schulstufe) herangezogen, um mögliche altersbedingte Differenzen zu erkennen, die es nach Kohlberg geben müsste. In der Lerngruppe befanden sich sieben Schülerinnen und elf Schüler (Vergleichsgruppe: sechs Schülerinnen und elf Schüler). Der Unterrichtsprozess hatte zum Ziel, eine kompetenzorientierte Einführung in das Thema zu geben sowie deontologische und konsequenzialistische Ansätze zu differenzieren. Die Lerngruppe hatte kaum Vorwissen über das Thema, und die Dilemmageschichte wurde somit als Lernanlass für eine anschließende theoretische Darstellung von Moral und Ethik verwendet. Im Unterschied zu den oben dargestellten Erzählweisen wurde in der Unterrichtssituation nicht von einer Person gesprochen, sondern die Lernenden sollten sich vorstellen, dass sie selbst die handelnde Person in der jeweiligen Erzählung seien, also »stell dir vor, du bist die Fahrerin oder der Fahrer einer …«. Durch diese Identifikation wird der Faktor der Empathie für die handelnde Person im Dilemma verstärkt, allerdings ist umstritten, ob eine solche Identifikation nicht eine zu starke emotionale Betroffenheit erzeugt.

Vorbereitung

Als Vorbereitung erklärt die Lehrperson lediglich, dass Ethik die vernünftig begründete Lehre vom richtigen Handeln und vom guten Leben ist, und geht dann unmittelbar zur Dilemmageschichte über, mit der Ankündigung, an diesem Beispiel zu zeigen, was Ethik bedeutet und welche Ansätze es hier gibt. Diese methodische Zugangsweise folgt in groben Zügen der sogenannten »Konstanzer Methode« nach Lind (2009), wobei nicht in Anspruch genommen wird, diese besondere Methodik repräsentativ umzusetzen, da sie nur von speziell ausgebildeten Fachleuten vorgenommen werden soll.

Darüber hinaus rät Lind selbst auf Grund der möglichen emotionalen Belastung von der Anwendung des »Trolley-Problems« im Unterricht ab.[2] Die Grundorientierung an der Methode soll jedoch veranschaulichen, dass Dilemmageschichten nicht einfach »diskutiert«, sondern systematisch bearbeitet werden müssen. Linds Zugang steht als Beispiel dafür, wie eine solche Systematik aussehen kann.

Zuerst erklärt die Lehrperson den Lernenden, dass sie nun eine Geschichte in vier Teilen erzählen wird und dass nach jedem Teil unterbrochen und der Fall in der Klasse diskutiert wird. Es geht darum, dass in jedem Teil der Geschichte zwei Handlungsmöglichkeiten zur Auswahl stehen und sie überlegen müssten, welche Entscheidung die Richtige ist und welche Gründe es dafür gibt. Aus der Erfahrung im Unterricht zeigt sich, dass die Lernenden immer wieder versuchen, Alternativen oder Auswege zu finden. Vor allem bei ungeübten Klassen ist es daher wichtig, klar zu betonen, dass nur die beiden vorgestellten Handlungsmöglichkeiten denkbar sind.

Erster Teil

Danach wird der erste Teil, illustriert durch eine Tafelzeichnung, erzählt und noch einmal klargestellt, dass nur die beiden skizzierten Handlungsmöglichkeiten in Frage kommen. Da manche Lernenden die Realitätsferne des »Trolley-Problems« ansprechen, erklärt die Lehrperson, dass es in der Erzählung nicht um Realismus geht, sondern sie so konstruiert ist, dass wichtige Fragen, mit denen sich Ethik beschäftigt, besonders gut veranschaulicht werden können. Wichtig ist nun, dass die Lernenden möglichst schnell zu einer Erstentscheidung kommen, ohne lange zu überlegen. Der Grund dafür ist, dass wir moralische Urteile im Alltag nicht nach langen Überlegungen und rationalen Diskussionen fällen, sondern schnell und intuitiv – so auch die die Kritik an Kohlberg (Haidt, 2001). Daher gilt es, in einer Einführung zu Moral und Ethik auch diese Spannung zwischen Intuition und Reflexion darzustellen.

---

2 Bei der »Konstanzer Methode« (KMDD)® handelt es sich um eine markenrechtlich geschützte und mit eigener Ausbildung versehene Zugangsweise zur Bearbeitung von Dilemmageschichten. Das hier behandelte Unterrichtsbeispiel wird ausdrücklich nicht als Umsetzung der Methode im Unterricht verstanden, da einige wesentliche Elemente fehlen und Lind das »Trolley-Problem« nicht unterstützt. Vielmehr veranschaulicht es deren Struktur, um die Bedeutung einer systematischen Herangehensweise aufzuzeigen. Die Methode kann nicht ohne Ausbildung einfach übernommen werden. Für mehr Informationen siehe http://www.uni-konstanz.de/ag-moral/moral/dildisk-d.htm.

Es folgt deshalb eine Probeabstimmung, ohne dass die Lernenden Zeit zur Reflexion bekommen. In der Klasse entscheiden sich, wie es auch durch die Konstruktion des Dilemmas intendiert ist, 14 Lernende dafür, die Straßenbahn umzulenken und den einen Arbeiter zu töten, um die fünf zu retten. Vier Lernende wählen die umgekehrte Variante. Anschließend werden in jedem Lager kleine Gruppen von drei bis vier Personen gebildet, die nun rationale Gründe für ihre Entscheidung finden sollen. Im nächsten Schritt werden die Argumente im Plenum diskutiert, wobei die Lehrperson möglichst zurückhaltend agiert und sich auf die Moderation beschränkt. Die Mehrheitsposition, den Gleiswechsel vorzunehmen, wird durchweg konsequenzialistisch argumentiert: Es sei zwar schlimm, den Tod eines Menschen zu verantworten, gleichzeitig können damit aber fünf gerettet werden. Dagegen wird argumentiert, dass ein Mensch nicht über das Leben eines anderen entscheiden dürfe und der Gleiswechsel daher eine bewusste Tötung des einen Arbeiters bedeute. Es kommt hier eine gewisse Vorstellung von Schicksalhaftigkeit zum Vorschein: Es sei nun einmal so, dass der Wagen auf die fünf Arbeiter zurollt, der eine Arbeiter habe einfach Glück und wir hätten kein Recht, dies durch unsere Entscheidung zu ändern. Dagegen wird wiederum argumentiert, dass auch das Nicht-Eingreifen eine bewusste Handlung im Sinne einer Unterlassung ist. Jemand, der nichts tut und dadurch fünf Menschen tötet, sei gleichermaßen verantwortlich wie jemand, der bewusst auf die fünf hinsteuert. Am Ende befassen sich die Gruppen noch einmal mit den Argumenten der Gegenposition und wählen jene Argumente aus, die sie als besonders gut empfinden. Ebenso werden auch die Gegenargumente reflektiert.

Am Ende der Diskussion wird eine erneute Abstimmung im Plenum vorgenommen, um zu sehen, ob die argumentative Auseinandersetzung mit der Thematik eine Änderung der Einstellung bewirkt. In diesem Fall wechseln jeweils zwei Personen ins andere Lager, das Gesamtverhältnis von 14:4 bleibt bestehen. In der Vergleichsgruppe ist die Ausgangslage eindeutiger (16:1 für den Spurwechsel), hier ändern jedoch fünf Lernende nach der Diskussion ihre Meinung. Insgesamt gibt es hier auch in der Folge mehr Meinungsänderungen, was darauf hindeuten könnte, dass ältere Lernende bewusster auf rationale Argumentationen reagieren.

Zweiter Teil

Die Lehrperson fährt nun, wieder durch eine Tafelzeichnung unterstützt, mit dem zweiten Teil der Geschichte fort, dem »Fat Man«. Es wird wieder nach demselben Schema vorgegangen: schnelle Erstabstimmung – Argumentationsfindung – Diskussion – Auseinandersetzung mit Gegenargumenten – erneute Abstimmung. Wie erwartet, ändert sich das Meinungsbild: In der Erstabstimmung entscheiden sich nur sechs Lernende dafür, einzugreifen und den Mann von der Brücke zu werfen, zwölf dagegen. Die Hauptposition der größeren Gruppe ist, dass der Mann im Unterschied zum ersten Teil der Geschichte nicht Teil der Situation ist und gänzlich unbeteiligt. Ihn von der Brücke zu stoßen wäre ein gezieltes, direktes Töten (während der Spurwechsel im ersten Teil nur eine indirekte Tötungshandlung ist) und daher klar als Mord anzusehen. Zusätzlich werden auch die Konsequenzen für einen selbst diskutiert: Es hängt davon ab, ob man in der Situation beobachtet würde (und die Konsequenz einer Haftstrafe zu befürchten hätte) oder ob man den Mann gänzlich unbeobachtet von der Brücke werfen könnte oder ob man darunter leiden würde, einen Menschen getötet zu haben, auch im Bewusstsein, dass dadurch fünf gerettet wurden. Auf Seiten der Minderheit bleibt dagegen die konsequenzialistische Einstellung aus dem ersten Teil bestehen. Es wird die (auch für andere Diskussionen wichtige) Ansicht vertreten, dass es erlaubt sei, Böses zu tun, um damit Gutes zu bewirken: Das Hinunterstoßen des Mannes wird zwar grundsätzlich als moralisch falsch bewertet, aber durch die positiven Konsequenzen (Rettung der fünf) doch gerechtfertigt. Bei der Schlussabstimmung bleiben alle Teilnehmenden in der Lerngruppe bei ihren ursprünglichen Meinungen. Verglichen mit der älteren Vergleichsgruppe zeigt sich, dass die Lernenden in der vierten Klasse viel öfter konsequenzialistisch argumentieren, sowohl im Hinblick auf die Konsequenzen für die Betroffenen als auch für die handelnde Person (= sie) selbst. Die ältere Vergleichsgruppe dagegen orientiert sich argumentativ stärker an Pflichten und Prinzipien.

Dritter und vierter Teil

Die Fortsetzung des »Trolley-Problems« im dritten und vierten Teil strebt nun eine Verstärkung der Entscheidung an. Die Meinungsverhältnisse aus dem ersten und zweiten Teil sollten noch ausgeprägter wiederholt werden, was auch im Unterrichtsbeispiel der Fall ist. Im dritten Teil argumentieren nun 17 Lernende dafür, die vier Verletzten zu retten und den einen zu opfern, und nur eine Schülerin für die umgekehrte Variante. Die Argumentation ist wie im ersten Teil durchweg konsequenzialistisch geprägt, die Rettung von vieren ist besser als die Rettung von einem. Ein Schüler, der noch nie zuvor etwas vom Utilitarismus gehört hat, argumentiert bemerkenswerterweise mit der Maximierung des Glücks der Betroffenen, freilich auf Kosten des einen Verletzten. So wird durch diesen Lernanlass der Dilemmageschichte bereits ein wesentliches Argument gegenwärtiger ethischer Debatten vorweggenommen, auf das später in der theoretischen Systematisierung der Ethik eingegangen werden kann. Die Schlussabstimmung zeigt wieder keine Veränderung im Vergleich zur ersten, intuitiven Abstimmung. In der Vergleichsgruppe ist das Verhältnis ebenfalls 16:1, nach der Diskussion sogar 17:0 für die Versorgung der vier Verletzten.

Es ist die Stärke dieser vierteiligen Erzählung, dass sie sofort nach diesem klaren konsequenzialistischen Votum wieder einen Kontrapunkt setzen kann. Der vierte Teil der Erzählung, das Töten des Routinepatienten zu Gunsten der Lebensrettung der fünf Schwerverletzten, wird demzufolge auch mit der klaren Gewichtung von 17:1 (Kontrollgruppe: 17:0) entschieden: Der kaltblütige Mord an einer unschuldigen Person wird durchweg als moralisch verwerflich angesehen, auch wenn durch ihn Positives bewirkt werden kann. Spätestens hier greift eine deontologische Ethik, die klare und verbindliche Handlungsgrenzen definiert. Ein Schüler freilich, der schon zuvor eine grundsätzlich utilitaristische Position vertreten hat, bleibt seinem Argumentationsmodell auch in dieser Extremsituation treu. Er räumt zwar ein, dass er selbst so eine Tat nicht begehen würde, allerdings nur, weil er dafür »zu feig« wäre. Auf Grund der Glücksmaximierung wäre es jedoch seiner Meinung nach moralisch richtig, den Patienten zu töten.

Am Ende folgt eine kurze Feedbackrunde über die Diskussion und eine Reflexion.

Weiterführung

Die Lehrperson greift nun die Ergebnisse der Diskussionen auf und überführt sie in die ethische Theorie. Sie weist dabei vor allem auf zwei Aspekte hin: Erstens, dass moralische (und auch ethische) Modelle wesentlich auf deontologischen und konsequenzialistischen Überlegungen basieren und dass Menschen im Normalfall sich beider Argumentationsformen bedienen. Die Lehrperson weist in diesem Zusammenhang auch auf die Ausnahme des einen Schülers hin, der durchgehend konsequenzialistisch argumentiert hat. Dies bietet den Ausgangspunkt für eine Differenzierung von Ethik in deontologische und utilitaristische Modelle. Zweitens weist die Lehrperson darauf hin, dass durch die Diskussion und Argumentationsfindung nur wenige Schülerinnen und Schüler von ihrer intuitiven Erstposition abgerückt sind. Die Lehrperson erklärt, dass moralische Urteile im Alltag stark auf Emotionen und Intuitionen basieren und rationale Begründungen allein nur selten einen Meinungswechsel bewirken.

3. Prozessablauf

Die Beschreibung des Prozessablaufs – dargestellt in der folgenden Tabelle – orientiert sich im Wesentlichen wiederum an Lind (2009), unter Vorbehalt der zuvor gemachten Einschränkungen. Es wird aufgezeigt, welche Elemente eine systematische Herangehensweise an Dilemmageschichten aufweisen kann.

Dieses Beispiel für einen Prozessablauf ist für eine Unterrichtseinheit konzipiert. Ziel für diesen Unterricht ist es, den Lernenden einen kompetenzorientierten Einstieg in das Thema sowie die Differenzierung von deontologischen und konsequenzialistischen Ansätzen zu ermöglichen. Es wird auch davon ausgegangen, dass die Lernenden kaum Vorwissen über das Thema mitbringen. Dieser Einstieg kann als Basis für die weitere Vertiefung bzw. theoretische Erschließung für die Themen Moral und Ethik eingesetzt werden.

4. Rolle der Lehrenden und Lernenden

Aufgaben der Lehrperson

- Adäquate Auswahl und Präsentation der Dilemmageschichte: Es ist wichtig zu definieren, welchen Zweck die Dilemmageschichte im Unterrichtsplan haben soll, welche Kompetenzen gefördert werden sollen und welche Aspekte der Erzählung für die konkrete Lerngruppe interessant und motivierend wirken. Letzteres kann entweder durch Betroffenheit (reales Dilemma) oder durch eine spannende Konstruktion (semi-reales Dilemma) geschehen. Die Lehrperson hat zudem die Aufgabe, die Erzählung so zu präsentieren, dass Aufmerksamkeit erzeugt wird. Dies kann durch guten Vortrag, unterstützende Grafiken, Filmclips, Zeitungsberichte o. ä. geschehen.
- Klarheit und Struktur: Die Lehrperson hat die Aufgabe, Unklarheiten zu beantworten und ggf. wiederholt zu bekräftigen, dass keine Kompromisslösungen oder alternative Lösungen eingebracht werden können. Sie strukturiert den Unterrichtsverlauf in einzelne Abschnitte und schafft geeignete Überleitungen.
- Diskussionsführung: Bei ungeübteren oder jüngeren Diskussionsgruppen übernimmt die Lehrperson die Gesprächsführung. Sie ermutigt die Lernenden, Stellungnahmen abzugeben, fordert Klärungen ein, sorgt für die Einhaltung von Gesprächsregeln (Sanktion von persönlichen Angriffen oder Ad-hominem-Argumenten) und bestärkt Außenseitermeinungen,

Tabelle 1: Prozessablauf: Elemente einer systematischen Herangehensweise an Dilemmageschichten

Ablauf	**Arbeitsschritte/Inhalte**	**Sozial-form**	**Material**
Auswahl des Dilemmas	Entscheidung zwischen realem und hypothetischem Dilemma Auswahl einer im Hinblick auf Alter, Fähigkeiten und Wissen der Schüler/innen geeigneten Dilemmageschichte		
Einleitung	Hinführung und Erklärung der Methode Hinweis auf Regeln (z. B. *tertium non datur*)	LV	
Präsentation und Klärung	Darbietung der Dilemmageschichte (evtl. mit Medienunterstützung) Klärung von Verständnisfragen zusammenfassende Definition des konkreten ethischen Dilemmas	LV	freier Vortrag oder Textblatt, (Tafel-)Bild, Videoclip …
Erste Schnell-abstimmung	intuitive Erstentscheidung durch Handzeichen (evtl. auch anonym im Heft)	PL	evtl. Mappe, Heft
Sammlung von Argumenten	Bildung von 3er-/4er-Gruppen, die jeweils derselben Meinung sind Sammeln und Notieren von Argumenten zur Unterstützung der eigenen Position	GA	Mappe, Heft
Diskussion im Plenum	Diskussion der verschiedenen Argumente im Plenum (im Plenum können sich auch neue Argumente entwickeln) evtl. Moderation und Leitung durch die Lehrperson	PL	evtl. Ball zum Zuwerfen (z. B. Ping-Pong Methode)
Auseinander-setzung mit Gegen-argumenten	Auswählen der besten im Plenum geäußerten Gegenargumente zur eigenen Positionen	EA	Mappe, Heft
Erneute Abstimmung – Schlussab-stimmung	Schlussabstimmung durch Handzeichen Vergleich mit der Erstabstimmung Schüler/innen, die sich anders als am Anfang entscheiden, begründen ihren Wechsel	PL, LV	
Reflexion	Reflexion des Arbeitsprozesses (schriftlich oder mündlich)	EA	evtl. Mappe, Heft
Einbindung in den the-matischen Zusammen-hang	Zusammenfassung der Debatte durch die Lehrperson Überleitung bzw. Einbindung der Dilemma-situation in den aktuellen ethischen oder fachlichen Themenbereich	LV	

LV =Lehrervortrag, PL = Klassenplenum, EA = Einzelarbeit, GA = Gruppenarbeit

da diese oft wichtige alternative Blickwinkel aufzeigen. Die Lehrperson sollte es vermeiden, bestimmte Lösungswege zu forcieren und zu unterstützen, da gerade abweichende und alternative Diskussionsbeiträge wichtig für den Lernprozess sind, auch wenn diese ethischen Konventionen widersprechen.
– Feedback und theoretische Einordnung: Die Lehrperson holt Feedback zur Diskussion und den erworbenen Kompetenzen bei den Beteiligten ein und sorgt für eine Einordnung der Debatte in theoretische Zusammenhänge (Wo spielt dieses Thema eine Rolle? Was lernen wir daraus über ethische Modelle?)

Aufgaben der Lernenden

– Authentizität: Die Lernenden sollen die Möglichkeit haben, ihre Ansichten frei und offen zu vertreten, sie müssen nicht in fremde Rollen schlüpfen oder bei bestimmten Ansichten Sanktionen fürchten.
– Reflexion: Die Lernenden reflektieren ihre eigenen Ansichten und Meinungen und suchen nach deren Gründen und Voraussetzungen.
– Argumentation und Diskussion: Die Lernenden sind herausgefordert, ihre Ansichten vernünftig zu begründen, auf Gegenargumente einzugehen und eine an rationalen und inhaltlichen Kriterien orientierte Diskussion zu führen. Eine Kriteriologie für die Qualität einer Gegenargumentation findet sich bei Paul Graham (2008).
– Auseinandersetzung mit Gegenargumenten: Wichtig ist, dass sich die Lernenden in einem eigenen Abschnitt speziell mit den gesammelten Gegenargumenten auseinandersetzen. Ansonsten liegt in der Methode die Gefahr, dass sie zu einem reinen Wettkampf darin wird, rationale Rechtfertigungen für ein unbewusst-intuitives Ersturteil zu suchen.

5. Geforderte und geförderte Kompetenzen

Die Anwendung von Dilemmageschichten im Ethik- oder Religionsunterricht leistet einen wesentlichen Beitrag zur Kompetenzentwicklung im ethischen Lernen. Schülerinnen und Schüler lernen, ethisch relevante Situationen und moralische Dilemmata als solche zu erkennen und zu verstehen, sie zu analysieren und zu reflektieren sowie moralisch zu urteilen. Darüber hinaus lernen sie zu argumentieren (argumentative Kompetenz) und ihre moralischen Einstellungen mit anderen zu diskutieren (kommunikative

Kompetenz) (Prettenthaler, 2012). Die Auseinandersetzung mit den eigenen Einstellungen und Sichtweisen fördert dabei die Selbstkompetenz.

Die genannten Kompetenzen und Wissensformen, die durch Dilemmageschichten gefördert werden, sind selbstverständlich als langfristige Entwicklungsziele zu verstehen:

- Präsentation und Kennenlernen der Dilemmageschichte: Nach der Darbietung der Dilemmageschichte (evtl. mit Medienunterstützung) werden das zu Grunde liegende Dilemma und der entsprechende Wertekonflikt herausgearbeitet und Fragen geklärt. Die Lernenden sind in der Lage, ein ethisches Dilemma zu erkennen und zu definieren (fachliche Kompetenz).
- Probeabstimmung: Ohne lange Nachdenkmöglichkeit wird eine Erstabstimmung über die beiden Handlungsoptionen vorgenommen. Dadurch wird die Rolle von unbewussten und intuitiven Beurteilungsprozessen im Alltag sichtbar gemacht. In der Regel treffen Menschen ihre Werturteile auf diese Weise, da sie ihre Entscheidungen nur selten gegenüber anderen rational argumentieren müssen.
- Sammlung von Argumenten in Pro-/Contra-Gruppen zu je drei bis vier Personen: Schülerinnen und Schüler mit derselben Meinung erarbeiten in Kleingruppen Argumente zu Gunsten ihrer Position. Die Lernenden werden sich über ihre eigenen Meinungen und Einstellungen bewusst (metakognitive Kompetenz) und können diese begründen (argumentative Kompetenz).
- Diskussion im Plenum: Die verschiedenen Ansichten und Begründungen werden im Plenum zur Sprache gebracht, entweder von der Lehrperson moderiert oder, bei geübteren Lerngruppen, selbstgesteuert, z. B. durch die Ping-Pong-Methode, bei der die wortführende Person bestimmt, wer nach ihr das Wort hat. Die Lernenden können ihre Ansichten argumentativ darlegen, auf gegenteilige Meinungen eingehen und diese integrieren oder kritisieren (kommunikative Kompetenz), bei gleichzeitig wertschätzendem Umgang miteinander, der ohne Beleidigungen oder Ad-hominem-Argumente auskommt (soziale Kompetenz). Die Lernenden diskutieren geordnet, lassen einander ausreden, hören zu und können so Diskussionen führen und selbst organisieren (prozedurales Wissen).
- Auseinandersetzung mit den Gegenargumenten: Die Pro-/Contra-Gruppen definieren, welche Gegenargumente zu ihrer eigenen Position besonders interessant sind. Die Lernenden nehmen von ihrer Meinung abweichende Ansichten zur Kenntnis und reflektieren sie (soziale Kompetenz).
- Schlussabstimmung: Nach der Auseinandersetzung wird noch einmal im Plenum eine Abstimmung über die Handlungsoptionen vorgenommen. Die Lehrperson überprüft, wie viele Lernende ihr Ersturteil revidiert haben, und fragt diese nach Gründen für ihre Meinungsänderung.

- Reflexion und Feedback: Die Lehrperson fragt nach, wie die Lernenden den Prozess empfunden haben und was sie daraus gelernt haben. Die Lernenden können ihr Denken und Handeln reflektieren und zum kompetenzorientierten Lernen in Beziehung setzen (metakognitives Wissen).
- Einbindung in den Unterrichtszusammenhang: Die Lehrperson zeigt auf, welche Bedeutung das Dilemma und der Diskussionsprozess für die Unterrichtsthematik haben. Die Lernenden können den Prozess mit Theorien zur Moral bzw. bei Fachdilemmata die ethische Debatte mit den zuvor gelernten fachlichen Informationen in Verbindungen bringen (vernetztes Wissen).

Dilemmageschichten tragen so zur Entwicklung aller Aspekte bei, die Pfeifer als grundlegend für ethische Kompetenz erachtet: Selbstwahrnehmen, Urteilen, Argumentieren, Kommunizieren und Fremdwahrnehmen (Pfeifer, 2003). Bei fachlichen Dilemmata werden zusätzlich entsprechende Fachkompetenzen gefördert, wenn an Hand des Dilemmas sachspezifische Hintergründe im jeweiligen Gegenstand erarbeitet werden. Der Einsatz von Dilemmageschichten im Fachunterricht ermöglicht in einem solchen Fall auch vernetztes Wissen, da auf diese Weise ethische Debatten nicht nur als Sonderfall im Ethik- oder Religionsunterricht geführt werden, sondern die hier geförderten Kompetenzen mit entsprechenden Fachkompetenzen verknüpft werden müssen.

Literatur

Bucher, Anton (2001). *Ethikunterricht in Österreich*. Innsbruck: Tyrolia.

De Oliveira-Souza, Ricardo, Zahn, Roland & Moll, Jorge (2015). The Neural Bases of Moral Belief Systems. In Frank Krueger & Jordan Grafman (Hrsg.), *The Neural Basis of Human Belief Systems* (S. 111–135). Hove: Psychology Press.

Foot, Philippa (1967). The Problem of Abortion and the Doctrine of the Double Effect. *Oxford Review, 5*, 5–15. Abgerufen am 23.5.2017 von http://philpapers.org/archive/FOOTPO-2.pdf

Graham, Paul (2008). How to Disagree (Essay). Abgerufen am 27.5.2017 von http://paulgraham.com/disagree.html

Haidt, Jonathan (2001). The Emotional Dog and Its Rational Tail. A Social Intuitionist Approach to Moral Judgment. *Psychological Review, 108*(4), 814–834.

Köck, Peter (2002). *Handbuch des Ethikunterrichts*. Donauwörth: Auer.

Kuld, Lothar & Schmid, Bruno (2001). *Lernen aus Widersprüchen. Dilemmageschichten im Religionsunterricht*. Donauwörth: Auer.

Laupa, Marta & Turiel, Elliot (1986). Children's Conceptions of Adult and Peer Authority. *Child Development, 57*(2), 405–412.

Lind, Georg (2009). *Moral ist lehrbar. Handbuch zur Theorie und Praxis moralischer und demokratischer Bildung* (2. Auflage). München: Oldenbourg.

Milgram, Stanley (1963). Behavioral Study of Obedience. *The Journal of Abnormal and Social Psychology, 67*(4), 371–378.

Pfeifer, Volker (2003). *Didaktik des Ethikunterrichts. Wie lässt sich Moral lehren und lernen?* Stuttgart: Kohlhammer.

Piel, Inga (2009). *Wie soll ich mich entscheiden? Dilemmageschichten mit Arbeitsanregungen für Jugendliche.* Mühlheim: Verlag an der Ruhr.

Prettenthaler, Monika (2012). »Gut und richtig« leben lernen? Überlegungen zur ethischen Kompetenz. In Manuela Paechter, Michaela Stock, Sabine Schmölzer-Eibinger, Peter Slepcevic-Zach & Wolfgang Weirer (Hrsg.), *Handbuch Kompetenzorientierter Unterricht* (S. 72–87). Weinheim: Beltz.

Schipperges, Stefan (2013). Moralische Dilemma-Situationen. In Wolfgang Michalke-Leicht (Hrsg.), *Kompetenzorientiert unterrichten. Das Praxisbuch für den Religionsunterricht* (S. 178–184). München: Kösel.

Standop, Jutta (2005). *Werte-Erziehung. Einführung in die wichtigsten Konzepte der Werteerziehung.* Weinheim: Beltz.

Thomson, Judith (1985). The Trolley Problem. *The Yale Law Journal, 94*(6), 1395–1415.

Wahl, Klaus (2015). *Wie kommt die Moral in den Kopf? Von der Werteerziehung zur Persönlichkeitsförderung.* Berlin: Springer Spektrum.

Ursula Fritz und Karin Lauermann

Fallarbeit – Eine Brücke zwischen Theorie und Praxis

Professionelle Berufstätigkeit resultiert aus dem Zusammenspiel von theoretischem Wissen und an der Theorie reflektierter praktischer Erfahrung. Im Bildungsprozess werden diese beiden Säulen der Bildung immer wieder an getrennten Lernorten vermittelt. Im Unterscheid dazu ermöglicht die Methode der Fallarbeit handlungsentlastendes Einüben der Prozesse, die beim Transfer von theoretischem Wissen in die reale Umsetzung erforderlich sind, um die Lernenden auf die Komplexität ihrer zukünftigen beruflichen Tätigkeit vorzubereiten, sie zu vernetztem Denken anzuleiten und dabei zu unterstützen, bereits erworbene theoretische wie praktische Konzepte situationsadäquat anzuwenden (Spiro, Coulson, Feltovich & Anderson, 1988).

1. Die Methode »Fallarbeit«

Fallarbeit ist an der Schnittstelle zwischen theoretischer Betrachtung und praktischem Tun angesiedelt (Pieper, 2014) und bietet »eine Variante zur Erprobung des Zustands als-ob-rationalen Verhaltens« (Schierz & Thiele, 2002, S. 42). Gearbeitet wird mit Unterrichtsmethoden und -materialien »in denen reale oder der Realität entsprechende Ereignisse […] zu einem Fall aufbereitet sind und die darüber hinaus Lehr-Lernhilfen zur Lösung des Falls enthalten« (Reetz, 1988, S. 38).

Beschreibung der Methode

Die Fallarbeit, auch bekannt unter der Bezeichnung Fallprinzip, Fallstudienmethode und Ähnliches, hat eine lange Tradition. Bereits zu Beginn des

20. Jahrhunderts wurde die Bedeutung umfassender theoretischer Kenntnisse als Voraussetzung für die (spätere) gelingende Berufspraxis als unumgänglich erkannt und die Case-Study-Methode (Fallarbeit), zunächst an der Harvard Graduate School in der Ausbildung von Studierenden der Rechtswissenschaften, später auch im Medizinstudium an der Harvard Medical School eingeführt (Gravin, 2003). Der Grundgedanke war, im Unterricht Theorie und Praxis zu verknüpfen, indem die Lernenden Fallbeispiele aus ihrem zukünftigen Berufsfeld (forschend) analysieren. Durch die Arbeit mit Fallbeispielen eignen sich die Lernenden bereichsspezifisches Wissen an, entwickeln ein fundiertes Können im Umgang mit beruflichen Situationen und reflektieren eigene und/oder fremde berufliche Erfahrungen.

Unter dem Begriff »Fallarbeit« werden – wie eingangs erwähnt – durchaus unterschiedliche Arbeitsformen wie beispielsweise Fallstudie, Fallstudienarbeit, Fallmethode, Kasuistik, Fallanalyse oder Fallvignette (Pieper, 2014; Reichertz, 2014) subsumiert. Diese Lehr- und Lernarrangements haben die Intention, komplexe Sachverhalte und Problemstellungen aus der Lebens- und/oder Berufswelt praxisnah darzulegen und die Lernenden zu einer möglichst eigenständigen Auseinandersetzung mit dem jeweiligen Inhalt anzuleiten. Dabei werden Handlungsabläufe und Entscheidungen nicht direkt in der Realität erprobt, sondern im Kontext der wirklichen Gegebenheiten reflektiert und mit möglichen Lösungsansätzen aus der Realität verglichen. In diesem Sinne kann bei der Fallarbeit von »symbolisch repräsentativem Handeln« (Reetz, 1992, S. 341) gesprochen werden. An einem konkreten Ausschnitt aus der Berufs- und Lebenswelt können theoretische Aussagen und die praktische Ausprägung des Problems in Bezug gesetzt werden. Somit wird im Rahmen der Analyse eines praktischen Falls die Verbindung zur Theorie initiiert, um die Lebens- und/oder Berufspraxis zu verstehen und zu erklären. Das charakteristische lernmotivationale Element der Fallarbeit sind relevante Probleme, die die Lernenden zur Lösung herausfordern. Theoretisches Fachwissen begegnet ihnen dabei als ein durch eigenständige »Forschung« wachsendes Potenzial an Informationen, das zur Bewältigung von Problemen herangezogen werden kann. Damit bildet die Theorie kein hochkomplexes Gemenge an Wissen, das seine »Nützlichkeit« erst im späteren (Berufs-)Leben beweisen muss (Weitz, 2000), sondern entfaltet sich konkret in fiktiven und damit handlungsentlastenden Übungssituationen. In der Verbindung von theoretischem Verständnis und praktisch Erfahrenem trifft Entscheidungs- und Begründungswissen auf konkrete Bedingungen der Lebens- und/oder Berufspraxis (Lindow & Münch, 2014).

Fallarbeit im Unterricht

Fallbeispiele sollen eine ganzheitliche Beschreibung einer Situation und/oder eines Problems einer Person, einer Gruppe oder einer Institution enthalten, um die Möglichkeit zu bieten, Handlungsalternativen zu erkennen, zu erörtern und ihre Konsequenzen zu analysieren. Damit werden Fallanalysen aus einer bestimmten, interessengeleiteten Perspektive erstellt oder ausgesucht. Insofern sind sie kein Abbild der Wirklichkeit, sondern eine bewusste Auswahl aus der Fülle der Möglichkeiten der (Berufs-)Wirklichkeit. Wichtig für deren erfolgreichen Einsatz ist bei der Erstellung bzw. Auswahl von Fallbeispielen, dass diese möglichst anschaulich sind. Die Konfrontation mit dem Fallgeschehen bietet eine besonders günstige Ausgangsvoraussetzung für ein auf Ganzheitlichkeit ausgerichtetes Lernen (Weitz, 2000).

Was nun konkret ein Fall ist, hängt von der jeweils spezifischen disziplinären, methodischen und/oder handlungspraktischen Perspektive ab. Fälle basieren auf realen oder fiktiven Geschichten aus der Praxis. Doch nicht jede Erzählung aus der Praxis liefert einen Fall. Eine Erzählung wird erst dann zur Falldarstellung, wenn sie Ausgangspunkt für Lernprozesse ist. Für die Auswahl der Fälle ist von Bedeutung, dass diese für die Lernenden überschaubare Episoden abbilden, Bezüge zu ihren bisherigen Erfahrungen und Einstellungen wie künftigen Berufssituationen beinhalten, konflikthaltig sind sowie zur Stellungnahme und Problemlösung bzw. Entscheidungsfindung auffordern. Grundsätzlich können drei Arten von Fallarbeit unterschieden werden:

- »Fallerklärende Methoden« ordnen Einzelsituationen in theoretische Konzeptionen ein.
- »Fallverstehende Methoden« eröffnen den Zugang zu unterschiedlichen Sichtweisen der Beteiligten.
- »Falleingreifende Methoden« unterstützen die Lernenden dabei, Handlungsoptionen zu entwickeln und zu begründen.

Wesentlich ist, welche Arten von Fällen herangezogen und mit welcher Intention sie verbunden werden. Für den Einstieg in die Fallarbeit eignen sich geschlossene Fälle oder Fallvignetten – Episoden aus Fallgeschichten, die typische Problemfelder aus der (beruflichen) Praxis enthalten –, also Fälle mit eindeutigen Sachverhalten und abgeschlossenen Handlungsprozessen. Haben Lernende schon Sicherheit in der Fallarbeit und verfügen sie über kasuistisches Wissen, eignen sich auch offene Fälle, d. h. Fälle, die komplex, vielschichtig und vernetzt sind, die mehrere Perspektiven aufzeigen und Dilemmata widerspiegeln (Büscher & Gronemeyer-Bosse, 2009). Der Fall soll grundsätzlich

- praxis- und realitätsnah sein,
- Interpretationen eröffnen,

- Probleme und/oder Konflikte beinhalten,
- überschaubar und unter den zeitlichen, individuellen Voraussetzungen der Lernenden lösbar sein sowie
- mehrere Lösungsmöglichkeiten zulassen.

In der Literatur findet sich eine Vielzahl von Versuchen, die unterschiedlichen Ausprägungsformen von Fallstudien zu typologisieren und deren Varianten zu klassifizieren. In Anlehnung an Hundenborn (2007) lassen sich die folgenden fünf methodischen Varianten der Fallarbeit unterscheiden:

- Informationsfall (Case-Incident-Methode)
- Problemfindungsfall (Problem-Finding-Methode)
- Entscheidungsfall (Case-Study-Methode)
- Beurteilungsfall (Case-Problem-Methode)
- Untersuchungsfall (Stated-Problem-Methode)

Prozessphase / Fallvariante	Informations-gewinnung und -bewertung	Problem-erkennung und Problem-analyse	Ermitteln alternativer Lösungs-varianten, Problemlösung oder Entscheidung	Lösungskritik
Informationsfall	■			
Problemfindungs-fall		■		
Entscheidungs-fall		■	■	
Beurteilungsfall			■	
Untersuchungs-fall				■

Abbildung 1: Kompetenzbereiche der Fallvarianten (Kaiser, 1976, S. 55)

Die Fallvarianten charakterisieren sich wie folgt:

- Beim »Informationsfall« müssen die Informationen von den Lernenden selbstständig beschafft werden. Die Falldarstellung ist unvollständig und

lückenhaft. Im Fokus des Lernprozesses stehen demgemäß Informationsbeschaffung und Ermittlung benötigter Daten. Die Lernenden müssen Varianten ermitteln und Arbeitsvarianten begründen. Informationsfälle erweisen sich als praxisnäher als andere Fallmethoden, jedoch auch als zeitaufwändiger.
- Ausgehend von einer umfassenden Situationsschilderung werden im »Problemfindungsfall« die Lernenden aufgefordert, verborgene Probleme zu erkennen. Das Informationsmaterial wird zur Verfügung gestellt. Mithilfe der gegebenen Informationen werden mögliche Lösungsvarianten des Problems ermittelt und Entscheidungen getroffen. Im Fokus stehen Problemanalyse, Problemsynthese und diagnostische Entscheidungen.
- Der »Entscheidungsfall« – die klassische Harvard-Methode – zielt auf das Auffinden verborgener Probleme ab. Auch hierbei wird das Informationsmaterial zur Verfügung gestellt. Die Lernenden werden zu folgenden Handlungsschritten aufgefordert: Problemanalyse, Problemsynthese, Festlegen von Zielsetzungen, Entwickeln von Lösungsalternativen und Treffen von Handlungsentscheidungen.
- Im »Beurteilungsfall« werden mithilfe der vorgegebenen Probleme und vorliegenden Informationen Lösungsvarianten erarbeitet und eine Entscheidung getroffen. Die Lernenden müssen somit Lösungsalternativen entwickeln und zu Handlungsentscheidungen kommen.
- Die fertigen Lösungen, einschließlich deren Begründungen, werden im »Untersuchungsfall« vorgegeben. Im Fokus stehen das Auffinden von Entscheidungsstrukturen, die kritische Beurteilung von Entscheidungen und die Suche nach alternativen Lösungswegen.

2. Unterrichtsbeispiel für die Methode »Fallarbeit«

Das folgende Unterrichtsbeispiel[1] aus dem Fachbereich »Betriebswirtschaft und Volkswirtschaft« (11. Schulstufe) soll die Methode »Fallarbeit« veranschaulichen.

Falldarstellung

Die Ausgangssituation des Falls wird den Lernenden mit Hilfe folgender Aufgabenstellung dargestellt:

1 Das Unterrichtsbeispiel wurde von Nadine Fauland zur Verfügung gestellt.

Firma: *Kleine Blume* Hotel
Maria Blume

Adresse: Blümchenweg 24, 9797 Rosenberg

Telefon: 0043 1234 987 65 00 49
E-Mail: info@hotel-kleine-blume.at
Internet: www.hotel-kleine-blume.at

Abbildung 2: Visitenkarte des Viersternehotels »Kleine Blume«

Sie arbeiten als Praktikantin bzw. Praktikant bei der Wirtschaftskammer Wien und bereiten Unterlagen für ein Gespräch zur Rechtsformberatung vor. Frau Maria Blume, Eigentümerin des Hotels »Kleine Blume« in Rosenberg, möchte die Rechtsform ihres Unternehmens ändern und hat hierfür einen Beratungstermin mit Ihnen vereinbart. Frau Blume hat das Viersternehotel in Rosenberg vor drei Jahren von ihrem Vater übernommen und es mit viel Fleiß und Einsatz zu dem gemacht, was es heute ist. Viele Gäste, darunter auch viele Stammgäste, finden in dem gemütlichen Haus Erholung und Entspannung und genießen es, von der Chefin persönlich kulinarisch verwöhnt zu werden. Dabei wird besonderer Wert auf regionale Küche und die ausgezeichneten Weine der Region gelegt. Tradition, Gastfreundlichkeit und zufriedene Gäste prägen die Philosophie des Hauses. Das Hotel verfügt über 90 Betten, 130 Plätze im Restaurant und hat an 300 Tagen im Jahr geöffnet; in den Monaten April und November ist das Hotel geschlossen.

Sie haben Frau Blume gebeten, Ihnen vorab einige Informationen zu ihrem Anliegen per E-Mail zu übermitteln, um beim bevorstehenden Termin eine effiziente Beratung zu ermöglichen. Hier die Nachricht von Frau Blume:

Wie telefonisch angesprochen, gab es letzte Woche ein Gespräch mit meinen zwei Kindern bezüglich einer etwaigen Rechtsformänderung meines Hotels „Kleine Blume", welches bereits seit mehreren Jahrzehnten im Familienbesitz ist. Derzeit führe ich das Unternehmen als e.U. alleine. Mein touristisch erfahrener Sohn, Andreas Blume (27 Jahre alt), möchte nicht nur aktiv im Unternehmen mitarbeiten, sondern auch mitbestimmen können und hat mir die Gründung einer OG vorgeschlagen. Meine Tochter, die erst 20 Jahre alt ist, wird im Herbst mit einem Studium beginnen und lehnt das Mitwirken im Familienbetrieb aufgrund dieser bevorstehenden Veränderung ab. Ich persönlich plane hingegen seit längerer Zeit die Umgründung des Einzelunternehmens in eine GmbH mit mir als geschäftsführender Gesellschafterin. Meinen Sohn hätte ich gerne als weiteren Gesellschafter eingebracht. Eventuell möchte ein langjähriger, finanzkräftiger Freund (Herr Albert Schuster) ins Unternehmen einsteigen. Allerdings verfügt er über keinerlei Fachkenntnisse und ist einem aktiven Mitwirken im Betrieb abgeneigt. Mich würden die Unterschiede hinsichtlich Haftung, Recht/Pflicht zur Mitarbeit, Kontrolle, Steuerbelastungen und etwaige weitere Aspekte, die ich bei der Gründung einer OG oder GmbH zu berücksichtigen hätte, interessieren. Daher frage ich: Zu welcher Rechtsform würden Sie mir raten? Gibt es sinnvolle Alternativen zu einer GmbH oder OG? Wie kann ich Herrn Schuster optimal einbinden? Diese Fragen würde ich gerne bei unserem Beratungsgespräch mit Ihnen klären und freue mich, wenn Sie Unterlagen für mich vorbereiten.

Besten Dank im Voraus und mit freundlichen Grüßen

Maria Blume

Konkrete Planung der Unterrichtseinheit

Die Planung der Unterrichtseinheit orientiert sich an den sechs Phasen nach Kaiser (1976, 1983), die an dieser Stelle in Bezug auf das Unterrichtsbeispiel vorgestellt sowie im folgenden Kapitel theoretisch ausformuliert und konkretisiert werden.

Phase 1: Konfrontation

In der Einstiegsphase wird das Fallbeispiel (durch die Lehrperson) vorgestellt. Da die Fallarbeit zugleich ein Rollenspiel beinhaltet, ist es an dieser Stelle auch notwendig, die Methode des Rollenspiels – sollte es den Lernenden noch nicht vertraut sein – ebenfalls vorzustellen (vgl. das Kapitel »Rollenspiel – Von hier nach dort«). Im Anschluss daran finden sich die Lernenden in Gruppen von zwei bis sechs Personen zusammen, erhalten die Arbeitsmaterialien (Fallstudie, Quellen zur Lösung, Hinweise auf Ergebnisse) und erarbeiten die Fallstudie, indem sie eigenständig wesentliche Inhalte markieren und notieren.

Ziel dieser Arbeitsphase ist das Erfassen der Problem- und Entscheidungssituation.

Phase 2: Information

Nachdem den Lernenden der Fall vertraut ist, erfolgt eine Gruppendiskussion entlang folgender möglicher Leitfragen: Was ist zu tun? Welche Materialien können zur Lösung der Aufgabe hilfreich sein? Wer kann welches Vorwissen einbringen? Welches Endergebnis wird erwartet?

Aus methodischer Sicht empfiehlt es sich, den Gruppenmitgliedern Rollen wie Moderationsrolle, Schriftführung etc. zuzuordnen. Des Weiteren sollten folgende Materialien zur Verfügung stehen: evtl. Material-strich-Quellenangaben zum Lösungsansatz, Flip-Chart-Papier, Online-Zugang.

Ziel dieser Arbeitsphase ist es, zu erlernen, die für die Entscheidungsfindung relevanten Informationen zu beschaffen und zu bewerten.

Phase 3: Exploration

In dieser Phase sollen die Lernenden individuell (Einzelarbeit) ihren Wissensstand erweitern sowie eigenständig in Fachliteratur und im Internet recherchieren. Dabei können seitens der Lehrperson passende Quellen vorgeschlagen werden. Ausgehend von den individuellen Recherchearbeiten diskutieren die Lernenden in der Gruppe ihre Ergebnisse und überlegen gemeinsame Lösungsansätze (Gruppenarbeit), die abschließend schriftlich festgehalten werden (z. B. Flip-Chart, Power-Point).

Ziel dieser Arbeitsphase ist das Denken in Alternativen (Perspektivenwechsel).

Phase 4: Resolution

Ausgehend von den gemeinsam entwickelten Lösungsvorschlägen erarbeiten die Lernenden in der Lerngruppe ein Handout, z. B. als Grundlage für das Beratungsgespräch mit Frau Blume im oben skizzierten Fallbeispiel. Hierzu ist es günstig, wenn Laptop, Drucker und Papier zur Verfügung stehen.

Ziel dieser Arbeitsphase ist das Gegenüberstellen und Bewerten von Lösungsvarianten.

Phase 5: Disputation

In dieser Sequenz bereiten sich die Lernenden auf ein professionell geführtes Beratungsgespräch z. B. in Form eines Rollenspiels (in der Gruppe oder im Plenum) vor. Im konkreten Beispiel nehmen die Lernenden folgende Rollen ein: Berater bzw. Beraterin der Wirtschaftskammer Wien, Hotelbesitzerin Frau Blume sowie Beobachterinnen und Beobachter.

Ziel dieser Arbeitsphase ist das Verteidigen einer Entscheidung mit Argumenten.

Phase 6: Kollation

In der Abschlussphase diskutieren die Lernenden im Plenum die Ergebnisse ihrer einzelnen Gruppenarbeiten und übergeben die erarbeiteten Handouts als Gruppenergebnis der Lehrperson.

Ziel dieser Arbeitsphase ist das Abwägen der Interessenzusammenhänge, in denen die Einzellösungen stehen.

Auf den ersten Blick erscheinen die Planung und Durchführung dieser Unterrichtssequenzen zeit- und arbeitsaufwändig. Dieser Aufwand wird jedoch durch einen hohen Unterrichtsertrag ausgeglichen, da der Prozessablauf die Struktur eines Entscheidungs- und Lösungsprozesses simuliert und dadurch sowohl die Entscheidungsfähigkeit als auch die Entscheidungsbereitschaft der Lernenden in einem hohen Maß entwickelt und gefördert werden.

Tabelle 1: Phasenablauf einer Fallbearbeitung nach Kaiser (1983)

Inhalt	Konkrete Handlungsebene	Didaktische Intentionen	Lernergebnis
Phase 1: Konfrontation			
Die Lernenden werden mit dem Fall vertraut gemacht und über das zur Verfügung stehende Material informiert.	Vorstellung des konkreten Falls, Erfassen der Problemsituation	Problemdarstellung, Problemwahrnehmung	Erfassen der Problem- und Entscheidungssituation
Phase 2: Information			
Die Lernenden erschließen selbstständig das Fallbeispiel und die Informationsquellen.	Vorwissen bewusstmachen, Informationen als Grundlage zur späteren Entscheidungsfindung recherchieren	Vorbereitung der Problemlösung	Vorliegen von ausreichender und geeigneter Information für die Entscheidungsfindung
Phase 3: Exploration			
Die Lernenden diskutieren alternative Lösungsmöglichkeiten.	Planung der Problemlösung, Informationsverarbeitung, Methodenauswahl	Zielorientierte Anwendung zur Problemlösung, Methodenkompetenz	Alternative Lösungsansätze denken
Phase 4: Resolution			
Die Lernenden treffen eine Entscheidung.	Gegenüberstellen, Auswählen, Begründen und Bewerten einer Entscheidung	Entscheidungs- und Problemlösekompetenz	Vorliegen begründeter Lösungsvarianten
Phase 5: Disputation			
Die Lernenden der einzelnen Gruppen verteidigen ihre Entscheidung.	Vortrag, Diskussion und Verteidigung der Entscheidung	Einordnung der Problemlösung in den Gesamtzusammenhang	Argumentative Strategien zur Verteidigung einer Entscheidung
Phase 6: Kollation			
Die Lernenden vergleichen die Gruppenlösungen mit der in der Wirklichkeit getroffenen Entscheidung.	Vergleich der Lösung mit der Realität (evtl. Erarbeiten einer neuen Problemlösung)	Reflexion und Transfer	Darlegung der Interessenszusammenhänge, in denen die Einzellösungen stehen

3. Prozessablauf

Der Phasenablauf einer Fallbearbeitung nach Kaiser (1983) – siehe Tabelle 1 – stellt einen idealtypischen Verlauf dar. In der Umsetzung kann es zu Differenzierungen und Abweichungen kommen, wie z. B. zu Vor- und Rückgriffen. Einzelne Phasen können schneller oder langsamer durchlaufen, andere wiederholt oder übersprungen werden.

Als gemeinsame didaktische Bezugspunkte im gesamten Arbeitsprozess gelten der Umgang mit komplexen praxisbezogenen Fragestellungen unter dem Aspekt des »Forschenden Lernens« (vgl. das Kapitel »Forschendes Lernen: Naturwissenschaftliche Erkenntnisgewinnung am Beispiel Papier«) und das (kollektive) Suchen nach Problementscheidungen (Pilz, 2001). Die Schwerpunktsetzung der damit verbundenen Lernziele mag jedoch variieren. So kann beispielsweise das Aufdecken der Problemstellung oder die Informationsbeschaffung von vorrangiger Bedeutung sein (Kaiser & Kaminski, 1994).

4. Rolle der Lehrenden und Lernenden

Die spezifische methodische Vorgehensweise des Fallprinzips beruht darauf, dass die Lernenden mit »praktischen Fällen« aus dem (beruflichen) Leben konfrontiert werden. Dabei werden Merkmale sowohl der Fach- als auch der Methoden- und Sozialkompetenz einbezogen. Die Arbeit am Fall geschieht zumeist in Form einer Gruppendiskussion als aktive eigenständige Auseinandersetzung der Lernenden mit dem Problem, die schließlich zur Problemlösung und zur Entscheidung führt. In der Regel wird in Kleingruppen von vier bis sechs Mitgliedern das Fallmaterial studiert und Lösungsvorschläge erarbeitet. Dabei haben die Lernenden die Aufgabe, Problem-, Konflikt- und Entscheidungssituationen zu analysieren, Informationen zu sammeln, zu bewerten, weiterzugeben, ihren Stellenwert zu bestimmen, Lexika, Tabellen, Statistiken zu benutzen, alternative Lösungsmöglichkeiten zu entwickeln und Entscheidungen zu treffen. Lernende haben ihre Alltagstheorien neben wissenschaftlichen Erkenntnissen aus unterschiedlichen Wissensgebieten zur Problemlösung, Urteilsbildung und Entscheidungsfindung heranzuziehen und das Wissen situationsadäquat zu interpretieren. Sie sind gefordert, gelernte Regeln auf neue Situationen zu übertragen und Effekte von Veränderungen von verschiedenen Faktoren vorauszusehen. Sie müssen Situationen anhand von Richtlinien beurteilen und die Richtigkeit von Schlussfolgerungen überprüfen. Des Weiteren sollen Lernende ihre Vorgehensweise in situationsangemessener Sach- und Fachsprache artikulieren.

Sie sind auch gefordert, über Situationen im Nachhinein zu reflektieren und handlungsleitende Alltagstheorien offenzulegen. Die Arbeit am Fall fordert die Lernenden heraus, unterschiedliche Lesearten durchzuspielen und mehrere Deutungsmöglichkeiten zu erarbeiten. Sie sind somit angehalten, sich laufend auf einen Perspektivenwechsel einzulassen.

Ein zentrales Anliegen der Fallarbeit ist es, die Lernenden zu Handlungskompetenz bei der Lösung ausgewählter Probleme aus der Lebens- und Berufswelt und im Besonderen zu Entscheidungsfähigkeit zu befähigen (Weitz, 2000), indem die Lehrenden professionelles Handeln und Fallarbeit im fruchtbaren Wechselspiel zwischen Praxis und Theorie initiieren. So betont Kosiol bereits 1957: »Die Methode der praktischen Fälle fördert das selbständige Kennenlernen von Sachzusammenhängen in hohem Maße, gibt, unabhängig von der Art der Fragestellung, ständig Impulse zum Nachdenken. Es gilt aufzuspüren, welche noch fehlenden Kenntnisse erworben werden müssen, wo sich Informationslücken befinden und welche Überlegungen anzustellen sind, um Problemlösung zu finden. Die Aneignung von Wissen und die methodische Einkreisung erfolgt stets in selbständiger Arbeit« (S. 33). Die Aufgabe der Lehrenden ist demgemäß

- die Initiierung von Wissenserwerbprozessen, die auf Vermittlung von Handlungskompetenz abstellen;
- die Auswahl sowie der Einsatz möglichst authentischer, realer Probleme (Fälle), die diskursive Problembehandlung in der Kleingruppe ermöglichen und einen hohen Stellenwert des selbstgesteuerten Lernens gewährleisten.

Die Lehrenden haben dafür Sorge zu tragen, dass die für den Lernprozess – Erwerb von Fach-, Methoden- und Sozialkompetenz – erforderlichen unterstützenden Ressourcen zur Verfügung stehen. Innerhalb des Spektrums der Lehr-Lern-Arrangements erfüllt die Fallstudie mindestens eine oder beide der folgenden Perspektiven:

1. Aus lern- und kognitionspsychologischer Perspektive ist Fallarbeit durch Orientierung an einer Problemlösung zur Anregung vernetzter Denkstrukturen besonders geeignet (Pilz, 2007) und lässt sich durch ihren mittleren Grad an Realitätsnähe konsequent auf dieses Ziel hin modellieren (John, 1992; Reetz, 1988). Die Sicherheit, dass das »Lernhandeln« keine Konsequenzen in der Realität hat (Achtenhagen et al., 1992; Buddensiek, 1992), die Möglichkeit des didaktisch begründeten »Anhaltens« der Fallanalyse zum Zwecke der Reflexion und die abschließende Bewertung unterstützen ganzheitliches und nachhaltiges Lernen.
2. Aus unterrichtsorganisatorischer Perspektive benötigt Fallarbeit wenig Organisationsaufwand und geringe Durchführungszeit, bedarf keiner be-

sonderen technischen oder räumlichen Voraussetzungen und ist zeitlich straff und planbar zu handhaben.

Für Lehrende liegt das Potenzial der Fallarbeit in der Förderung einer professionsspezifischen Reflexionskompetenz, die zugleich mit (fach-)didaktischem Wissen verknüpft und wissenschaftsbezogene Kompetenzen unterstützen kann.

5. Geforderte und geförderte Kompetenzen

Die Fallarbeit soll Lernende anregen, Konflikte und/oder Ungewissheiten in unterschiedlichen Situationen wahrzunehmen sowie zu reflektieren und dadurch Beziehungen zwischen Theorien, eigenen Erfahrungen und Handlungswissen (prozeduralem Wissen) zu erkennen. Darüber hinaus sollen die Lernenden eigene Deutungs- und Handlungsmuster hinterfragen und gegebenenfalls modifizieren. Dabei wird das bisher erworbene theoretische Wissen mit der Komplexität eines realen und alltäglichen Handlungskontextes konfrontiert und weitergeführt. Theorie-Praxis-Bezüge können hergestellt und Kompetenzen auf verschiedenen Ebenen entwickelt und gestärkt werden (Helsper, 2003). Die Grundidee, Lerninhalte durch alltagsnahe Situationen zu konkretisieren, findet in der Fallarbeit ihre Umsetzung. Hierbei werden Erfahrungen aus Alltag und Berufspraxis anhand von authentischen Fällen bearbeitet und reflektiert.

Darüber hinaus ermöglicht die Fallarbeit, neue und herausfordernde Situationen für die Realität vorzudenken und im geschützten Rahmen auszuprobieren. Als Bindeglied zwischen Theorie und Praxis ist Fallarbeit auf Problemlösekompetenz und den Transfer von bisher Erlerntem ausgerichtet. Die Vorteile dieser Methode liegen in ihrer Lebensnähe und in ihrer Vielseitigkeit. Dazu gehört auch, möglichst viele Dimensionen des zu untersuchenden Falles in die Analyse mit einzubeziehen. »Statt uns auf immer abstraktere Generalisierungen zu konzentrieren, [...] sollten wir versuchen, in intensiven Fallstudien Material zu sammeln, das Aussagen über konkrete Wirklichkeit durch konkrete Personen zulässt« (Lamnek, 2010, S. 6). Dabei fördert die handlungsentlastende Situation der Fallarbeit die (Selbst-)Reflexionskompetenz, Deutungs- und Analysekompetenz sowie die Diskurs- und Entscheidungsfähigkeit. Indem die Fallarbeit ein qualitatives, ganzheitliches Bild der sozialen Wirklichkeit liefert, unterstützt sie auch die Kompetenz im Umgang mit Komplexität sowie die Entwicklung höherer kognitiver Fähigkeiten. Sie führt die Lernenden an vernetztes Denken sowie an selbstständige Arbeitsweisen heran und zeichnet ein realistisches, multiperspektivisches Bild der Komplexität des professionellen (Berufs-)Handelns (Schrader & Hartz, 2003). Einzelarbeit, Gruppenarbeit sowie Arbeit im Plenum eröffnen gleichermaßen Lernräume zur Entwicklung personaler und sozialer Kompetenzen, wie z. B. Entscheidungsbereitschaft und -fähigkeit, aber auch Konfliktfähigkeit und Selbstkontrolle. Die Recherchearbeit und die Auseinandersetzung mit Fachliteratur stärkt die Lernenden in ihrer fachlich-methodischen Kompetenz. Mithilfe der Methode »Fallarbeit« kann somit vorhandenes Wissen erweitert und vertieft, es können aber auch neue Wissensbereiche erarbeitet werden.

6. Fazit

Grundsätzlich steht Fallarbeit – vor allem im englischen Sprachraum – häufig in Verbindung zum Problem-Based-Learning (Reich, 2005). Die unterschiedlichen Ausprägungsformen der Fallarbeit lassen sich im handlungsorientierten Unterricht umfassend einsetzen. Für einen nachhaltigen Lehr- und Lernprozess ist es bedeutsam, dass die Lernenden eigenständig auf der Grundlage einer realen oder konstruierten Problemstellung (= Fall) eine Lösung erarbeiten. Bei der Auswahl der Problemstellung ist zu beachten, dass die Lernenden mit Situationen konfrontiert werden, die Anknüpfungspunkte zu bereits bekannten Szenarien, Lebens- und/oder Berufssituationen beinhalten. Dabei werden Entscheidungsprozesse nicht direkt in der Realität erprobt, sondern vor den Gegebenheiten der Realität reflektiert und mit einem Lösungsansatz aus der Realität verglichen (Reetz, 1992).

Die Bewältigung der Differenz von Wissen und Können wird zur kognitiven Leistung, indem die Lernenden »Wissen auf konkrete Fälle« (Nittel, 1998, S. 4) anwenden.

Literatur

Achtenhagen, Frank, Tramm, Tade, Preiß, Peter, Seemann-Weymer, Heiko, John, Ernst G. & Schnuck, Axel (1992). *Lernhandeln in komplexen Situationen – Neue Konzepte der betriebswirtschaftlichen Ausbildung*. Wiesbaden: Gabler.

Buddensiek, Wilfried (1992). Entscheidungstraining im Methodenverbund – Didaktische Begründung für die Verbindung von Fallstudie und Simulationsspiel. In Helmut Keim (Hrsg.), *Planspiel-Rollenspiel-Fallstudie – Zur Praxis und Theorie lernaktiver Methoden* (S. 9–24). Köln: Wirtschaftsverlag Bachem.

Büscher, Christiane & Gronemeyer-Bosse, Tanja (2009). Professionelles Handeln und Fallarbeit. Ein fruchtbares Wechselspiel zwischen Praxis und Theorie. *PADUA. Die Fachzeitschrift für Pflegepädagogik, 4*(3), 30–36.

Goeze, Annika & Hartz, Stefanie (2008). Die Arbeit an Fällen als Medium der Professionalisierung von Lehrenden. *REPORT, 31*(3), 68–78. Abgerufen am 10. 10. 2017 von https://www.die-bonn.de/doks/goeze0801.pdf

Gravin, David A. (2003). Making the Case. Professional education for the world of practice. *Harvard Magazine, September – October*. Abgerufen am 10. 10. 2017 von http://harvardmagazine.com/2003/09/making-the-case-html

Helsper, Werner (2003). Ungewissheit im Lehrerhandeln als Aufgabe der Lehrerbildung. In Werner Helsper, Reinhard Hörster & Jochen Kade (Hrsg.), *Ungewissheit – pädagogische Felder im Modernisierungsprozess* (S. 142–161). Weilerswist: Velbrück.

Hundenborn, Gertrud (2007). *Fallorientierte Didaktik in der Pflege. Grundlagen und Beispiele für Ausbildung und Prüfung*. München & Jena: Urban und Fischer.

John, Ernst G. (1992). Fallstudien und Fallstudienunterricht. In Frank Achtenhagen & Ernst G. John (Hrsg.), *Mehrdimensionale Lehr-Lern-Arrangements. Innovationen in der kaufmännischen Aus- und Weiterbildung* (S. 79–91). Wiesbaden: Gabler.

Kaiser, Franz-Josef (1976). *Entscheidungstraining. Die Methoden der Entscheidungsfindung, Fallstudie-Simultan-Planspiel* (2. Auflage). Bad Heilbrunn: Klinkhardt.

Kaiser, Franz-Josef (1983). Grundlagen der Fallstudiendidaktik – Historische Entwicklung – Theoretische Grundlagen – Unterrichtliche Praxis. In Franz-Josef Kaiser (Hrsg.), *Die Fallstudie – Theorie und Praxis der Fallstudiendidaktik* (S. 9–34). Bad Heilbrunn: Klinkhardt.

Kaiser, Franz-Josef & Kaminski, Hans (1994). *Methodik des Ökonomie-Unterrichts – Grundlagen eines handlungsorientierten Lernkonzepts mit Beispielen.* Bad Heilbrunn: Klinkhardt.

Kosiol, Erich (1957). *Die Behandlung praktischer Fälle im betriebswirtschaftlichen Unterricht (Case Method). Ein Berliner Versuch.* Berlin: Duncker & Humblot.

Lamnek, Siegfried (2010). *Qualitative Sozialforschung* (5. Auflage). Weinheim Basel: Beltz.

Lindow, Ina & Münch, Tanja (2014). Kasuistisches Lehrerwissen: Schulunterricht und Hochschullehre zwischen Theorie und Praxis. In Irene Pieper, Peter Frei, Katrin Hauenschild & Barbara Schmidt-Thieme (Hrsg.), *Was der Fall ist. Beiträge zur Fallarbeit in Bildungsforschung, Lehramtsstudium, Beruf und Ausbildung* (S. 196–182). Wiesbaden: Springer.

Nittel, Dieter (1998). Das Projekt »Interpretationswerkstätten«. Zur Qualitätssicherung didaktischen Handelns. *Grundlagen der Weiterbildung – Praxishilfen*, 1–16.

Pieper, Irene (2014). Was der Fall ist. Beiträge zur Fallarbeit in der Bildungsforschung, Lehrerbildung und frühpädagogischen Ausbildungs- und Berufsfelder. In Irene Pieper, Peter Frei, Katrin Hauenschild & Barbara Schmidt-Thieme (Hrsg.), *Was der Fall ist. Beiträge zur Fallarbeit in Bildungsforschung, Lehramtsstudium, Beruf und Ausbildung* (S. 9–18). Wiesbaden: Springer.

Pilz, Matthias (2001). Der Einsatz von Fallstudien zur Förderung des vernetzten Denkens im Wirtschaftslehreunterricht – Darstellung und Evaluation eines Projekts in der Berufsfachschule. *Wirtschaft und Erziehung, 53*(6), 193–200.

Pilz, Matthias (2007). Die Netzwerktechnik. In Thomas Retzmann (Hrsg.), *Methodentraining für den Ökonomieunterricht* (S. 21–33). Schwalbach: Wochenschau Verlag.

Reetz, Lothar (1988). Zum Einsatz didaktischer Fallstudien im Wirtschaftslehreunterricht. *Unterrichtswissenschaft, 16*(2), 38–55.

Reetz, Lothar (1992). Curriculumentwicklung und entdeckendes Lernen mit Hilfe von Fallstudien. In Frank Achtenhagen & Ernst G. John (Hrsg.), *Mehrdimensionale Lehr-Lern-Arrangements – Innovationen in der kaufmännischen Aus- und Weiterbildung* (S. 340–352). Wiesbaden: Gabler.

Reich, Kersten (2005). *Systemisch-konstruktivistische Pädagogik. Einführung in Grundlagen einer interaktionistisch-konstruktivistischen Pädagogik.* Weinheim, Basel: Beltz.

Reichertz, Jo (2014). Die Fallanalyse als soziale Praxis der Lehrerbildung. In Irene Pieper, Peter Frei, Katrin Hauenschild & Barbara Schmidt-Thieme (Hrsg.), *Was der Fall ist. Beiträge zur Fallarbeit in Bildungsforschung, Lehramtsstudium, Beruf und Ausbildung* (S. 19–36). Wiesbaden: Springer.

Schierz, Matthias & Thiele, Jörg (2002). *Hermeneutische Kompetenz durch Fallarbeit. Überlegungen zum Stellenwert kasuistischer Forschung und Lehre an Beispielen antinomischen Handelns in sportpädagogischen Berufsfeldern. Zeitschrift für Pädagogik, 48*(1), 30–47.

Schrader, Josef & Hartz, Stephanie (2003). Professionalisierung – Erwachsenenbildung – Fallarbeit. In Rolf Arnold & Ingeborg Schüssler (Hrsg.), *Ermöglichungsdidaktik in der Erwachsenenbildung* (S. 142–155). Hohengehren: Schneider.

Spiro, Rand J., Coulson, Richard L., Feltovich, Paul J. & Anderson, Daniel K. (1988). *Cognitive flexibility theory: Advanced knowledge acquisition in ill-structured domains* (Technical Report 441). Abgerufen am 10.10.2017 von https://www.ideals.illinois.edu/bitstream/handle/2142/18011/ctrstreadtechrepv01988i00441_opt.pdf

Weitz, Bernd O. (2000). Fallstudienarbeit in der ökonomischen Bildung. *Hochschuldidaktische Schriften des Instituts für Betriebswirtschaftslehre der Wirtschaftswissenschaftlichen Fakultät an der Martin-Luther-Universität Halle-Wittenberg* (Ausgabe 2000). Abgerufen am 10.10.2017 von http://www.sowi-online.de/praxis/methode/fallstudienarbeit_oekonomischen_bildung.html

Silke Luttenberger, Gerhard Rath und Manuela Paechter

Forschendes Lernen: Naturwissenschaftliche Erkenntnisgewinnung am Beispiel Papier

Das geringe Interesse von Schülerinnen und Schülern an naturwissenschaftlichen und technischen Schulfächern bzw. Inhalten ist seit den Ergebnissen der internationalen Vergleichsstudien ins Blickfeld bildungspolitischer Initiativen gerückt. Dem geringen Interesse steht eine hohe Nachfrage nach zukünftigen Auszubildenden und Arbeitskräften im Bereich der Naturwissenschaften und Technik gegenüber. International herrscht Einigkeit darüber, dass ein angemessenes Verständnis von Naturwissenschaften und Technik für junge Menschen ein wichtiger Schlüssel für die Teilhabe an einer modernen Gesellschaft ist. Eine angemessene naturwissenschaftliche Ausbildung bedeutet aber weit mehr als die Fähigkeit, Informationen und Fakten wiederzugeben (Lembens, Weiglhofer & Stadler, 2009). Der Unterricht in den Naturwissenschaften ist heute jedoch noch häufig ein »Wissenserwerbsunterricht«, in dem reproduzierbares Faktenwissen im Mittelpunkt steht. Dies entspricht der Tradition eines naturwissenschaftlichen Unterrichts, in dem der Fokus nicht auf selbstständigem Untersuchen oder forschender Auseinandersetzung mit Fragestellungen liegt (Bertsch, Kapelari & Unterbruner, 2014; Salchegger, Wallner-Paschon, Schmich & Höller, 2016).

1. Forschendes Lernen im naturwissenschaftlichen Unterricht

Woher kommt und was ist Forschendes Lernen?

> »Science has been taught too much as an accumulation of ready-made material with which students are to be made familiar, not enough as a method of thinking« (Dewey, 1910, S. 122).

Die Ursprünge des Forschenden Lehrens und Lernens wurden bereits im Jahr 1910 von John Dewey beschrieben. Seine pädagogische Grundidee ist die Annahme, dass Lernen besonders hochwertig ist, wenn es von den Lernenden selbst initiiert und gesteuert wird und nur wenig Steuerung durch die Lehrperson notwendig ist (Hasselhorn & Gold, 2013; Martius, Delvenne & Schlüter, 2016; Woolfolk, 2014).

Als Forschendes Lernen (Inquiry-Based Learning) wird eine Unterrichtsmethode bezeichnet, bei der neben der Vermittlung von naturwissenschaftlichem Wissen Fähigkeiten und Kompetenzen im Rahmen von naturwissenschaftlichen Untersuchungen aufgebaut, vertieft und gefestigt werden sollen (Hofer, Abels & Lembens, 2016). Die Lernenden werden dabei schrittweise an das offene und selbstständige Arbeiten herangeführt und sollen erfahren, wie das Experimentieren und auf ihm aufbauende Untersuchungsergebnisse zu (wissenschaftlichen) Erkenntnissen führen können (Hofer et al., 2016). Im didaktischen Sinne sollen Lernende mit dem bereits vorhandenen Wissen selbstständig und mit den zur Verfügung stehenden Methoden (Arbeitsweisen, Materialien, Geräte) neue Erkenntnisse gewinnen und diese reflektieren (Benke, 2011). Dabei können unterschiedliche Teildimensionen experimenteller Kompetenz – in Hinblick auf naturwissenschaftliche Erkenntnisgewinnung – berücksichtigt werden (Maiseyenka, Schecker & Nawrath, 2013; vgl. Abbildung 1). Die Teildimensionen experimenteller Kompetenz beziehen sich auf das Entwickeln von Fragestellungen, Aufstellen von Vermutungen und Bilden von Hypothesen, Aufbauen von Versuchsanordnungen, Beobachten/Messen/Dokumentieren, Aufbereiten von Daten und Ziehen sachgerechter Schlüsse.

In einer Unterrichtseinheit müssen die Lehrenden unter Umständen entscheiden, welche Teildimensionen stärker gefördert werden. Hierbei kann nach jeder Teildimension anschaulich unterschieden werden, ob die jeweiligen Teildimensionen unwichtig (0), bedeutsam (1) oder sehr wichtig (2) sind. Durch die Berücksichtigung aller Teildimensionen experimenteller Kompetenz können Lernende bei der Entwicklung von Handlungskompetenz für naturwissenschaftliche Methoden und Arbeitsweisen unterstützt werden.

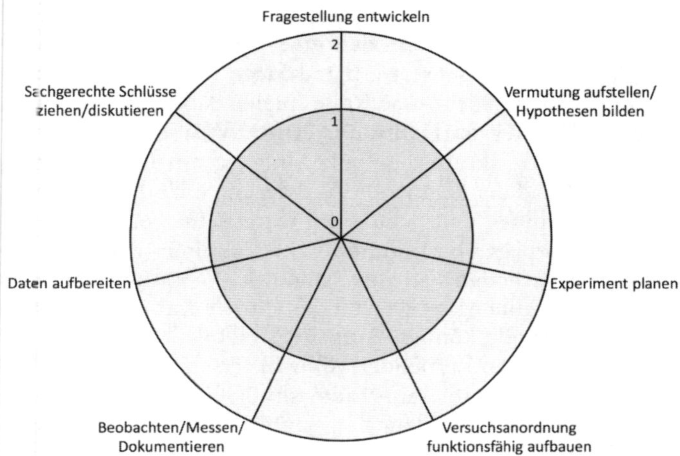

Abbildung 1: Teildimensionen experimenteller Kompetenz (eigene Darstellung)

Welche Bedeutung hat Forschendes Lernen für den Unterricht?

Forschendes Lernen ist mehr als das bloße Reproduzieren von Wissensinhalten. Es fördert das Hinterfragen subjektiver Annahmen und Theorien, Eruieren von Prinzipien, Vergleichen von Alternativen, die Reflexion von Anwendungen – also Fähigkeiten bzw. Kompetenzen mit einem hohen Komplexitätsgrad. Die eigene Tätigkeit und Reflexion, z. B. über Prozesse des Forschenden Lernens, sind wichtige Merkmale eines anregenden naturwissenschaftlichen Unterrichts (Rocard et al., 2007; Stadler, Lembens & Weiglhofer, 2009). Lernende stoßen dabei auf Fragen oder auf Probleme, in denen jeweils die Notwendigkeit liegt, lernend so zu reagieren, dass neue, stimmige und brauchbare Konstruktionen entstehen. Durch Erfahrungen und Entdeckungen in konkreten, aus dem Lebensbereich der Schülerinnen und Schüler stammenden Situationen sowie im Austausch mit anderen Personen ist es möglich, komplexe Kontexte zu erschließen und dabei Übertragungen auf andere Phänomene vorzunehmen (Hameyer & Rößer, 2016). Forschendes Lernen kann somit die Prinzipien motivierenden Unterrichts, d. h. Kompetenzerleben, Selbstbestimmung und Autonomie, erfüllen.

In Hinblick auf den Unterricht muss allerdings bedacht werden, dass Unterrichts- und Lernformen allein (man spricht auch von Sichtstrukturen des Unterrichts; Kunter & Trautwein, 2013) wenig über die Nachhaltigkeit von Lernprozessen sowie die Förderung von Interesse und Motivation aussagen.

Forschungsergebnisse weisen darauf hin, dass es nicht auf ein Unterrichtsmerkmal allein ankommt, sondern dass eine Verzahnung verschiedener Unterrichtsmerkmale für Wissenserwerb und Motivation bzw. für das Interesse entscheidend ist. Eine bedeutsame Rolle spielen dabei die Tiefenstrukturen von Unterricht (Kunter & Trautwein, 2013). Wichtige Tiefenstrukturen sind beispielsweise: Strukturierung bzw. Umgang mit Lernzeit und Unterrichtsstörungen, Grad der kognitiven Aktivierung oder die individuelle Förderung der Schülerinnen und Schüler im Unterricht. Forschungsergebnisse zeigen, dass das Vorliegen bestimmter Sichtstrukturen (z. B. problemorientierte Unterrichtsmethoden wie Forschendes Lernen) und die Qualität der Tiefenstrukturen unabhängig voneinander variieren, d. h. innerhalb derselben Unterrichtsmethode können Aufgabenstellungen oder die Interaktion zwischen Lehrenden und Lernenden völlig unterschiedlich im Hinblick auf die Lernwirksamkeit gestaltet sein (Lipowsky, 2002). Entscheidend ist dabei jeweils die Qualität der Umsetzung im Unterricht; positive Auswirkungen entstehen nicht allein durch den Einsatz von Forschendem Lernen im Unterricht (Seidel et al., 2016).

Grade der Offenheit des Forschenden Lernens

Ein zentrales Merkmal der Unterrichtsmethode ist die Verteilung der Aktivität zwischen Lehrenden und Lernenden. Es wird dabei auch von Graden der Offenheit der Phasen des Forschenden Lernens gesprochen (Martius et al., 2016). Lehrende müssen die Lernenden erst an die erforderlichen Kompetenzen für Forschendes Lernen heranführen und diese in weiterer Folge konsequent erweitern. Durch schrittweise Übertragung der Verantwortung auf die Lernenden findet eine Entwicklung ausgehend von Level 0 (Bestätigungsexperiment) hin zu höheren Levels – bis hin zu selbstständigen offenen Experimenten – statt. Zu Beginn wird immer auf Stufe 0 gearbeitet und der Unterricht kann dann Schritt für Schritt geöffnet werden (vgl. Abbildung 2). Dies erfolgt in Abhängigkeit von den Kenntnissen und Erfahrungen der Lernenden in Bezug auf das Forschende Lernen bzw. in Hinblick auf Differenzierung und Individualisierung (Lernende können auf unterschiedlichen Levels arbeiten). Die Unterrichtsmethode eignet sich für schwächere und stärkere Schülerinnen und Schüler, da eine differenzierte Begleitung und Berücksichtigung der Steuerung bzw. Strukturierung durch Lehrende möglich ist (Abels & Lembens, 2015).

Die Abbildung 2 (in Anlehnung an Abels & Lembens, 2015; vgl. auch Bonnstetter, 1998; Koliander & Puddu, 2011) gibt einen Überblick darüber, welche Teilbereiche von den Lehrenden und welche von den Lernenden gesteuert werden.

	Hauptverantwortung liegt bei:			
Fragestellung/en	*Lehrenden*	*Lehrenden*	*Lehrenden*	*Lernenden*
Untersuchungsmethode	*Lehrenden*	*Lehrenden*	*Lernenden*	*Lernenden*
Ergebnisinterpretation	*Lehrenden*	*Lernenden*	*Lernenden*	*Lernenden*
	Level 0: **bestätigend**	Level 1: **strukturiert**	Level 2: **begleitet**	Level 3: **offen**

Abbildung 2: Grade der Offenheit der Phasen des Forschenden Lernens (in Anlehnung an Abels & Lembens, 2015, S. 5)

Es können die folgenden Grade der Offenheit unterschieden werden:

- Level 0 – bestätigend: Alle Schritte (Problem- und Fragestellungen sowie Hypothesen) werden von den Lehrenden rezeptartig vorgegeben (Abels & Lembens, 2015). Ebenso wird die Untersuchungsmethode vorgegeben und das Experiment von den Lehrenden vorgeführt. Auch die Erklärung der beobachteten Ergebnisse wird von der Lehrperson vermittelt. Die Lernenden beobachten das sogenannte Bestätigungsexperiment. Forschendes Lernen auf dem Level 0 eignet sich beispielsweise dafür, neue Methoden und Geräte kennenzulernen, Lesen und Befolgen von Anleitungen zu üben sowie Begrifflichkeiten zu festigen.
- Level 1 – strukturiert: Die Problemstellungen, Fragestellungen und Hypothesen werden von den Lehrenden vorgegeben, die auch eine passende Untersuchungsmethode (z. B. ein Experiment) auswählen. Forschendes Lernen auf Level 1 wäre der klassische Versuch im Schulunterricht. Die Lernenden erhalten eine detaillierte Anleitung zur Versuchsdurchführung und dürfen selbstständig die Beobachtungen und Ergebnisinterpretationen durchführen. Insgesamt ist noch immer ein hoher Steuerungsanteil durch die Lehrperson erkennbar, nur das Ergebnis ist offen.
- Level 2 – begleitet: Hier wird nur die Problem- und Fragestellung von den Lehrenden gesteuert und vorgegeben. Die Lernenden sollen Hypothesen bilden, passende Versuche planen und durchführen und die Ergebnisse in Bezug zu den Hypothesen setzen.
- Level 3 – offen: Beim offenen Forschenden Lernen werden alle Bereiche von den Lernenden selbst gesteuert. Dies erfordert gewisse Vorerfahrungen im Umgang mit naturwissenschaftlichen Fragestellungen und Untersuchungsmethoden. Werden von den Schülerinnen und Schülern selbstständig Forschungsprojekte durchgeführt sowie die Ergebnisse in-

terpretiert und reflektiert, spricht man von Hands-on und Minds-on. Level 3 hat sich als besonders schwierig herausgestellt, da vor allem das eigenständige Finden von Fragestellungen nur schwer gelingt.

Generell soll nicht vergessen werden, Level 0 und 1 zu bearbeiten, damit die Schülerinnen und Schüler zuerst die notwendigen Kompetenzen im Bereich der naturwissenschaftlichen Erkenntnisgewinnung für Level 2 erwerben. Beim Arbeiten auf Level 0 bis 2 ergeben sich für die Lernenden häufig weiterführende Fragestellungen, die sich dann in weiterer Folge für Forschendes Lernen auf Level 3 eignen. Diese Fragestellungen können in einem Forscherheft dokumentiert oder auf Karten auf einem Poster gesammelt werden, um zu gegebener Zeit weiter an den Interessen der Lernenden arbeiten zu können (vgl. auch Abels & Lembens, 2015).

2. Unterrichtsbeispiel: »Wir erforschen Papier« im naturwissenschaftlichen Unterricht

Im Unterrichtsbeispiel »Wir erforschen Papier« geht es einerseits um physikalische Eigenschaften dieses Materials, andererseits um das Erlernen und Einüben der erwähnten naturwissenschaftlichen Arbeitsmethoden im Rahmen von Prozessen des Forschenden Lernens, angesiedelt zwischen strukturiertem und offenem Lernen (also zwischen Level 1 und 3; vgl. Abbildung 2: Grade der Offenheit des Forschenden Lernens). Zu Beginn der ersten Einheit wird mit einem motivierenden Einstieg zum Thema »Eigenschaften von Papier« an die naturwissenschaftliche Erkenntnisgewinnung herangeführt bzw. die Handlungskompetenzen für die daran anschließenden Gruppenarbeiten werden wiederholt. Dabei wird auf Level 1 gearbeitet. Die Schülerinnen und Schüler sollten jedoch bereits über Kenntnisse und Erfahrungen mit Forschendem Lernen verfügen. Sollten die Lernenden noch keine Erfahrung mit Forschendem Lernen haben, empfiehlt es sich, die Steuerungsanteile der Lernenden erst langsam – beginnend mit Bestätigungsexperimenten (Level 0; vgl. Abbildung 2) – an die Unterrichtsmethode heranzuführen. Das Unterrichtsbeispiel eignet sich für den Einsatz im naturwissenschaftlichen Unterricht der Sekundarstufe I und II. Die Schülerinnen und Schüler befassen sich idealerweise in vier Doppeleinheiten mit dem Thema Papier.

Im Unterrichtsbeispiel bearbeiten die Schülerinnen und Schüler immer wieder Aufgaben und Arbeitsabläufe, die für naturwissenschaftliches experimentelles Arbeiten typisch sind. Sie erwerben damit Fähigkeiten in den folgenden Bereichen (Maiseyenka et al., 2013): Fragestellungen entwickeln,

Vermutungen aufstellen/Hypothesen bilden, Experiment planen, Versuchsanordnungen funktionsfähig aufbauen, beobachten, erheben, messen, Daten aufbereiten, sachgerechte Schlüsse ziehen (vgl. Abbildung 1). Zu Beginn steht vor allem das Entwickeln interessanter und untersuchbarer Fragestellungen im Vordergrund. Später verlagert sich der Fokus in Richtung Versuchsanordnung und Durchführung. Abschließend werden die Daten aufbereitet und von den Lernenden interpretiert.

Der Ablauf der konkreten Unterrichtseinheiten wird im Folgenden anhand des 5E-Modells (vgl. Abbildung 3 – unter Berücksichtigung der Teildimensionen experimenteller Kompetenz in den unterschiedlichen Phasen) beschrieben. Das Unterrichtsbeispiel wird anhand eines Beispiels zu Eigenschaften von Papier und zur Verbrennung von Papier beschrieben.

3. Prozessablauf

Eine Möglichkeit zur Planung und Umsetzung von Forschendem Lernen im naturwissenschaftlichen Unterricht stellt das 5E-Modell dar (Hofer et al., 2016). Es beschreibt Aufgaben, die die Schülerinnen und Schüler im Unterrichtsablauf des Forschenden Lernens bearbeiten.

Die Aufgaben und der Aufbau von Fähigkeiten folgen hier in vier aufeinanderfolgenden Phasen:

1. Engage-Phase: Interesse wecken
2. Explore-Phase: nach Erklärungen suchen
3. Explain-Phase: Frage/Phänomene klären
4. Extend-Phase: Verknüpfungen bilden

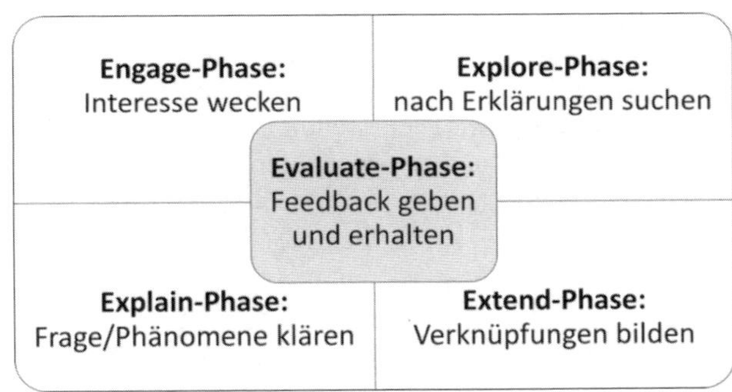

Abbildung 3: 5E-Modell des Forschenden Lernens (nach Hofer et al., 2016, S. 4)

Jede der oben genannten vier Phasen wird idealerweise von einer Evaluate-Phase begleitet. Dabei geht es darum, Feedback zu geben, Wissen, Verständnis und Entwicklung einzuschätzen und zu überprüfen sowie die Entwicklung der Fertigkeiten zu beobachten. Dazu gehört auch die Dokumentation von (Zwischen-)Ergebnissen, z. B. in einem Forscherheft.

Das Unterrichtsbeispiel »Wir erforschen Papier« nutzt den beschriebenen Prozessablauf und die dazugehörigen Handlungsdimensionen experimenteller Kompetenzen. Im Folgenden werden die Ziele der jeweiligen Phase dargestellt und in Bezug zu den Handlungsdimensionen experimenteller Kompetenz gesetzt. Im Anschluss daran wird der konkrete Ablauf dargestellt.

Erste Unterrichtseinheit (idealerweise eine Doppelstunde): Engage-Phase (Interesse wecken) und Evaluate-Phase

In der Engage-Phase steht das Wecken von Interesse im Vordergrund (Hofer et al., 2016) und es werden die folgenden Ziele verfolgt: ein Problem, eine Frage oder ein Phänomen vorstellen; Beobachtungen, Fragen, Vermutungen diskutieren; Ziele definieren. Fragestellungen zu den Eigenschaften von Papier eignen sich gut für das Engage, da das Material selbst im Alltag gebräuchlich und bekannt ist, aber kaum naturwissenschaftlich betrachtet wird.

In der ersten Stunde sollen dabei das Interesse am Thema Papier geweckt und die Handlungsdimensionen experimenteller Kompetenz eingeübt bzw. wiederholt werden. Dafür wird das Thema »Eigenschaften von Papier« gewählt und in einem strukturierten Experiment (Level 1) von der Lehrperson die Fragestellung »Welche Papierproben enthalten Lignin[1]?« vorgegeben und ein vorbereitetes Arbeitsblatt ausgeteilt. Alle Kleingruppen bearbeiten dieselbe Fragestellung.

Die Diskussion im Plenum bildet die Grundlage für die zweite Stunde, in der die Gruppenarbeit zum Thema »Wir erforschen Papier« beginnt. Auch hier kann zu Beginn eine erste Fragestellung vorgegeben werden, im weiteren Verlauf des Forschenden Lernens sollten die Lernenden selbst interessierende Fragestellungen entwickeln. Erste Ideen dafür werden am Ende

1 Lignin wird in Pflanzenfasern gebildet, um diese zu festigen, und ist nicht stabil. Wenn das Lignin bei der Papiererzeugung nicht entfernt wird, vergilbt das Papier und wird spröde bzw. brüchig. Papier, das eine lange Lebensdauer und hohe Weiße haben soll, darf kein Lignin enthalten. Papier, welches keine lange Lebensdauer benötigt, z. B. Zeitungspapier, enthält Lignin. Beim Nachweis von Lignin mit 1,3,5 Trihydroxybenzen entsteht eine rotgefärbte Kondensationsverbindung.

der zweiten Einheit für die weiterführende Beschäftigung in der Explore-Phase auf Kärtchen gesammelt. In der Engage-Phase werden vor allem die folgenden Handlungsdimensionen experimenteller Kompetenz gefördert: Vermutungen aufstellen und Hypothesen bilden; Beobachten, Messen und Dokumentieren sowie sachgerechte Schlüsse ziehen und diskutieren.

Motivierender Einstieg: Eigenschaften von Papier

Durch einen motivierenden Einstieg im Plenum sollen die Lernenden für das Thema Papier sensibilisiert und an die Handlungsdimensionen experimenteller Kompetenzen herangeführt (vgl. auch Fruhmann, Arnfelser & del

Eigenschaften von Papier – Nachweis von Lignin „Welche Papierproben enthalten Lignin?"

Material: Papierproben, z. B. Strohzellstoff, Holzstoff, Zeitungspapier, Filterpapier, Stroh, Recyclingpapier; Chemikalien für den Nachweis von Lignin 1,3,5 Trihydroxybenzen/Phloroglucin; (c = 0,6 % in 18,5 % HCl); Uhrglas

1. Vermutung/Hypothese: Schreiben Sie in der nachfolgenden Tabelle auf, in welcher Papierprobe Sie Lignin vermuten.
2. Beobachtung: Wählen Sie aus den vorhandenen Proben aus und legen Sie die Papierproben auf ein Uhrglas. Mit der Tropfflasche geben Sie einen Tropfen 1,3,5 Trihydroxybenzen auf jede Probe. Beobachten Sie die Veränderungen und tragen Sie diese in die Tabelle ein.
3. Erklärung/Schlussfolgerung: Welche Erklärungen gibt es für das beobachtete Ergebnis?

Eigenschaften von Papier – Nachweis von Lignin: Welche Papierproben enthalten Lignin?				
	Vermutung	Beobachtung		Erklärung
Probe	Hypothese	Farbveränderung		Schlussfolgerung
		ja	nein	
Strohzellstoff				

Abbildung 4: Arbeitsauftrag Eigenschaften von Papier (eigene Darstellung)

Negro, 2014) bzw. diese wiederholt werden. Dafür wird wie oben beschrieben, ein strukturiertes Experiment zum Thema »Eigenschaften von Papier« durchgeführt. Die Lernenden arbeiten in Kleingruppen von jeweils drei bis vier Personen an derselben Fragestellung. Der Arbeitsauftrag und die Dokumentation kann wie in Abbildung 4 skizziert aussehen. Der Steuerungsanteil durch die Lehrperson ist in dieser Phase noch deutlich höher als im Verlauf der folgenden Einheiten.

Evaluate-Phase innerhalb dieser Unterrichtseinheit: Die Ergebnisse werden im Plenum gesammelt und diskutiert. Der motivierende Einstieg dient auch dazu, die notwendigen Handlungsdimensionen experimenteller Kompetenz gemeinsam im Plenum zu erarbeiten oder zu wiederholen. Gemeinsam sollen die Begriffe »Forschungsfrage«, »Hypothese« und »Experiment« erläutert werden. Leitende Fragen sind dabei: Was ist eine Forschungsfrage? Was ist der Unterschied zu einer Hypothese? Wie komme ich von einer Forschungsfrage zu einem Experiment?

Gruppenarbeit: »Wir erforschen Papier«

Mit diesem ersten gemeinsamen Einstieg im Plenum wird das Thema Papier ins Bewusstsein gerufen mit dem Auftrag, dazu mögliche Untersuchungsgebiete zu identifizieren. Dafür werden Leitfragen von der Lehrperson vorgegeben:

- Was bleibt beim Verbrennen von Papier übrig?
- Wie wird Papier hergestellt?
- Woraus besteht Papier eigentlich?
- Wie kann ich die elektrische Leitfähigkeit von Papier verbessern?

Entsprechend dieser Leitfragen können sich unterschiedliche Themen für die Bearbeitung in den Kleingruppen ergeben. Die Themen werden von den Kleingruppen selbst gewählt, dabei können auch mehrere Gruppen dasselbe Thema bearbeiten. Sollten die Lernenden noch wenig Erfahrung mit offenem Forschendem Lernen haben, kann die Lehrperson dafür eine exemplarische Fragestellung auf einem Arbeitsblatt vorbereiten, die einen Ausgangspunkt für die Erforschung des Themas und die weitere Entwicklung von Fragestellungen liefert. Ein möglicher Arbeitsauftrag könnte die im Folgenden dargestellte Leitfrage »Was bleibt beim Verbrennen von Papier übrig?« sein.

Verbrennung von Papier – „Wie lange dauert es, bis der Papierstreifen verbrannt ist?“

Material: unterschiedliche Papierproben, z. B. Seidenpapier, Papier (80g/m^2), beschichtetes Papier; Stoppuhr; Heizplatte; Kärtchen; bereitgestellte Literatur bzw. Recherche am Smartphone

1. Vermutung/Hypothese: Schreiben Sie in der nachfolgenden Tabelle Ihre Vermutung auf, wie lange es dauert, bis die jeweiligen Papierproben vollständig verbrannt sind (in Sekunden).
2. Beobachtung: Wählen Sie aus den vorhandenen Proben aus und legen Sie die Papierproben auf eine Heizplatte. Stoppen Sie die Zeitdauer und tragen Sie diese in die Tabelle ein.
3. Erklärung/Schlussfolgerung: Welche Erklärungen gibt es für das beobachtete Ergebnis? Wie können Sie das Ergebnis begründen? Recherchieren Sie dafür in der bereitgestellten Literatur oder führen Sie eine Recherche am Smartphone durch.
4. Welche weiteren Forschungsideen ergeben sich zum Thema Verbrennung von Papier? Notieren Sie mögliche Themen auf den bereitgestellten Kärtchen.

Verbrennung von Papier – Wie lange dauert es, bis der Papierstreifen verbrannt ist?			
	Vermutung	**Beobachtung**	**Erklärung**
Probe	**Hypothese**	**Brenndauer in Sekunden**	**Schlussfolgerung**
Seidenpapier			

Abbildung 5: Arbeitsauftrag Verbrennung von Papier (eigene Darstellung)

Evaluate-Phase innerhalb dieser Unterrichtseinheit: Am Ende der zweiten Stunde werden die Ergebnisse und Überlegungen zur weiteren Erforschung des Themas in den Kleingruppen im Plenum ausgetauscht.

Zweite und dritte Unterrichtseinheit (idealerweise jeweils eine Doppelstunde): Explore-Phase (nach Erklärungen suchen) und Evaluate-Phase

In der Explore-Phase sollen die Lernenden nach Erklärungen suchen (Hofer et al., 2016). Dabei stehen vor allem die folgenden Ziele im Fokus: Experimente planen und durchführen; Vorgänge beobachten; Belege gewinnen und Daten sammeln.

In der zweiten (Doppel-)Einheit werden die in der Engage-Phase gefundenen Ideen, die auf Kärtchen dokumentiert wurden, in der Gruppe besprochen. Daraus werden in den Kleingruppen Fragestellungen und Hypothesen entwickelt und ein Untersuchungsplan (inklusive Materialliste) erstellt. Dabei stehen die Handlungsdimensionen Fragestellungen entwickeln, Vermutungen aufstellen/Hypothesen bilden und Experimente planen im Vordergrund (vgl. Abbildung 1). Ab dieser Phase wird, in Abhängigkeit der Vorerfahrungen der Lernenden, auf Level 2 oder 3 gearbeitet (vgl. Grade der Offenheit der Phasen des Forschenden Lernens).

In der dritten (Doppel-)Einheit steht das Durchführen der Experimente im Vordergrund. Der Prozess wird dabei in unterschiedlichen Phasen und Zyklen durchlaufen. So können immer wieder Rückschlüsse aus der Bewertung von Ergebnissen dazu führen, dass weitere Untersuchungen durchgeführt werden. Die Schlussfolgerungen werden vor dem Hintergrund der Problemsituation mit Forschungsfragen und Überprüfung der Hypothesen reflektiert. In der Explore-Phase soll immer stärker im Bereich von offenem Forschendem Lernen gearbeitet werden. In dieser Phase können vor allem die entsprechenden Handlungsdimensionen experimenteller Kompetenz angesprochen werden (vgl. Abbildung 1): Versuchsanordnung funktionsfähig aufbauen, beobachten/messen/dokumentieren, Daten aufbereiten und sachgerechte Schlüsse ziehen. Die Lehrperson begleitet und unterstützt die Gruppen bei allfälligen Fragen. So kann die Gruppe »Verbrennung« ausgehend von der vorgegebenen Fragestellung in der Engage-Phase zum Thema »Wie lange dauert es, bis der ganze Papierstreifen verbrannt ist?« weitere Fragestellungen entwickeln. Der Arbeitsauftrag hierfür lautet: »Welche Fragestellungen ergeben sich aus den in der letzten Stunde gesammelten Ideen zum Thema Verbrennung von Papier? Überlegen Sie in der Kleingruppe mögliche Fragestellungen und Hypothesen. Entwickeln Sie einen Untersuchungsplan und erstellen Sie eine Materialliste. Dokumentieren Sie die Schritte im Forscherheft.«

Evaluate-Phase innerhalb dieser Unterrichtseinheit: In einer kurzen Präsentation sollen die Fragestellungen, Hypothesen und Untersuchungspläne vorgestellt werden. Dabei sollen die folgenden Leitfragen im Vordergrund stehen: Wie wollen wir vorgehen? Welche Materialien benötigen wir? Nach der Diskussion der vorgestellten Überlegungen können eventuelle Modifikationen in den experimentellen Designs vorgenommen werden. Dabei soll auch darauf geachtet werden, dass alle notwendigen Materialien bis zur dritten Doppel(-Einheit) bereitgestellt sind.

In der dritten (Doppel-)Einheit kann bei der Gruppe »Verbrennung« beispielsweise die Analyse der Rückstände (Abwiegen, Beschreiben) ein Thema für die weitere Erforschung darstellen und sich später der Fokus auf die Entzündungstemperatur verlagern. Dafür eignen sich Fragestellungen wie: »Bei welcher Temperatur entzündet sich das Papier selbst (in Abhängigkeit von den unterschiedlichen Papierproben)?« Dazu kann beispielsweise ein genormtes Papierstück auf eine Heizplatte gelegt und diese langsam hochgeregelt werden, wobei mit einem Infrarotthermometer die aktuelle Temperatur des Papiers bis zur Entzündung bestimmt wird. Parallel zur experimentellen Arbeit werden laufend Recherchen und Dokumentationen (wie in den Arbeitsaufträgen in Abbildung 4 und 5) zu den folgenden Fragestellungen durchgeführt:

- Welche Ergebnisse sind zu erwarten?
- Was haben entsprechende Untersuchungen bisher ergeben?
- Was können wir aus relevanten Theorien schließen?

Evaluate-Phase innerhalb dieser Unterrichtseinheit: Neben der handschriftlichen Dokumentation im Forscherheft werden auch die eigenen Smartphones der Jugendlichen für die digitale Dokumentation eingesetzt (wobei zur Unterstützung auch digitale Plattformen genutzt werden können, vor allem, um die Fotos und Videos zu sichern und für die weiteren Phasen verfügbar zu machen). In dieser Phase werden Rückmeldungen der Lehrperson eingearbeitet, die die Erschließung von relevanten Theorien unterstützt.

Vierte Unterrichtseinheit (idealerweise eine Doppelstunde): Explain-Phase (nach Erklärungen suchen) und Extend-Phase (Verknüpfungen bilden)

In der Explain-Phase sollen die Lernenden Ergebnisse präsentieren, über Ereignisse und Strategien diskutieren sowie Fragen/Phänomene mit Hilfe relevanter Theorien erklären. In dieser Phase soll im Bereich der Handlungsdimensionen experimenteller Kompetenz vor allem die Fähigkeit, sachgerechte Schlüsse zu ziehen und zu diskutieren, entwickelt werden.

In der anschließenden Extend-Phase geht es um die Herstellung von Verknüpfungen. Dabei soll Wissen auf neue Situationen oder Probleme angewandt werden, Kenntnisse sollen vertieft und mögliche neu entstandene Fragen aufgeworfen werden. Abhängig vom weiteren Verlauf werden die unterschiedlichen Schritte der Handlungsdimensionen experimenteller Kompetenzen nacheinander durchlaufen.

Die erarbeiteten Forschungsprojekte und dokumentierten Ergebnisse werden in der vierten (Doppel-)Einheit im Plenum präsentiert und diskutiert. In der ersten Stunde werden die Präsentationen ausgewählter Fragestellungen in den Kleingruppen erarbeitet, wobei auf die handschriftlichen und digitalen Dokumentationen zurückgegriffen werden kann. In der zweiten Stunde präsentieren die Kleingruppen ihre Projekte und Ergebnisse. Diese Phase kann den Abschluss der Forschungsprojekte oder den Ausgangspunkt für neue Fragestellungen und Hypothesen bilden. Wenn weiterführend an diesem Thema gearbeitet werden soll, können Fragestellungen, die sich aus den davor durchgelaufenen Phasen ergeben, weitergeführt werden.

4. Rolle der Lehrenden und Lernenden

- Vorbereitung: Die Bereitstellung von Lerngelegenheiten und -hilfen muss im Voraus sorgfältig geplant werden. Auch die Begleitung im Lernprozess erfordert professionelles Geschick (Hasselhorn & Gold, 2013). Entsprechend der Grade der Offenheit müssen vorab angemessene Problemsituationen ausgewählt werden, wobei die Beispiele aus der Lebenswelt der Lernenden kommen sollen.
- Lehrenden-Lernenden-Steuerung: Abhängig vom Steuerungsanteil der Lernenden geht die Steuerung durch die Lehrenden zurück. Anstelle vorbereiteter Erklärungen und Darbietungen durch die Lehrperson rücken forschende Problemlöseversuche der Lernenden in den Vordergrund (Hameyer & Rößler, 2016; Hasselhorn & Gold, 2013). Lehrende regen die Lernenden dazu an, Fragestellungen und Hypothesen aufzustellen und eigene Erfahrungen einzubringen. Die Lehrenden stellen sich auf die Lernenden durch Anpassung der eigenen Antworten und Reaktionen ein. Die Unterstützung wird allmählich verringert (vgl. Grade der Offenheit der Phasen des Forschenden Lernens, Abbildung 2), wodurch die Lernenden nach und nach Verantwortung übernehmen. Der Unterricht sollte so gestaltet sein, dass die Lernenden ihr Wissen erweitern und neu strukturieren können (Woolfolk, 2014). Die Lehrperson muss während des Forschenden Lernens der Entstehung von falschen Konzepten entgegenwirken sowie eine Form der Ergebnissicherung gewährleisten (z. B. Dokumentation in einem Forscherheft). Ganz ohne Lenkung durch die Lehrperson geht es nicht, im Lernprozess sollte sie jedoch möglichst in den Hintergrund geraten.

- Kooperation: Lernende lösen in Kleingruppen selbsttätig und gemeinsam eine komplexe Problemstellung, indem selbstständig Fragestellungen und Hypothesen entwickelt und die Vermutungen handelnd überprüft werden. Wo notwendig, werden sie von der Lehrperson unterstützt. Die Lehrperson antwortet auf allfällige Fragen.
- Unterstützung: Die Lernenden sollten dabei unterstützt werden, geeignete Lösungsmöglichkeiten aufgrund ihres Vorwissens abzurufen. Die Lehrenden kennen die Lösung sowie die Elemente, die für die Schritte des Lernprozesses benötigt werden. Falls notwendig werden Zusatzinformationen gegeben. Statt die Lösung mitzuteilen, sollten die Lernenden dabei unterstützt werden, eine eigene Lösung zu finden.

5. Geforderte und geförderte Kompetenzen

Die Lernenden erwerben mit dieser Unterrichtsmethode vielfältige Kompetenzen, die sie für die weitere Ausbildung sowie die Teilhabe an der Gesellschaft benötigen und sie zu einer positiven Haltung hinsichtlich des Lebenslangen Lernens befähigen (Woolfolk, 2014). Folgende Kompetenzen werden gefördert: fachlich-methodische Kompetenzen (hier: Kompetenzen im wissenschaftlichen Experimentieren), Sozialkompetenz (durch das Arbeiten mit anderen) und personale Kompetenz (durch den Prozess der Planung).

Die fachlich-methodische Kompetenz bezieht sich beim Forschenden Lernen vorrangig auf Kompetenzen im naturwissenschaftlichen Experimentieren. Wenn die Schülerinnen und Schüler, wie im Unterrichtsbeispiel beschrieben, Aufgaben zu Fragestellungen entwickeln, Hypothesen bilden, Experimente planen, Versuchsanordnungen funktionsfähig aufbauen, beobachten, erheben, messen, Daten aufbereiten und sachgerechte Schlüsse ziehen, erleben sie den umfassenden Ablauf experimentellen Arbeitens.

Dem Forschenden Lernen wird eine Reihe positiver Effekte zugeschrieben. Es fördert die Neugierde und die intrinsische Lernmotivation bzw. das Interesse. Die Ausbildung metakognitiver Kompetenzen wird unterstützt, und es führt zum Erlernen von naturwissenschaftlichen Methoden und Arbeitsweisen sowie naturwissenschaftlicher Erkenntnisgewinnung. Zudem soll es das Erreichen der höherwertigen Lernziele sowie einen Lerntransfer begünstigen (Hameyer & Rößler, 2016). Eine Grundannahme ist dabei, dass Forschendes Lernen die Motivation fördert. Durch die Auseinandersetzung der Schülerinnen und Schüler mit anspruchsvollen und komplexen Lerninhalten aus ihrer Lebenswelt und die Erfahrung einer freien Auswahl der

Themen soll Motivation für die Auseinandersetzung und Beschäftigung mit naturwissenschaftlichen Themen entstehen.

Literatur

Abels, Simone & Lembens, Anja (2015). Mysteries als Einstieg ins Forschende Lernen im Chemieunterricht. *Chemie & Schule, 30*(1b), 3–5.

Benke, Gertraud (2011). Fibonacci – ein Projekt für den naturwissenschaftlichen und mathematischen Unterricht. In Konrad Krainer & Heimo Senger (Hrsg.). *Forschendes Lernen* (S. 2). Klagenfurt: IUS.

Bertsch, Christian, Kapelari, Suzanne & Unterbruner, Ulrike (2014). From cookbook experiments to inquiry based primary science: Influence of inquiry bases lessons on interest and conceptual understanding. *Inquiry in Primary Science Education, 1*, 20–31.

Bonnstetter, Ronald J. (1998). Inquiry: Learning from the past with an eye on the future. *Electronic Journal of Science Education, 3*(1), 130–136.

Dewey, John (1910). Science as subject matter and as method. *Science, 31*, 121–127.

Fruhmann, Marion, Arnfelser, Anja & del Negro, Claus (2014). *Rund ums Papier. Informationen für LehrerInnen.* Abgerufen am 10.10.2017 von https://static.uni-graz.at/fileadmin/nawi-zentren/rfdz-chemie/Newsletter/Informationen_LehrerInnen.pdf

Hasselhorn, Markus & Gold, Andreas (2013). *Pädagogische Psychologie. Erfolgreiches Lernen und Lehren.* Stuttgart: Kohlhammer.

Hameyer, Uwe & Rößer, Barbara (2016). Entdeckendes Lernen. In Jürgen Wiechmann & Susanne Wildhirt (Hrsg.), *Zwölf Unterrichtsmethoden* (S. 129–145). Weinheim: Beltz.

Hofer, Elisabeth, Abels, Simone & Lembens, Anja (2016). Forschendes Lernen und das 5E-Modell. *PLUS LUCIS, 1*, 4.

Koliander, Brigitte & Puddu, Sandra (2011). Inquiry Learning – Was ist forschendes Lernen. In Konrad Krainer & Heimo Senger (Hrsg.), *Forschendes Lernen* (S. 3). Klagenfurt: IUS.

Kunter, Mareike & Trautwein, Uwe (2013). *Psychologie des Unterrichts.* Stuttgart: UTB.

Lembens, Anja, Weiglhofer, Hubert & Stadler, Helga (2009). PISA 2006 Naturwissenschaften: Das Konzept aus fachdidaktischer Sicht. In Claudia Schreiner & Ute Schwantner (Hrsg.), *PISA 2006: Österreichischer Expertenbericht zum Naturwissenschafts-Schwerpunkt* (S. 32–41). Graz: Leykam.

Lipowsky, Frank (2002). Zur Qualität offener Lernsituationen im Spiegel empirischer Forschung – Auf die Mikroebene kommt es an. In Ursula Drews & Wulf Wallrabenstein (Hrsg.), *Freiarbeit in der Grundschule. Offener Unterricht in Theorie, Forschung und Praxis* (S. 126–159). Frankfurt am Main: Grundschulverband.

Maiseyenka, Veronika, Schecker, Horst & Nawrath, Dennis (2013). Kompetenzorientierung des naturwissenschaftlichen Unterrichts. *Physik und Didaktik in Schule und Hochschule, 12*(1), 1–17.

Martius, Thilo, Delvenne, Lisa & Schlüter, Kirsten (2016). Forschendes Lernen. Verschiedene Konzepte, ein gemeinsamer Kern? *MNU Journal, 69*, 220–228.

Rocard, Michel, Csermely, Peter, Jorde, Doris, Lenzen, Dieter, Walberg-Henriksson, Harriet & Hemmo, Valérie (2007). *Science Education Now: A Renewed Pedagogy for the Future of Europe*. Abgerufen am 23.09.2016 von http://ec.europa.eu/research/science-society/document_library/pdf_06/report-rocard-on-science-education_en.pdf

Salchegger, Silvia, Wallner-Paschon, Christina, Schmich, Juliane & Höller, Iris (2016). Kompetenzentwicklung im Kontext individueller, schulischer und familiärer Faktoren. In Birgit Suchan & Simone Breit (Hrsg.), *PISA 2015: Grundkompetenzen am Ende der Pflichtschulzeit im internationalen Vergleich* (S. 77–100). Graz: Leykam.

Seidel, Tina, Reinhold, Sarah, Holzberger, Doris, Mok, Sog Yee, Schiepe-Tiska, Anja & Reiss, Kristina (2016). *Wie gelingen MINT-Schulen? Anregungen aus Forschung und Praxis*. Münster: Waxmann.

Stadler, Helga, Lembens, Anja & Weiglhofer, Hubert (2009). PISA Naturwissenschaften: Die österreichischen Ergebnisse aus fachdidaktischer Sicht. In Claudia Schreiner & Ute Schwantner (Hrsg.), *PISA 2006: Österreichischer Expertenbericht zum Naturwissenschafts-Schwerpunkt* (S. 42–53). Graz: Leykam.

Woolfolk, Anita (2014). *Pädagogische Psychologie*. Hallbergmoos: Pearson.

Georg Tafner und Gernot Dreisiebner

Planspiel

Welche Grenzen und Möglichkeiten bieten Planspiele im kompetenzorientierten Unterricht und wie kann dieser ganz konkret anhand des Planspiels »Das Straßenspiel« vor allem für die politische, EU-europäische und sozioökonomische Bildung umgesetzt werden? Diesen Fragen widmet sich der folgende Beitrag.

1. Das Planspiel – Grenzen und Möglichkeiten

Als Vorläufer des Planspiels gelten das indische Chaturanga und das Schachspiel. Planspiele im heutigen Sinn wurden erstmals im Militär eingesetzt und dienten dazu, militärische Strategien durchzuspielen (Kriz, 2014). Erst nach dem Zweiten Weltkrieg verbreitete sich das Planspiel auch in anderen Bereichen, u. a. in der Bildung (Rohn, 1995).

Ein Planspiel zeichnet sich dadurch aus, dass Spielende vorgegebene Rollen einnehmen und meist in Gruppen in verschiedenen Szenen und Situationen handeln sollen (Geuting, 2000). Dabei werden in unterschiedlichen Ausprägungen Simulationen, Fallstudien, Rollenspiele und Schauspiele miteinander kombiniert (Kriz, 2009). Jedes Planspiel verfolgt ein bestimmtes pädagogisches Ziel und ein bestimmtes Ziel im Spiel selbst. Spielziel und pädagogisches Ziel sollten aufeinander abgestimmt sein und hängen vom Anwendungsgebiet ab (Köck, Lacheiner & Tafner, 2013).

Jedes Planspiel besteht aus einem Plan, also einem Modell, sowie dem Spiel mit Regeln und Rollen, die ein Bespielen des Modells ermöglichen. Ein Planspiel ist damit eine Vereinfachung der »realen« Welt in Form eines Modells. Es ist eine Konstruktion zweiter Ordnung bzw. eine Konstruktion der Konstruktion: Zuerst muss die Welt konstruiert werden, die bespielt werden soll, um auf diesem Bild aufbauend das Modell zu konstruieren (Tafner, 2017a). Dennoch ist das Spiel selbst Realität und Teil der Lebenswelt, wie auch die »reale Welt« Teil der Lebenswelt ist und als Bühne verstanden werden kann. So unterschiedlich unsere Welt und ihre Ausschnitte konstruiert werden können, so unterschiedlich sind auch die Formen von Planspielen (siehe Tabelle 1).

Tabelle 1: Planspielarten (Golombiewski, 1995)

Planspielmerkmale	**Planspielarten**
operative Funktion	– Ausbildungsplanspiele – Forschungsplanspiele – Anwendungsplanspiele
Komplexität	– einfach strukturierte Spiele – komplexe Spiele
Freiheitsgrad des Entscheidungsbereichs	– starre (quantitative) Planspiele auf Basis mathematischer Modelle – freie (qualitative) Planspiele
Berücksichtigung der Ungewissheit	– deterministische Planspiele, die einem Input-Output-Schema folgen – stochastische Planspiele mit Zufallselementen
Realitätsbezug	– Planspiele als Idealmodelle ohne empirischen Wahrheitsgehalt – Planspiele als Realmodelle auf Grundlage empirischer Erkenntnis
Spielteilnehmerinnen und Spielteilnehmer	– Planspiele mit Einzelpersonen – Planspiele mit Spielgruppen
Hilfsmittel zur Berechnung und Dokumentation des Spielablaufs	– manuelle Planspiele – computergestützte Planspiele

Das Bespielen eines Planspiels erfolgt in drei Phasen (Asal & Blake, 2006): Einführung, Spielphase und Reflexionsphase. Um diesen Ablauf zu ermöglichen, ist eine Implementierung des Planspiels in den Unterricht durch Vor- und Nachbereitung unverzichtbar (siehe Abbildung 1).

Entscheidend für den erfolgreichen Einsatz der Methode ist die Einbindung in das pädagogische Gesamtkonzept (siehe Abbildung 1; siehe auch Tafner, 2012). Die Reflexionsphase gehört notwendigerweise zum Planspiel, denn zur Sicherstellung des Lernerfolgs darf kein Planspiel ohne diese Phase abgeschlossen werden (Arndt, 2013; Tafner, Horn, Karner, Leber & Peterlin, 2017). Nicht das Handeln im Planspiel ermöglicht Lernen, sondern erst die reflektierte Auseinandersetzung mit der Handlung und dem Erlebten. Der Lernprozess kann also durch die Reflexion und das Nachdenken über das Handeln ausgelöst werden (Kolb, 1984). Spielen ohne Reflektieren wäre daher eine vertane Chance. Dennoch darf keinesfalls das Erleben und Tun in seiner Bedeutung und Wichtigkeit übersehen werden. Die Performativität

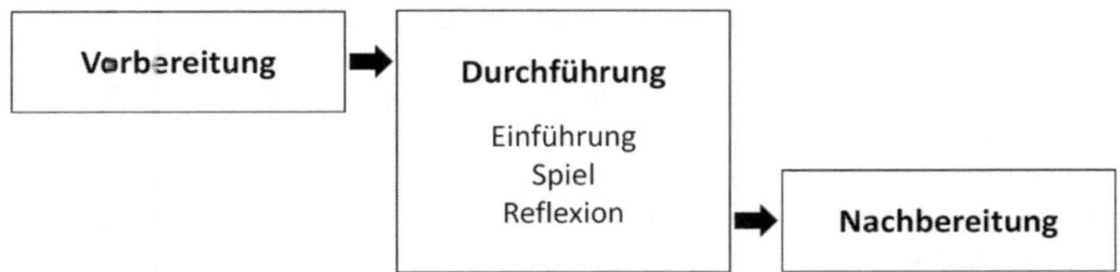

Abbildung 1: Einbindung des Planspiels in das pädagogische Gesamtkonzept (Tafner, 2013)

ist ein wesentliches Element des Planspiels und sollte in ihrer Eigenständigkeit pädagogisch nicht unterschätzt werden (Tafner, 2013).

Für das Planspiel gilt, was für jede andere Methode ebenso gilt: Die perfekte Methode gibt es nicht! Voraussetzung für den gelungenen Einsatz von Planspielen sind folgende Punkte (Tafner et al., 2017):

1. Das pädagogische Ziel des Planspiels soll in die Didaktik des Unterrichts integriert werden. Im Sinne Klafkis (1997) geht es darum, die Mündigkeit der Schülerinnen und Schüler und damit ihre Selbstbestimmungs- und Solidaritätsfähigkeit zu fördern und zu fordern.
2. Ausgehend von diesen Oberzielen können Kompetenzen definiert werden, die im Planspiel gezeigt und entwickelt werden sollen (siehe dazu unten den Abschnitt »Geforderte und geförderte Kompetenzen«).
3. Für die erfolgreiche Umsetzung des Planspiels sind die notwendigen Sichtstrukturen sicherzustellen: Bereitstellung der Unterlagen und Materialien sowie von Raum und Zeit, ebenso eine professionelle Spielleitung.
4. Sichtstrukturen sind für den Unterricht notwendig, aber nicht hinreichend. Entscheidend sind die Tiefenstrukturen wie kognitive Aktivierung, zielführende Prozessbegleitung, motivierendes Feedback und unterstützendes Klassenklima (Kuntner & Trautmann, 2013).

Unter diesen Voraussetzungen können die unumstrittenen Vorteile des Planspiels genutzt werden, die in der Neuartigkeit, der Performativität und dem Erleben von ganz konkreten Entscheidungssituationen liegen (Tafner et al., 2017). Die Eigenschaften des Planspiels, u. a. die individuellen Zeitvorgaben und die Komplexität, können jedoch zur Unter- und Überforderung bei den Teilnehmenden führen, was sich beides negativ auf die Motivation auswirken kann (Trautwein, 2011). Es gilt daher, die Tiefenstrukturen so zu gestalten, dass die Vorteile die Nachteile überwiegen. Die aufgezählten Erfolgsfaktoren können nicht in einem einzigen oder durch ein einziges Spiel entstehen, sondern müssen nachhaltig im gesamten Unterricht gepflegt werden.

2. Unterrichtsbeispiel: »Das Straßenspiel«

Das hier vorgestellte Planspiel »Das Straßenspiel« (Europäisches Jugendzentrum, 1994) – bzw. in seiner ursprünglichen Variante »The Road Game« (Long, Freeman & Nyhan, 1976) – verfolgt das Ziel, kooperative Situationen zu schaffen, in welchen für die Teilnehmenden supranationale Mehr-Ebenen-Entscheidungen erlebbar werden. Im konkreten Planspiel sind die Teilnehmenden Bürgerinnen und Bürger von vier demokratischen Nationen, welche die Aufgabe haben, Straßen ausgehend von dem Gebiet ihrer Nation durch die Gebiete der drei anderen Nationen zu bauen. Ob und wie viele Straßen ordnungsgemäß errichtet wurden, ist Gegenstand eines abschließenden Hearings aller Nationen. Die Teilnehmenden sind dabei mehreren demokratischen Ebenen zugehörig: Einerseits sind sie Bürgerinnen und Bürger souveräner Staaten, anderseits auch Mitglieder einer Union, innerhalb welcher im Rahmen eines Hearings die geschlossenen Verträge nachverhandelt werden können.

Die Ziele im Straßenspiel sind

- eine größtmögliche Anzahl an Straßen vom Territorium der eigenen Nation aus durch die benachbarten Territorien hindurch zu errichten sowie
- den ordnungsgemäßen Bau der Straßen im Rahmen des abschließenden Hearings zu argumentieren. Eine Straße gilt erst dann als ordnungsgemäß errichtet, wenn gegen diese im Hearing von keiner anderen Nation Einspruch erhoben wurde.

Damit werden vor allem zwei pädagogische Ziele verfolgt:

- Erstens die Förderung jener Kompetenzen, die in mehrstufigen demokratischen Entscheidungsprozessen angewandt werden und
- zweitens das Erleben und Reflektieren von Supranationalität im Kontext verschiedener Interessen und Kulturen.
- Zusätzlich kann der Umgang mit Knappheit als drittes Ziel eingeflochten werden (etwa durch Beschränkung der Ressourcen für den Straßenbau), welches es auf sozioökonomischem Gebiet zu erreichen gilt.

Wird die Definition nach Golombiewski (1995) herangezogen, so kann das Planspiel »Das Straßenspiel« als ein manuelles, komplexes, freies und ergebnisoffenes, stochastisches Anwendungsplanspiel beschrieben werden. Es entspricht insofern einem Realmodell, als es auf die Vorstellung von Mehr-Ebenen-Entscheidungen abzielt, und ist insoweit ein Idealmodell, als es sich um fiktive Nationen unterschiedlicher kultureller Charakterisierung handelt. Die Weiterentwicklung dieses Settings im Planspiel »Demokratie-Bausteine. Mein Land. Dein Land. Unsere Union.« wurde im schulischen und außerschulischen Kontext eingesetzt und wissenschaftlich evaluiert (Tafner, 2013; Tafner et al., 2017).

Es sind zwei Besonderheiten, welche diese Form des Planspiels auszeichnen:

- **Jugendliche machen Politik:** Durch Partizipation im Spiel wird demokratisches Denken und Handeln hautnah erlebt. Die Teilnehmenden tauchen in das Spiel ein und werden zu Politikerinnen und Politikern.
- **Jugendliche erleben Mehr-Ebenen-Entscheidungen**: Das Planspiel ist so gestaltet, dass sie demokratische Mehr-Ebenen-Entscheidungen erleben können. Sie erleben die Notwendigkeit und Schwierigkeit von solchen Prozessen. Die Spielenden erkennen das Prinzip der Mehr-Ebenen-Entscheidung wie es auch in anderen Settings, z. B. in der Schule, in der Gemeinde, oder in der Europäischen Union, auftreten kann. Damit wird ihnen – das zeigen die empirischen Untersuchungsergebnisse des weiterentwickelten Planspiels (Tafner, 2013; Tafner et al., 2017) – die Komplexität, Notwendigkeit und Herausforderung solcher Prozesse konkret bewusst. Lernen wird damit durch konkretes Erleben von Mehr-Ebenen-Entscheidungen ermöglicht.

3. Prozessablauf

Die Durchführung des Planspiels gliedert sich in die drei aufeinander folgenden Phasen Einführung, Spiel und Reflexion:

- **Einführungsphase**
  In der ersten Phase des »Straßenspiels« werden die Spielenden in Gruppen (Nationen) eingeteilt. Die Spielmaterialien werden ausgehändigt und die Lehrkraft erläutert die Spielziele und -regeln.
- **Spielphase**
  In der Spielphase gestalten die Bürgerinnen und Bürger ihren jeweiligen Nationalstaat auf Basis kultureller Charakterisierungen, verhandeln über Straßenbauprojekte und verteidigen ihre Projekte im Rahmen eines abschließenden Hearings.
- **Reflexionsphase**
  Zu Beginn der Reflexionsphase wird das Spielergebnis verkündet. Anschließend erfolgt neben einer Reflexion der Vorgänge in der Spielphase auch die Bearbeitung der Fragestellung, wie die Lernenden ihren eigenen Nationalstaat konstruiert haben.

Es wird davon ausgegangen, dass das Spiel – wie in Abbildung 1 dargestellt – durch Vor- und Nachbereitung in den Unterricht eingebunden ist. Vorbereitung, Durchführung und Nachbereitung sollten möglichst zusammen durchgeführt werden, wobei für das gesamte Planspiel rund drei bis vier Unterrichtseinheiten eingeplant werden können.

Einführungsphase

In der Einführungsphase werden die Regeln des Planspiels erläutert sowie die Gruppeneinteilung vorgenommen. Beim Straßenspiel handelt es sich um ein vergleichsweise simples Planspiel. Als Material werden lediglich Plakatmalfarben sowie mehrere Bögen Pack- oder Flipchartpapier benötigt. Diese Papierbögen werden später am zentralen Versammlungstisch zusammengesetzt und formen so die Landkarte der Union (zum räumlichen Setting siehe Abbildung 2).

Zunächst werden die Spielenden zufällig in vier Gruppen eingeteilt, welche den vier Ländern Blau, Grün, Gelb und Rot entsprechen. Sofern es die Anzahl der Teilnehmenden zulässt, können auch ein bis zwei Beobachtungspersonen der kooperativen Aushandlungsprozesse in und zwischen den Gruppen bestimmt werden. Alle Bürgerinnen und Bürger nehmen zunächst an ihren jeweiligen Ländertischen Platz. Im Zentrum, zwischen den Ländertischen, befindet sich ein großer Versammlungstisch, auf welchem im weiteren Spielverlauf die Landkarte der Union zusammengesetzt wird.

Nun folgt die Einführung in die Spielziele und -regeln durch die Lehrkraft. Die Spielregeln hinsichtlich des Straßenbaus werden dabei bewusst interpretationsbedürftig formuliert, sodass die hieraus resultierenden Probleme im späteren Spielverlauf auf einer diplomatischen Ebene gelöst werden müssen. Hierfür wählt jede Gruppe eine Diplomatin bzw. einen Diplomaten, die fortan für den Abschluss bilateraler Straßenbauverträge zuständig sind. Bereits zu Beginn erhalten die Teilnehmenden die Information, dass nur jene Straßen auch tatsächlich gewertet werden, gegen welche im Rahmen des abschließenden Hearings kein Einspruch erhoben wurde.

Die hier vorgestellte Variante des »Straßenspiels« fordert und fördert die Entwicklung trans- und interkultureller Kompetenz, indem jedes Land eingangs mit einer eigenen kulturellen Charakterisierung ausgestattet wird, welche von den Teilnehmerinnen und Teilnehmern zu Spielbeginn (weiter-)entwickelt wird. Diese kulturellen Charakterisierungen stellen sich wie folgt dar (Europäisches Jugendzentrum, 1994):

- »Rot«: Industrienation, angewiesen auf Rohstoff- und Nahrungsmittelimporte der übrigen Länder.
- »Blau«: Multikulturelles Land an der Schwelle zur Industrienation. Große Weideflächen für Vieherden stellen die Lebensgrundlage der Bevölkerung in den ländlichen Gegenden dar. Zu einer weiteren, primär in den In-

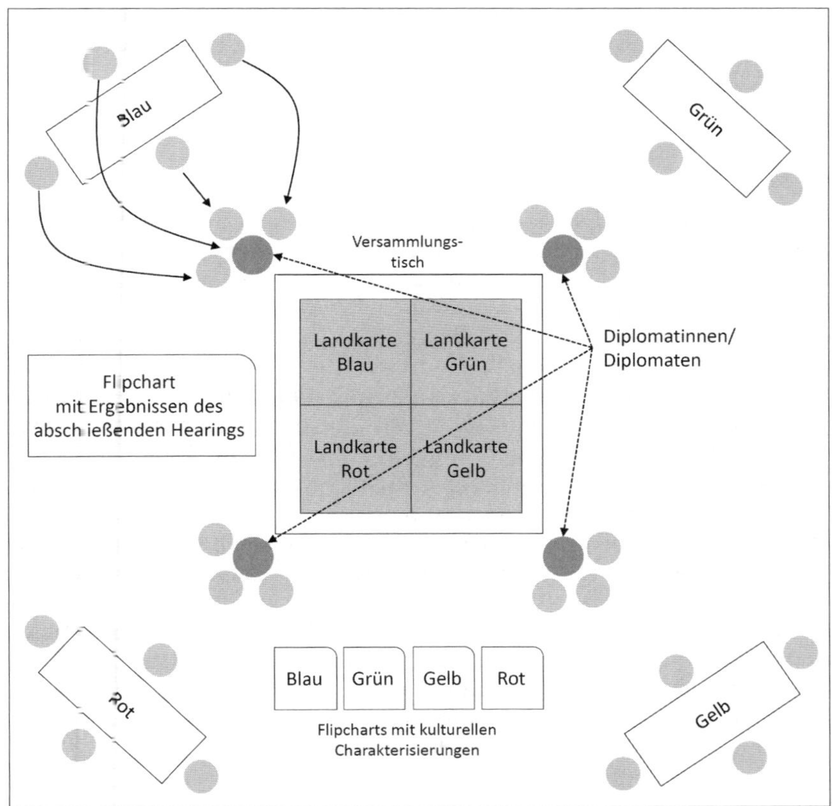

Abbildung 2: Setting während des Spiels (in Anlehnung an Europäisches Jugendzentrum, 1994; Köck, Lacheiner & Tafner, 2013)

dustriestädten beheimateten, Bevölkerungsgruppe besteht ein gespaltenes Verhältnis.

- »Grün«: Agrarnation und unabhängig von Lebensmittelimporten. Starker kultureller Zusammenhalt, jedoch geringe Alphabetisierungsrate und Misstrauen gegenüber Fremden.
- »Gelb«: Große Lagerstätten fossiler Brennstoffe, aber kaum weitere Ressourcen. Die Bürgerinnen und Bürger eint eine gemeinsame Religion mit rigorosen Glaubensvorschriften.

In weiterer Folge beeinflussen diese kulturellen Charakterisierungen, wie die einzelnen Länder in den Verhandlungen agieren, z. B. ob sie Straßenbauprojekten durch ihr Territorium zustimmend oder ablehnend gegenüberstehen. Die kulturellen Charakterisierungen können je nach Lernziel beliebig modifiziert werden.

Spielphase

Zu Beginn der Spielphase erhalten die Bürgerinnen und Bürger der vier Länder ihre kulturellen Charakterisierungen. Sie gestalten daraufhin die kulturelle Identität ihrer Nation weiter aus, indem sie eine Flagge gestalten sowie Historie, Kunst und Literatur ihres Landes skizzieren. Anschließend entwerfen die Bürgerinnen und Bürger auf ihrer Landkarte die topografischen Gegebenheiten, Städte und Infrastruktur. Die Teilnehmenden schaffen damit ihre kollektive Identität als »Wir-Gefühl« und entwickeln das »Janusgesicht des Nationalstaates« (Habermas, 1998), das aus regulativen Institutionen (Verfassung, Gesetzen und politischer Ordnung) und expressiven kulturellen Elementen besteht. Im Anschluss dieser Identifikationsphase, welche rund eine Stunde benötigt, präsentieren die Teilnehmenden ihr Land und ihre Kultur den Bürgerinnen und Bürgern der übrigen Länder. Über den Spielverlauf hinweg werden diese kulturellen Charakterisierungen auf Flipcharts festgehalten. Darauf folgt die eigentliche Spielphase, wobei die gestalteten Landkarten nun auf dem zentralen Versammlungstisch platziert werden und die Bürgerinnen und Bürger rund um den Versammlungstisch Platz nehmen. Die Konstruktion des eigenen Nationalstaates muss in der Reflexion thematisiert und dekonstruiert werden (siehe dazu unten den Abschnitt »Dekonstruktion des Nationalstaates«).

Während der Spielphase ist es das Ziel der Bürgerinnen und Bürger, so viele Straßen wie möglich ausgehend von einem beliebigen Startpunkt im eigenen Land durch fremdes Territorium hindurch zum Rand der Landkarte zu bauen. Die Bürgerinnen und Bürger eines Landes dürfen sich unbegrenzt untereinander austauschen und beraten, die bilaterale Kommunikation übernimmt hingegen ausschließlich die gewählte Diplomatin oder der gewählte Diplomat. Den Bau der Straßen übernehmen die Bürgerinnen und Bürger, indem sie diese mit den bereitgestellten Plakatmalfarben auf der Landkarte einzeichnen. Ist es hierfür notwendig, das Territorium einer anderen Nation zu betreten, so muss die Diplomatin oder der Diplomat zunächst um Erlaubnis ansuchen. Ebenso erfordert das Kreuzen einer Straße einer anderen Nation (auch auf dem eigenen Territorium) die Erlaubnis dieser Nation. Diese Erlaubnis darf nur von der designierten Diplomatin oder dem designierten Diplomaten erteilt werden, welche bzw. welcher hierzu jedoch einen einstimmigen Beschluss aller Bürgerinnen und Bürger des eigenen Landes benötigt. Die Diplomatinnen und Diplomaten dürfen somit niemals ohne demokratische Legitimation handeln. In dieser Phase geht es vor allem darum, das Wesen supranationaler Mehr-Ebenen-Entscheidungen für die Teilnehmenden erfahrbar zu machen. Basierend auf den jeweiligen kulturellen Charakterisierungen ergeben sich hierbei Ziel-, Werte- und Interessenkonflikte auf staatlicher und suprastaatlicher Ebene. Beim »Straßenspiel« handelt es sich nicht um ein rundenbasiertes Planspiel, sondern alle Nationen können (und sollen) parallel mit den Verhandlungen und dem Bau von Straßen beginnen. Die Dauer dieser Bauphase ist nicht klar definiert. Sobald die Bauaktivitäten und Interaktionen verebben oder Konflikte eskalieren, sollte diese Phase jedoch für beendet erklärt werden.

Im Anschluss an die Straßenbauphase erfolgt ein Hearing aller vier Mitgliedsländer der Union. Nur Straßen, welche im Hearing nicht angefochten werden, gelangen schlussendlich zur Zählung. Im Zuge des Hearings sind nun alle Bürgerinnen und Bürger berechtigt, auf Unionsebene für ihr Land zu sprechen. Die Spielleitung lässt die Gruppen nacheinander Beschwerden gegen die eingereichten Straßenbauprojekte vorbringen. Nach jeder Beschwerde – welche sich stets gegen eine konkrete Straße richten muss – dürfen beide Konfliktparteien den Sachverhalt darstellen. Die Bürgerinnen und Bürger der anderen beiden Länder beschließen durch Mehrheitsentscheidung, welche Partei Recht bekommt. Dadurch, dass nun alle Bürgerinnen und Bürger sprech- und stimmberechtigt sind, wird Folgendes erreicht: Bereits während der Straßenbauphase durften die Diplomatinnen und Diplomaten nur mit einstimmigem Beschluss ihrer Bevölkerung die Erlaubnis zum Betreten des eigenen Territoriums aussprechen, d. h. sämtliche Handlungen auf supranationaler Ebene erfolgten auf Basis einer demokratischen Legitimation. Im Zuge des Hearings kommen jedoch alle Bürgerinnen und Bürger zu Wort, wobei die auftretenden Irritationen – auch aufgrund der hohen emotionalen Involviertheit der Teilnehmenden – als Ausgangspunkt der Reflexionsphase dienen können.

Reflexionsphase

Im Anschluss an die Spielphase folgt die Reflexionsphase, im Zuge welcher die Teilnehmenden ihre »eigenen Reaktionen auf Konkurrenz, Autorität, Führungsverhalten, moralische Normen, politische Macht, Konflikt […] hinterfragen und sich mit Problemen der Kommunikation auseinandersetzen« (Europäisches Jugendzentrum, 1994, S. 12) sollen. Je nach Schwerpunktsetzung können unterschiedliche Themengebiete im Zentrum der Reflexionsphase stehen. Primär verdeutlicht das »Straßenspiel«, wie mehrstufige demokratische Entscheidungsprozesse ablaufen, und fördert und fordert hierbei für die Partizipation an demokratischen Prozessen notwendige Kompetenzen. Einen Einstieg in die Reflexionsphase kann die Verkündung des finalen Ergebnisses der Straßenzählung bieten, welche jedoch die Frage bewusst unbeantwortet lässt, welches Team letztendlich das Planspiel gewonnen hat. Primäres Ziel des Spiels war es, so viele Straßen wie möglich zu errichten. Eine Konkurrenzsituation wurde dabei nicht intendiert, entwickelt sich jedoch meist im Spielverlauf von selbst (Europäisches Jugendzentrum, 1994). Diese Beobachtung und die Fragestellung, ob der Mensch eine Disposition für Kooperation oder Konkurrenz aufweist, kann als Einstieg in die Reflexionsphase genutzt werden. Wesentlicher Punkt ist hier die Dekonstruktion des Nationalstaates. Es soll mit den Spielenden erarbeitet werden, wie sie selbst ihre Nation ausgeformt haben, indem ihre selbst erfundenen kulturellen Grundlagen mit den vorgegebenen Regeln zur Idee des eigenen Landes führten. Damit haben sie sich mit einer Konstruktion – dem eigenen Land – identifiziert und seine Interessen vertreten.

4. Rolle der Lehrenden und der Lernenden

Eine Weiterentwicklung des »Straßenspiels« stellt das Planspiel »Demokratie-Bausteine. Mein Land. Dein Land. Unsere Union.« dar, welches unter Partizipation von Jugendlichen für Jugendliche gestaltet und vom Verein beteiligung.st im außerschulischen und schulischen Kontext angeboten wird. Das Planspiel wird in universitären Lehrveranstaltungen und in der Fortbildung eingesetzt. Die nachfolgenden Befunde zur Rolle der Lehrkraft und den im Planspiel geforderten und geförderten Kompetenzen basieren auf den empirischen Untersuchungen dieses weiterentwickelten Planspiels (Tafner, 2013; Tafner et al., 2017).

Die Rolle der Lehrperson ist während des Spieles auf das Beobachten reduziert. Sie darf nicht in die während des Spielverlaufs auftretenden Konflikte eingreifen (Europäisches Jugendzentrum, 1994). Die empirischen Ergebnisse des Planspiels »Demokratie-Bausteine« zeigen, dass dies den Lehrpersonen nicht leichtfällt, weil sie gern intervenieren möchten (Tafner et al., 2017). Gerade aber die Beobachtung ihrer eigenen Schülerinnen und Schüler eröffnet neue Perspektiven. Wesentlich ist, dass die Performanz im Planspiel nicht Notenbestandteil ist, sondern wirklich frei gespielt werden kann. In der Nachbereitung können Elemente, Ergebnisse oder kognitive Erkenntnisse Bestandteile von Prüfungen sein, das Spielen selbst jedoch muss von jedem Notendruck frei bleiben. Es geht im Planspiel also um eine formative Evaluierung von Kompetenzen und nicht um eine summative Evaluierung mit Notengebung.

Die Lernenden nehmen im Planspiel die Rolle von Bürgerinnen und Bürgern sowie von Politikerinnen und Politikern ein. Sie vertreten und werden vertreten. Die empirischen Ergebnisse zeigen, dass das Vertreten-Werden für die Lernenden nicht einfach ist, weil sie gern direkt in die Verhandlungen am zentralen Versammlungstisch eingreifen möchten. Sie lernen sich darüber hinaus selbst im Spiel als Staatsbürgerinnen und Staatsbürger sowie gleichzeitig als Unionsbürgerinnen und Unionsbürger kennen. Sie erleben im Planspiel den inneren Konflikt, der daraus entsteht. Der äußere Prozess der Supranationalität wird personifiziert und in das Innere jeder/jedes einzelnen Jugendlichen gelegt, ähnlich wie es beim ordentlichen Gesetzgebungsverfahren der Europäischen Union institutionalisiert abgebildet ist (Habermas, 2011). Dadurch wird der abstrakte Prozess der supranationalen Mehr-Ebenen-Entscheidung direkt selbst erlebt.

5. Geforderte und geförderte Kompetenzen

Mündigkeit im Sinne Klafkis (1997) äußert sich in Selbstbestimmungs- und Solidaritätsfähigkeit. Genau diese Auseinandersetzung steht im Mittelpunkt des Planspiels: Die eigenen Interessen im Kontext anderer solidarisch abwägen können. Dies ist nur möglich, wenn Urteils-, Kritik- und Kommunikationskompetenz sowie das Wissen um und das Verstehen von supranationalen Mehr-Ebenen-Entscheidungen vorhanden sind. Daraus ergeben sich zwei Kompetenzbündel: jene Kompetenzen, die für die Partizipation in demokratischen Prozessen notwendig sind, und jene Kompetenzen, welche das Begreifen von supranationalen Mehr-Ebenen-Entscheidungen ermög-

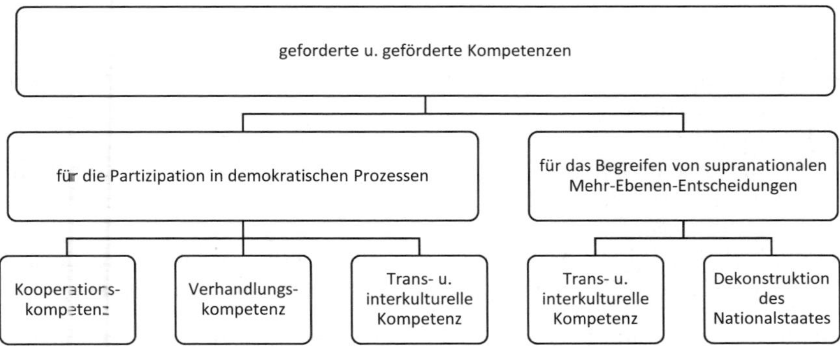

Abbildung 3: Geforderte und geförderte Kompetenzen im Planspiel (in Anlehnung an Tafner, 2017b)

lichen (siehe Abbildung 3). Diese Kompetenzen und Kompetenzbündel sind im Planspiel so stark miteinander verwoben, dass sie nur theoretisch voneinander getrennt werden können (Tafner et al., 2017). Sie werden zu einer Handlungskompetenz, die aus Fach- und Methodenkompetenz sowie personaler und sozialer Kompetenz besteht (vgl. Peterßen, 2009).

Kooperationskompetenz

Kooperationskompetenz wird in der Literatur sehr unterschiedlich verwendet und kann sich auf die Mikro-, Meso- und Makroebene beziehen (Oelsnitz & Graf, 2006). Im Spiel bedeutet es auf der Mikroebene, dass sich das Individuum in seine Gruppe auf der nationalen und supranationalen Ebene einbringen kann. Es geht auf dieser Ebene darum, sich als Person kooperationsfördernd zu verhalten, d. h. eine Performanz zu zeigen, die auf Kooperationskompetenz schließen lässt. Die empirischen Ergebnisse zeigen, dass sich die Spielenden der Bedeutung dieser Kompetenz bewusst sind (Tafner et al., 2017). Die Mesoebene nimmt die Kooperation des Teams in den Blick. Die Kommunikation und Kooperation im Team entwickelt sich als eigene Kompetenz der Gruppe (Oelsnitz & Graf, 2006). Systemtheoretisch betrachtet, ist die Kommunikation der Gruppe mehr als die Summe der Kommunikation ihrer Mitglieder. Erfolgreich kann ein Team nur sein, wenn es gelingt, die individuellen Leistungen in die Gruppenziele zu integrieren und eine eigene Dynamik entstehen zu lassen. Teil dieser Kommunikationskompetenz im Team ist die Gruppen-Entscheidungskompetenz. Gruppenentscheidungen können sehr unstrukturiert und irrational ablaufen. Im Idealfall orientieren sich Gruppenentscheidungen an der Diskursethik, die sich an folgenden Grundregeln ausrichtet (Tetens, 2006):

– Diskussionsbeiträge müssen verständlich eingebracht werden.
– Jede Äußerung soll nach bestem Wissen und Gewissen erfolgen.
– Jedes Gruppenmitglied soll seine Meinung frei äußern und Bedenken einbringen können.
– Jede eingebrachte Überzeugung soll gleich fair geprüft werden.
– Es müssen auch Überzeugungen und Interessen Dritter, d. h. solcher, die von der Entscheidung betroffen sind, aber nicht daran teilhaben, mitberücksichtigt werden.
– Schließlich soll jedes Mitglied die Überzeugungen übernehmen, die sich in der Gruppendiskussion aus guten Gründen rechtfertigen lassen.

Gelingt es der Gruppe, alle individuellen Leistungen in die Gruppenziele einzubringen und die Entscheidungen fair und rational zu treffen, dann wird Kooperationskompetenz in Form der Performanz der Gruppe sichtbar.

Gelingt eine gute Kommunikation aller Gruppen miteinander und kann ein Transfer aus der Reflexion hinüber in die Nachbereitung erfolgen, dann ist das Ziel auch auf der Makroebene erreicht.

Verhandlungskompetenz

Verhandeln ist eine »wechselseitige Kommunikation mit dem Ziel, eine Übereinkunft zu erreichen, wenn man mit der anderen Seite sowohl gemeinsame als auch gegensätzliche Interessen hat« (Fisher & Ury, 2009, S. 19). Die Harvard-Methode versucht, »hart in der Sache, aber weich gegenüber den Menschen« (Fisher & Ury, 2009, S. 21) zu sein. Wesentliche Grundlage ist damit die Trennung der Beziehungsebene von der Sachebene. Damit verfolgt das Konzept drei Ziele:

- Die legitimen Interessen der Beteiligten sollen im höchstmöglichen Ausmaß durch eine vernünftige Übereinkunft erreicht werden. Dabei muss die Übereinkunft von Dauer sein, müssen die Interessen der Allgemeinheit mitberücksichtigt und bei Interessenkonflikten eine faire Lösung gefunden werden.
- Die Verhandlungsführung soll zu einem fairen und effizienten Ergebnis führen.
- Die Beziehungen der verhandelnden Personen dürfen sich durch die Verhandlung nicht verschlechtern, sondern sollten sich verbessern.

Nach dem Harvard-Konzept müssen zur Erreichung dieser drei Ziele folgende Grundsätze eingehalten werden (Fisher & Ury, 2009):

1. Die Sach- und Beziehungsebene sind voneinander zu trennen.
2. Im Mittelpunkt stehen die Interessen.
3. Es sollen Optionen gefunden werden, die von beiderseitigem Vorteil sind.
4. Die Ergebnisse sollen auf Basis von objektiven und neutralen Kriterien beurteilt werden.

Diese Verhandlungskompetenz wird ebenfalls auf der Mikro-, Meso- und Makroebene als Performanz sichtbar.

Trans- und interkulturelle Kompetenz

Diese Kompetenz ist sowohl für den demokratischen Diskurs als auch für das Bewusstwerden und Verstehen von supranationalen Mehr-Ebenen-Entscheidungen relevant. Ohne dass sich die Spielenden dessen bewusst sind, entstehen durch die unterschiedlichen Wir-Gefühle der Gruppen verschiedene Kulturen. Im Spiel kann die Haltung entstehen, dass »unser Land das bessere ist«. Dieser Gedanke ist der Ursprung normativer Kulturbegriffe, wenn Kultur als »the collective programming of the mind that distinguishes the members of one group our category of people from others« (Hofstede, Hofstede & Minkov, 2010, S. 6) verstanden wird. Die gemeinsame Identifikation mit der selbst geschaffenen Geschichte, Religion und Wirtschaft eines Landes kann dazu beitragen, das Eigene als das Bessere zu verstehen. Der Umgang mit den im Spiel entstandenen Unterschieden ist eine Frage der trans- und interkulturellen Kompetenz. Interkulturalität sieht die Differenzen und versucht diese ethnorelativ zu verstehen. Schubladisierungen, Stereotype oder Nationalismen werden der Würde und der Individualität des Menschen keinesfalls gerecht. Es geht um ethisch-moralische Überzeugungen, die in den Menschenrechten gründen: »Every man is, in certain respects, a) like all other men, b) like some other men, c) like no other man« (Kluckhohn & Murray, 1953, S. 35). Jeder Mensch ist in Bezug auf Würde und Recht gleich. Dennoch unterscheiden sich Menschen von anderen, z. B. durch Kultur. Schließlich ist jeder Mensch wie kein anderer Mensch, denn er ist in seiner Art und Weise einzigartig. Interkulturelle Kompetenz sieht die Unterschiede und fordert Ambiguitätstoleranz ein, d. h. dem Anderen und Unerwarteten mit Respekt und Wertschätzung zu begegnen (Deardorff, 2009). Transkulturelle Kompetenz geht einen anderen Weg und versucht das Gemeinsame beim Anderen zu finden (Flechsig, 2000). Beides – inter- und transkulturelle Kompetenz – ist eine Sache der Übung. Das Planspiel eröffnet die spielerische Auseinandersetzung mit selbst konstruierten Unterschiedlichkeiten bei gegebenen Gemeinsamkeiten. Es ermöglicht, sich spielerisch dem Unerwarteten und Fremden vor dem Hintergrund des Bekannten auszusetzen. Besonders reizvoll wird dies, wenn in den Gruppen auch Personen aus »realen« unterschiedlichen Kulturen vertreten sind. Hier überlagern sich dann unterschiedlich starke Formen von Kulturen: die im Spiel kurzfristig selbst geschaffenen und die »in der Realität« langfristig durch Erziehung, Sozialisation und Enkulturation inkorporierten Kulturen.

Dekonstruktion des Nationalstaates

Die Teilnehmenden konstruieren im Planspiel ihren eigenen Nationalstaat, indem sie die regulativen Vorgaben des Planspiels übernehmen und durch ihre Religion, Tradition und Geschichte ihre eigene Kultur konstruieren. Genau das ist der entscheidende didaktische Punkt: Ein Nationalstaat ist nichts Naturwüchsiges, sondern ein kulturelles, d. h. von Menschen geschaffenes Konstrukt. Er besteht aus regulativen Institutionen und expressiv kulturellen Elementen (Habermas, 1998). Bewusst werden kulturelle Elemente eingesetzt, um eine Nation entstehen zu lassen: Die eigene national erzählte Geschichte, wie sie in Schulen gelehrt wird, mit Heldinnen und Helden deren Bilder in Museen zu bestaunen sind und die Straßen ihren Namen geben. Sportveranstaltungen, die zu nationalen Wettbewerben werden, und ein staatliches Fernsehen, welches das eigene Land fokussiert und aus aller Welt aus nationaler Perspektive berichtet. All diese Elemente werden politisch für das Konstrukt Nation benutzt – ebenso wie Flaggen und Hymnen. Die Vorstellung nun, dass der eigene Staat etwas Natürliches sei, das sich von anderen kulturell unterscheide, trägt die Gefahr des Ethnozentrismus in sich. Wären Staaten tatsächlich voneinander abgegrenzt und gäbe es eine »artreine Kultur«, dann wäre ein abgelegener, isolierter Staat ohne kulturelle Einflüsse von außen das beste Beispiel für gelungene Kultur. Die europäischen »Hochkulturen« sind aber gerade durch ihre Offenheit und den Austausch von Ideen, Menschen und Gütern entstanden. Kulturelle Entwicklung braucht also Offenheit – Sich-Abschließen bedeutet kulturellen Stillstand.

Wenn es in der Reflexion gelingt, die Konstruktion der Länder im Planspiel als Beispiele der tatsächlichen Konstruktion von Nationalstaaten zu begreifen, so könnte dies ein wertvoller Ausgangspunkt für die Diskussion von Supranationalität sein. Es könnte erkannt werden, dass es Fragen gibt, die alle betreffen, und dass diese über Nationalstaaten hinaus behandelt werden sollten. Von der Fähigkeit, mit Menschen unterschiedlicher Weltanschauungen, Religionen und kultureller Hintergründe umzugehen, wird sich zeigen, wie Werte wie Grund- und Menschenrechte tatsächlich gelebt werden und ob Individuen zu einer Solidarität fähig sind, die über den Nationalstaat hinausreicht. »In Wahrheit geht es um die Frage, ob eine transnationale Erweiterung der staatsbürgerlichen Solidarität quer durch Europa möglich ist. Eine gemeinsame europäische Identität wird sich aber umso eher herausbilden, je mehr sich im Innern der einzelnen Staaten das dichte Gewebe der jeweiligen Kultur für die Einbeziehung der Bürger anderer ethnischer oder religiöser Herkunft öffnet« (Habermas, 2008, S. 93). Das Planspiel bietet eine Übungswiese dafür.

Menschen gehen unterschiedlich mit der europäischen Supranationalität um (Risse, 2010): Sogenannte »Inclusive Nationalists« verstehen Europa als ihre zweite Identität und integrieren Europa und Nationalstaat. Sie stehen für Europa als ein Ort der Menschenrechte, Rechtsstaatlichkeit, Demokratie und Marktwirtschaft. Sie sind gegen Nationalismus, Rassismus und Xenophobie. »Exclusive Nationalists« identifizieren sich nur mit dem eigenen Nationalstaat. Sie treten ein für die Idee einer europäischen Geschichte mit starken Nationalstaaten und einer christlich bestimmten europäischen Kultur. Sie richten sich gegen nicht-christliche Staaten, Migrantinnen und Migranten sowie gegen Musliminnen und Muslime. Die empirischen Ergebnisse zeigen, dass beide Ausprägungen tatsächlich zu Tage treten und dass die entsprechenden Haltungen sich durch ein einmaliges Spielen nicht verändern (Tafner et al., 2017). Das wäre von einer Methode auch zu viel verlangt. Aber das Planspiel eröffnet die Möglichkeit, über dieses schwierige und komplexe Thema erfahrungsbezogen zu diskutieren und neue Horizonte zu eröffnen.

Literatur

Arndt, Holger (2013). *Methodik des Wirtschaftsunterrichts.* Opladen, Toronto: Budrich.

Asal, Viktor & Blake, Elizabeth L. (2006). Creating Simulations for Political Science Education. *Journal of Political Science Education, 2*(1), 1–18.

Deardorff, Darla K. (2009). Synthesizing Conceptualizations of Intercultural Competence. A Summary and Emerging Themes. In Darla K. Deardorff (Hrsg.), *A Sage Handbook of Intercultural Competence* (S. 264–269). Los Angeles: Sage.

Europäisches Jugendzentrum (1994). *Interkulturelle Simulation »Das Straßenspiel«. Hinweise für die Spielanleitung.* Referenzdokument CEJ/G 93, 14.

Fisher, Roger & Ury, William (2009). *Das Harvard-Konzept. Der Klassiker der Verhandlungstechnik* (23. Auflage). Frankfurt am Main: Campus.

Flechsig, Karl-Heinz (2000). *Transkulturelles Lernen.* Georg-August-Universität Göttingen. Abgerufen am 01.05.2017 von http://wwwuser.gwdg.de/~kflechs/iikdiaps2-00.htm

Geuting, Manfred (2000). Soziale Simulation und Planspiel in pädagogischer Perspektive. In Dietmar Herz & Andreas Blätte (Hrsg.), *Simulation und Planspiel in den Sozialwissenschaften – Eine Bestandsaufnahme der internationalen Diskussion* (S. 15–62). Münster: Lit.

Golombiewski, Bettina (1995). *Steuerliche Planspiele. Anforderungen, Leistungsvermögen und Eignungsprüfung steuerlicher Planspiele als Instrumente steuerlicher Ausbildung, Forschung und Planung sowie Entwicklung eines anforderungsgerechten Referenzmodells für die Planspielkonstruktion.* Bielefeld: Erich Schmidt Verlag.

Habermas, Jürgen (1998). *Die postnationale Konstellation. Politische Essays.* Frankfurt am Main: Suhrkamp.

Habermas, Jürgen (2008). *Ach, Europa.* Frankfurt am Main: Suhrkamp.

Habermas, Jürgen (2011). *Zur Verfassung Europas. Ein Essay.* Berlin: Suhrkamp.

Hofstede, Geert, Hofstede, Gert J. & Minkov, Michael (2010). *Cultures and Organizations. Software of the Mind; Intercultural Cooperation and Its Importance for Survival* (3. Auflage). New York: McGraw-Hill.

Klafki, Wolfgang (1997). *Neue Studien zur Bildungstheorie und Didaktik. Zeitgemäße Allgemeinbildung und kritisch-konstruktive Didaktik* (5. Auflage). Weinheim: Beltz.

Kluckhohn, Clyde & Murray, Henry A. (1953). *Personality in Nature, Society, and Culture* (2. Auflage). New York: Knopf.

Köck, Daniela, Lacheiner, Birgit & Tafner, Georg (2013). Das Planspiel. Idee und praktische Umsetzung im Sinne der Partizipation. In Verein beteiligung.st (Hrsg.), *Demokratie-Bausteine. Supranationalität im Planspiel performativ erleben* (S. 11–45). Graz: Verlag für Jugendarbeit und Jugendpolitik.

Kolb, David A. (1984). *Experiential Learning. Experience as the Source of Learning and Development.* New York: Prentice Hall.

Kriz, Willy C. (2009). Planspiel. In Stefan Kühl (Hrsg.), *Handbuch Methoden der Organisationsforschung: Quantitative und Qualitative Methoden* (S. 558–578). Wiesbaden: VS Verlag für Sozialwissenschaften.

Kriz, Willy C. (2014). 250 Jahre Planspiel: Wie alles begann. *Wirtschaft + Weiterbildung, 5*, 50–53.

Kunter, Mareike. & Trautwein, Ulrich (2013). *Psychologie des Unterrichts.* Paderborn: Schöningh/UTB.

Long, Barbara E., Freeman, Robert E. & Nyhan, Patricia A. (1976). Lesson 3: The Road Game. In David C. King & Cathryn J. Long (Hrsg.), *Global Perspectives: A Humanistic Influence on the Curriculum. Patterns for Teaching Conflict* (S. 21–30). Abgerufen am 01.05.2017 von http://files.eric.ed.gov/fulltext/ED134532.pdf

Oelsnitz, Dietrich von der & Graf, Andrea (2006). Inhalt und Aufbau von interorganisationaler Kooperationskompetenz – Eine Konstruktbestimmung. In Georg Schreyögg & Peter Conrad (Hrsg.), *Management von Kompetenz* (S. 83–120). Wiesbaden: VS Verlag für Sozialwissenschaften.

Peterßen, Wilhelm H. (2009). *Kleines Methoden-Lexikon* (3. überarbeitete und erweiterte Auflage). München: Oldenbourg.

Risse, Thomas (2010). *A Community of Europeans? Transnational Identities and Public Spheres.* Ithaca: Cornell University Press.

Rohn, Walter (1995). Ursprung und Entwicklung des Planspiels. In Thomas Geilhard & Thomas Mühlbrandt (Hrsg.), *Planspiele im Personal- und Organisationsmanagement* (S. 45–57). Göttingen: Verlag für Angewandte Psychologie.

Tafner, Georg (2012). Integrative Wirtschaftsethik erleben: Das Planspiel im kompetenzorientierten Unterricht. In Sebastian Schwägele, Birgit Zürn & Friedrich Trautwein (Hrsg.), *Planspiele – Lernen im Methoden-Mix. Integrative Lernkonzepte in der Diskussion* (S. 79–94). Norderstedt: Books on Demand.

Tafner, Georg (2013). Das Planspiel. Pädagogisch-didaktischer Hintergrund und Evaluation. In Verein beteiligung.st (Hrsg.), *Demokratie-Bausteine. Supranationalität im Planspiel performativ erleben* (S. 47–168). Graz: Verlag für Jugendarbeit und Jugendpolitik.

Tafner, Georg (2017a). Modellierung sozioökonomischer Planspiele. In Daniela Köck & Georg Tafner (Hrsg.), *Demokratie-Bausteine. Das Planspiel in Praxis und Theorie* (S. 76–94). Schwalbach/Ts.: Wochenschau Wissenschaft.

Tafner, Georg (2017b). Didaktik des Planspiels. In Daniela Köck & Georg Tafner (Hrsg.), *Demokratie-Bausteine. Das Planspiel in Praxis und Theorie* (S. 95–126). Schwalbach/Ts.: Wochenschau Wissenschaft.

Tafner, Georg, Horn, Julia, Karner, Monika, Leber, Christine & Peterlin, Alexandra (2017). Empirie. In Daniela Köck & Georg Tafner (Hrsg.), *Demokratie-Bausteine.*

Das Planspiel in Praxis und Theorie (S. 129–219). Schwalbach/Ts.: Wochenschau Wissenschaft.

Tetens, Holm (2006). *Philosophisches Argumentieren. Eine Einführung* (2. Auflage). München: Beck.

Trautwein, Christina (2011). *Unternehmensplanspiele im industriebetrieblichen Hochschulstudium – Analyse von Kompetenzerwerb, Motivation und Zufriedenheit am Beispiel des Unternehmensplanspiels TOPSIM – General Management II*. Wiesbaden: Gabler.

Christian Feichtinger

Präsentationen im Rahmen der Reifeprüfung

In den letzten Jahren ist sowohl in Österreich und der Schweiz als auch in einigen deutschen Bundesländern das Halten von Präsentationen Teil der mündlichen Reifeprüfung geworden. In deutschen Bundesländern wird in der »Präsentationsprüfung« ein ausgewähltes Thema als Teil des Abiturs präsentiert, anschließend folgt ein Prüfungsgespräch über die Inhalte der Präsentation. In der Schweiz wird, allein oder in Kleingruppen, eine größere »Maturaarbeit« verfasst, die anschließend im Rahmen der mündlichen Maturitätsprüfung präsentiert wird und ein »Fachgespräch« nach sich zieht. An österreichischen allgemeinbildenden höheren Schulen (AHS = Gymnasien und Oberstufen-Realgymnasien) ist seit dem Schuljahr 2014/15 die »Vorwissenschaftliche Arbeit« (VWA) ein integraler Bestandteil der Reifeprüfung. Sie wird mit einer Gesamtnote beurteilt, welche die schriftliche Arbeit selbst, deren Präsentation und eine abschließende Diskussion umfasst. Schon länger wird an den berufsbildenden höheren Schulen (BHS) in Österreich für die Matura eine »Diplomarbeit« verfasst, die ebenfalls im Rahmen der mündlichen Reifeprüfung präsentiert wird. Das Verfassen dieser Diplomarbeit sowie deren Präsentation werden, im Unterschied zur VWA oder zur Maturaarbeit, immer als Gruppenarbeit durchgeführt, wodurch sich zusätzliche Herausforderungen ergeben.

Die Qualität einer Präsentation zeigt sich darin, wie es den Präsentierenden gelingt, Inhalte anschaulich, überzeugend und originell zu vermitteln. Es geht darum, Hauptpunkte eines Themas darzulegen, in einen logischen Zusammenhang zu bringen und zielgruppenadäquat aufzubereiten. Kompetenzen im Bereich Präsentieren, die über das Halten von Referaten hinausgehen, gehören daher zu den unverzichtbaren Elementen in der Vorbereitung auf die Reifeprüfung. Der folgende Artikel gibt am Beispiel der VWA-Präsentation einen Überblick über Kriterien guter Präsentation und den Umgang mit Medien, die analog auch für die anderen oben genannten Prüfungsformen gelten können.

1. Abschlusspräsentationen am Beispiel der Vorwissenschaftlichen Arbeit

Rahmenbedingungen

Die neue Reifeprüfung an Gymnasien und Oberstufen-Realgymnasien in Österreich umfasst seit dem Schuljahr 2014/15 Klausuren, mündliche Prüfungen und die Vorwissenschaftliche Arbeit (VWA). Die VWA stellt dabei ein eigenes Prüfungsgebiet dar, welches aus den Elementen schriftliche Arbeit, Präsentation und Diskussion besteht, die zusammen die Grundlage für eine Gesamtbeurteilung sind (Donhauser & Jaretz, 2012). Präsentation und Diskussion der VWA finden gemeinsam statt, wobei hier ein Zeitrahmen von 10 bis 15 Minuten vorgesehen ist, in dem die Diskussion den größeren Anteil ausmachen soll (Bundesministerium für Bildung und Frauen, 2016). Eine VWA-Präsentation dauert also etwa 5 bis 7 Minuten und ist damit kürzer als die Präsentationsprüfung in Deutschland, die 10 Minuten dauert, und weitaus kürzer als die Präsentation der Maturarbeit, für die in der Schweiz 15 bis 30 Minuten vorgesehen sind, bei Gruppenarbeiten sogar noch mehr. Für die Präsentation der Diplomarbeit an BHS stehen maximal 15 Minuten pro Gruppenmitglied zur Verfügung (Bundesministerium für Bildung und Frauen, 2015). In dieser verhältnismäßig kurzen Zeit »sollten die KandidatInnen die Kernaussagen der Arbeit sachkompetent und klar gegliedert und gewichtet darstellen« (Bundesministerium für Bildung, 2017a), wobei die Präsentation auch in einer Fremdsprache gehalten werden kann, wenn die Arbeit in einer solchen verfasst wurde. Die Diskussion kann aber dennoch in der Unterrichtssprache geführt werden (Henz, 2011). Hervorzuheben ist, dass das Bildungsministerium vorsieht, »dass das Publikum nicht nur sachkundig informiert werden, sondern in gewisser Weise auch unterhalten werden soll« (Bundesministerium für Bildung, 2017b). Die VWA-Präsentation ist folglich mehr als eine Darstellung der Inhalte der schriftlichen Arbeit: Zwar sollten zentrale inhaltliche Aspekte nicht zu kurz kommen, aber auch persönliche Zugänge, Methoden, der Arbeitsprozess oder eine persönliche Reflexion können und sollen Teil der Präsentation sein, die zudem durch Medieneinsatz und andere dramaturgische Elemente auch unterhaltend aufzubereiten ist. Daraus ergeben sich hohe Anforderungen an die Präsentationskompetenz der Kandidatinnen und Kandidaten, die eine entsprechende Vorbereitung und Übung verlangen. Auch die anschließende Diskussion fordert ein hohes Maß an kommunikativen Kompetenzen, da in ihr auch die geforderten inhaltlichen Kompetenzen unter Beweis gestellt werden sollen, damit fachliche Mängel nicht durch gefällige Präsentationen übertüncht werden (Langer, 2013). Dies gilt genauso für die Prüfungsformen in Deutschland und der Schweiz.

Doch wie gut werden Schülerinnen und Schüler – dies gilt für alle drei Länder – tatsächlich auf diese spezielle Situation vorbereitet? Erfahrungen im Vortrag sammeln sie in erster Linie beim in allen Gegenständen verbreiteten Halten von Referaten, bei denen zwar das Auftreten und Sprechen vor Gruppen gelernt wird, die sich aber doch klar von Präsentationen unterscheiden. Dies betrifft zunächst den Inhalt: Bei einem Referat wird ein Thema behandelt, das von der Lehrperson mehr oder weniger genau vorgegeben wird. Das Referat wird sodann vor der Lehrperson gehalten, die auf Grund ihrer Fachkompetenz in der Regel besser über das Thema Bescheid weiß als die Referierenden. Zentrale Aufgabe ist die Darstellung der Inhalte, da diese nicht selten auch als Grundlage für schriftliche Überprüfungen dienen und Teil des Jahresstoffs sind. Der Zeitrahmen ist größer. Bei einer Präsentation, und dies trifft auch auf die VWA-Präsentation zu, gelten andere Voraussetzungen: Thema und Inhalt der schriftlichen Arbeit werden von den Schülerinnen und Schülern nach ihren Interessen frei gewählt. Im Mittelpunkt der Präsentation stehen nicht allein die Inhalte der Arbeit, sondern auch die Arbeit selbst (d. h. auch ihr Zustandekommen oder persönliche Zugänge und Erfahrungen). Die Vortragenden sind Expertinnen und Experten ihrer Arbeit und wissen über den Arbeitsprozess besser Bescheid als alle anderen Anwesenden. Die Präsentation hat eine unterhaltende Komponente und dient vor allem der überzeugenden Darstellung der Arbeit. Referate, wie sie in der Schule gehalten werden, und Präsentationen stellen somit unterschiedliche Anforderungen an die Vortragenden. Daher bereitet das Halten von Referaten nur unzureichend auf das Präsentieren vor. Hier bedarf es einer eigenen, speziellen Vorbereitung, die beispielsweise in einem Freigegenstand »Einführung in die Praxis des wissenschaftlichen Arbeitens« oder in einem Workshop geschehen muss. Die ideale Anforderungssituation für die Vorbereitung auf eine VWA-Präsentation sollte vielmehr so aussehen: Wähle etwas (ein Hobby, ein Tier, eine Person, ein Thema …), das dich begeistert, und erkläre überzeugend einer Gruppe in 5 bis 7 Minuten, warum dieses und jenes so interessant und begeisternd für dich ist und warum sich die Beschäftigung damit lohnt. Zugang, Haltung, Inhalte und Medienaufbereitung stellen sich in dieser Anforderungssituation ganz anders dar als bei einem Schulreferat – und diese Maßstäbe gelten dann auch für die VWA-Präsentation.

Präsentieren – eine grundlegende Kompetenz

Die Fähigkeit zu präsentieren ist in den letzten Jahren zu einer grundlegenden Kompetenz geworden – Schülerinnen und Schüler wachsen heute in einer »Präsentationsgeneration« (Reynolds, 2012, S. 12) auf. Je mehr verschiedene Systeme auf Eigenverantwortung und Selbststeuerung setzen, desto wichtiger wird die Fähigkeit, eigene Ideen zu entwickeln und auch zu präsentieren. Auch wer später in Bereichen arbeitet, die normalerweise keine speziellen Präsentationsfähigkeiten verlangen, kann herausgefordert sein, zumindest ab und zu Ergebnisse, neue Entwicklungen oder Ideen vorzustellen. Mit diesem Trend sind zugleich die Anforderungen gestiegen: Die Erwartungshaltung an Präsentationen ist höher geworden, die Beherrschung verschiedener technischer Möglichkeiten wird vorausgesetzt, und auch das Vortragen in Fremdsprachen kann verlangt werden (Friedrich, 2000). Die Auseinandersetzung mit Rhetorik, Präsentationstechniken, Planung, Medien und Strategien ist daher zunehmend auch Teil der schulischen Bildung geworden. Die VWA-Präsentation erscheint nur als logische Folge dieser Entwicklung. Hier sind Schülerinnen und Schüler herausgefordert, unter erschwerten Bedingungen (Reifeprüfung inkl. Note im Abschlusszeugnis) ihre Fähigkeiten unter Beweis zu stellen.

In diesem Zusammenhang sind zumindest zwei kritische Anfragen zu stellen: Als erstes ist hier die mögliche Verdrängung von Inhalten und Wissen durch kommunikative und darstellerische Fähigkeiten zu nennen, wodurch »erfolgreiches Verhalten mehr oder weniger direkt von kommunikativen Fertigkeiten abhängig« (Gelhard, 2012, S. 67) gemacht wird. Dieses Risiko wird jedoch durch eine gemeinsame Benotung von schriftlicher Arbeit und Präsentation abgemildert, in der die inhaltliche Kompetenz ausreichend berücksichtigt wird. In der Vorbereitung auf die VWA-Präsentation ist es daher wichtig, klarzustellen, dass eine gute Präsentation immer ein Dienst am Inhalt ist. Es geht nicht um eine »Show«, aber umgekehrt auch nicht darum, dass nur der Inhalt zählt – wem der Inhalt wichtig ist, dem sollte auch dessen Präsentation wichtig sein. Die zweite kritische Anfrage betrifft die Benotung von kommunikativen Kompetenzen. Gelhard (2012) konstatiert eine im wirtschaftlichen und öffentlichen Sektor zunehmend verbreitete »Doktrin, dass ›soziale‹ oder ›kommunikative‹ Kompetenzen die wichtigsten Voraussetzungen für beruflichen Erfolg sind und dass erfolgreiche Kommunikation vor allem in der Kunst besteht, das richtige emotionale Klima zu erzeugen« (S. 99). Diese Kompetenzen haben, wie dargestellt, auch Einzug in die schulische Bildung und Ausbildung gehalten. Dennoch stellt sich die Frage, inwieweit diese Kompetenzen auch (objektiv) benotet werden können und müssen, noch dazu, wenn Schülerinnen und Schüler keine spezielle Ausbildung für Präsentationen und Präsentationstechniken erhalten haben. Durch die Berücksichtigung der Präsentation für die Gesamtnote wird die von Gelhard skizzierte »Doktrin« gewissermaßen legitimiert. Zusätzlich kann die Benotung der Präsentation für eine Risikoaversion sorgen, sodass Schülerinnen und Schüler auf bewährte Formen zurückgreifen und weniger kreative Zugänge wählen (Reynolds, 2012).

Voraussetzungen für eine gute Präsentation

Aus dem bisher Gesagten wird klar, dass eine VWA-Präsentation nicht ein möglichst exaktes Aufzählen der Inhalte der schriftlichen Arbeit ist – die inhaltliche Kompetenz wird bereits durch das Verfassen der Arbeit unter Beweis gestellt. Vielmehr geht es nun darum, »ein Thema interessant und überzeugend [zu] vermitteln« und dabei »inhaltliche und rhetorische Kompetenzen zu verbinden« (Donhauser & Jaretz, 2012, S. 89). Was als »gute« Präsentation wahrgenommen wird, hängt von verschiedenen Kriterien ab, wobei auch Gewohnheiten, Erwartungen und kulturelle Prägungen eine Rolle spielen; während etwa im angloamerikanischen Raum Anekdoten, humorvolle Geschichten oder Bilder zum guten Ton gehören, kann dies in Mitteleuropa manchmal noch als unseriös oder wenig inhaltsorientiert wahrgenommen werden. Umso wichtiger ist es, in der Vorbereitung auf eine Präsentation über das Publikum nachzudenken. Es ist essenziell zu überlegen, wer das Publikum ist, welche Interessen und Vorerfahrungen es hat, wie es um sein Vorwissen steht, welche Haltung es gegenüber der/dem Vortragenden oder dem Thema einnimmt, und was man speziell für dieses Publikum tun kann, was man bewirken möchte (Hartmann, Funk & Nietmann, 2012). Hier ist Einfühlungsvermögen gefragt.

Wichtig für eine gute Präsentation sind eine positive Haltung und die Ambition, überzeugen zu wollen und Interesse zu wecken. Hier bietet die VWA eine gute Voraussetzung: Die Schülerinnen und Schüler haben ihr Thema frei und nach Interesse gewählt und identifizieren sich in der Regel in hohem Maße mit der Arbeit. Die Herausforderung ist nun, das eigene Interesse spürbar zu machen und das Publikum davon zu überzeugen, dass es sich lohnt, sich mit dieser Materie und den mit ihr verbundenen Fragen zu beschäftigen. Der persönliche Bezug zum Thema ist somit ein wesentlicher Erfolgsfaktor. Wenn die bzw. der Vortragende durch das Erzählen von eigenen Erfahrungen vermitteln kann, warum sie bzw. ihn das Thema fasziniert, oder an Hand von Fragen, die sie bzw. ihn beschäftigen, zeigen kann, welche Bedeutung das Thema für ihr bzw. sein persönliches Leben oder Umfeld hat, so gewinnt ein Vortrag an Authentizität und Tiefe. Im Idealfall überträgt sich so eine tief empfundene Begeisterung für das Thema auf das Publikum. Präsentieren ist ein Akt der Kommunikation mit dem Publikum. Eine gute Präsentation ist kein Selbstzweck, sondern ein Mittel, Herz und Hirn des Publikums zu erreichen.

Aus diesen Voraussetzungen ergibt sich ein zentrales Kriterium einer guten Präsentation: die Verbindung von fundierter sachlicher Information und emotional ansprechender Aufbereitung. »Die Balance von Sachinhalt und Gefühlsebene ist die Basis für eine erfolgreiche Präsentation« (Friedrich, 2000, S. 3). Die rational-logische und die emotional-intuitive Ebene stehen nicht in einem konkurrierenden Verhältnis, sondern letztere unterstützt und ergänzt erstere. Es geht schlicht darum, das gesamte Spektrum menschlicher Kommunikation anzuwenden: »Logic is essential, but without emotion, you're not playing with a full deck« (Godin, 2001, S. 6). Für das Publikum geht es nie nur um die Inhalte, sondern immer auch um die Erfahrung der Präsentation selbst. Nimmt man diese Bedeutung der emotionalen Ebene ernst, so ergeben sich nach Reynolds (2012) sechs komplementäre Aspekte gelungener Präsentation:

- Geschichten ergänzen Argumente: Erzählungen sind zentrale Bestandteile jeder menschlichen Kultur. Lebhaft erzählte Geschichten sorgen für Spannung, stellen Beziehung zwischen Vortragender bzw. Vortragendem und Publikum her und berühren auf einer emotionalen Ebene.
- Einfühlungsvermögen ergänzt Logik: Fakten und Argumentation überzeugen erst dann, wenn sie auf das Publikum abgestimmt und für dieses ansprechend dargestellt und aufbereitet sind. Dies erfordert die Fähigkeit, sich in das Publikum hineinzuversetzen.
- Spiel ergänzt Ernst: Humor, Leichtigkeit, Kreativität und Leidenschaft stellen eine Beziehung zwischen Vortragender bzw. Vortragendem und Publikum her und sorgen für Menschlichkeit.
- Sinn ergänzt Fakten: Fakten sind das Fundament von Überzeugung. Doch nicht immer ist klar, welche Bedeutung diesen Fakten zukommt. Eine gute Präsentation kann darlegen, welche Bedeutung Dinge haben und welche sie speziell für die Vortragende oder den Vortragenden und das Publikum haben.
- Symphonie ergänzt Information: Es ist eine Sache, Informationen und Fakten aufzuzählen. Zu einer gelungenen Präsentation gehört es jedoch, diese Information in Zusammenhänge zu stellen, Beziehungen dazu herzustellen und sie in eine gut komponierte Präsentation einzubetten.
- Design ergänzt Funktion: Der Verwendung von Medien sollte ein Designkonzept zu Grunde liegen, das einen ästhetischen Anspruch besitzt – nicht Effekte und Dekoration, aber auch nicht uninspirierte Darstellung sollten das Ziel sein, sondern eine unauffällige, aber ansprechende visuelle Aufbereitung (siehe dazu auch im Folgenden zu Medien).

All diese Faktoren tragen dazu bei, dass sowohl Rationalität als auch Emotionalität ausgewogen zur Geltung kommen. Die emotionale Ebene kann bereits bei der Planung der Präsentation berücksichtigt werden. Nöllke (2009) schlägt z. B. vor, zur Vorbereitung auf die Präsentation in einer Tabelle auf der rechten Seite alle Informationen, Fakten und Argumente zum Thema aufzulisten, und diese auf der linken Seite durch »Begebenheiten, Storys, Vergleiche und Beispiele, Witze oder persönliche Erlebnisse, die Ihre Aussagen lebendiger, emotionaler werden lassen« (S. 26) zu ergänzen.

Damit kann im Sinne des oben skizzierten Prinzips der Symphonie ein gutes Ineinander beider Ebenen erreicht werden. Viele Hinweise zum Thema Emotionalität und Rhetorik finden sich etwa bei Hermann-Ruess (2010).

Neben der positiven Haltung und der daraus resultierenden Beziehung zum Publikum sowie der Verschränkung von rational-logischer und emotional-intuitiver Ebene ist der gute Umgang mit der zeitlichen Beschränkung eine weitere wichtige Voraussetzung einer guten Präsentation. Gerade bei der VWA-Präsentation ist der Zeitrahmen mit fünf bis sieben Minuten besonders knapp bemessen. Dies verlangt es, die wesentlichen Inhalte (Kernaussagen) der schriftlichen Arbeit darzustellen, aufzubereiten und in einen Zusammenhang zu stellen. Am Anfang der Vorbereitung auf eine Präsentation steht somit die Definition der Kernaussage: Wenn sich das Publikum nur eine Sache merken kann, was soll es sich merken? Die Kernaussage muss prägnant und kurz sein. Reynolds (2012, S. 63) spricht hier vom »Fahrstuhltest«: Die Kernaussage sollte so formuliert sein, dass sie während einer kurzen gemeinsamen Fahrt in einem Fahrstuhl kommuniziert werden kann. Die Kernaussage bildet das Zentrum der weiteren Planungen, und sie ist auch die Grundlage für den Abschluss der Präsentation bzw. den Schlussappell. Die Planung einer Rede sollte mit einer solchen Conclusio beginnen und diese Conclusio sollte die Kernaussage wiederholen oder formulieren. Dann hat die Präsentation ein klares Ziel, auf das in der Planung hingearbeitet werden kann: »Nur wer sein Ziel kennt, kann seine Argumente, die Struktur der Präsentation darauf abstimmen« (Nöllke, 2009, S. 13). Damit wird auch die schwierige Aufgabe erleichtert, aus dem umfangreichen Ausgangsmaterial der schriftlichen Arbeit die essenziellen Aspekte herauszuarbeiten. Die strengen zeitlichen Grenzen sind als Chance zu sehen, mit beschränkten Ressourcen kreativ umzugehen. Es ist nicht Aufgabe einer Präsentation, satt zu machen, sondern Hunger nach mehr zu erzeugen (Reynolds, 2012).

Haltung, die Verbindung von Rationalität und Emotionalität, und die Definition der Kernaussage, aus der sich ein Ziel ergibt, sind die Grundlagen, auf deren Basis die Elemente einer guten Präsentation aufgebaut werden können.

Elemente einer gelungenen Präsentation

Auftreten, Körpersprache, Rhetorik und Struktur sind die zentralen Elemente einer Präsentation. Sie werden alle in entsprechender Fachliteratur (s. Literaturliste) ausführlich behandelt und werden daher an dieser Stelle nur kurz beschrieben.

Auftreten

Dies betrifft vor allem die Haltung, die nach außen transportiert wird, die Kleidung und die äußere Erscheinung. Freundlichkeit und Engagement zeigen sich in der Begrüßung und im Umgang mit dem Publikum. Lächeln ist ein essenzieller Aspekt der Beziehung zum Publikum, ein (meist durch Nervosität bewirktes) Dauerlächeln wirkt jedoch unprofessionell. Entsprechende Vorbereitung hilft hier, die Nervosität zu reduzieren. Präsentieren verlangt Präsenz, Aufmerksamkeit und Konzentration. Es ist eine aktive und fordernde Tätigkeit, bei der man nicht ganz »entspannt« sein sollte. Vielmehr fördert eine gewisse Grundspannung und Körperspannung die Dynamik und Präsenz (Hartmann, Funk & Nietmann, 2012). Der Blickkontakt mit dem Publikum (oder bei Unsicherheit mit einzelnen, wohlgesonnenen Zuhörenden) ist immer wieder zu suchen.

Die Kleidung sollte dem besonderen Anlass entsprechen und den Vortragenden als mit dem Publikum gleichwertigen Gesprächspartner erscheinen lassen. Gut gewählte Kleidung unterstreicht einerseits die Persönlichkeit der bzw. des Vortragenden und fungiert zugleich als Anerkennung des Publikums (im Falle der VWA der Prüfungskommission) und der besonderen Situation der Matura.

Körpersprache

Bei der Körpersprache geht es darum, einen Mittelweg zwischen zu viel und zu wenig Bewegung zu finden, der zugleich der Persönlichkeit des Vortragenden entspricht. Der Körper ist ein wichtiges Kommunikationsmedium und sollte daher möglichst frei sichtbar sein: Barrieren wie Pulte, Tische oder Computerbildschirme (auch verschränkte Hände sind eine Barriere!) sollten aus dem Weg geräumt werden, sodass ein offener Raum zwischen Vortragender bzw. Vortragendem und Publikum entsteht und maximale Präsenz möglich ist. Die bzw. der Vortragende selbst steht stets im Mittelpunkt (Reynolds, 2012). Präsentieren ist eine aktive Tätigkeit. Daher muss eine körperliche Grundspannung vorhanden sein und es darf durchaus körperlich anstrengend sein. Das Fundament für einen guten Vortrag ist ein sicherer Stand, und es ist möglich, sich auch geistig zu »verwurzeln« (hier können Übungen aus dem Qi Gong helfen). Bei Nervosität stellt sich oft eine Art Tänzeln oder Hin-und-her-Wanken ein. Dies kann dadurch vermieden werden, dass das Körpergewicht im Stehen auf den vorderen Fußbereich verlagert wird. Es ist nützlich, sich immer wieder zu bewegen, die Position zu wechseln, zu einer Pinnwand zu gehen usw. Eine ausgewogene Mischung aus festem Stand und Bewegungen erweist sich in der Regel als beste Option.

Für die Hände und fürs Gestikulieren gibt es letztlich keine zufriedenstellende Lösung. Am besten ist es, die Gestik natürlich geschehen zu lassen. Gestik unterstützt die Kommunikation und fördert eine natürliche Art zu sprechen. Daher ist die freie Rede die ideale Option, denn schon das Halten von Moderationskärtchen schränkt die Bewegung ein, und auch ein Zittern bei Nervosität wird an Hand der Karten sichtbar (Hartmann, Funk & Nietmann, 2012).

Rhetorik

Die gänzlich freie Rede gelingt in der Regel nur Vortragenden mit großer Sachkenntnis und viel Erfahrung. Ein zuvor verfasstes Manuskript auswendig zu lernen, ist zwar möglich, hier besteht jedoch die Gefahr, dass die Intonation unnatürlich wird und die bzw. der Vortragende zu sehr mit ihrer bzw. seiner Erinnerung beschäftigt ist und die Verbindung zum Publikum abbricht. Als gute Mittelwege bieten sich entweder ein grobes Skript an, das vorne auf einen Tisch oder ein Pult gelegt wird (dann wird allerdings eine Barriere zum Publikum errichtet), oder das Verwenden von Moderationskärtchen. Diese werden im DIN-A6-, evtl. auch DIN-A5-Format, erstellt und sollten lediglich Stichwörter, Zahlen, Daten und ggf. zentrale Schlüsselsätze beinhalten, sodass der Blick auf die Karten möglichst kurz erfolgen kann. Niemals dürfen ganze Sätze von der Karte abgelesen werden (Nöllke, 2009). Die Sprache sollte ein natürliches Hochdeutsch sein, das durchaus eine Dialektfärbung aufweisen kann – Schülerinnen und Schüler sollten in der Abschlussklasse in der Lage sein, jederzeit aus der Umgangssprache in eine gehobene Umgangssprache bzw. ein authentisches Hochdeutsch wechseln zu können. Wichtig ist eine deutliche und klare Sprache, die durch Wortwahl, sparsamen Gebrauch von Fachbegriffen, treffsicher formulierte Sätze und angemessenes Sprechtempo gut verständlich ist. Durch das richtige Sprechtempo werden auch Fülllaute wie »äh« und »öhm« vermieden. Ein Studium klassischer rhetorischer Wirkfiguren unterstützt hier die Planung, eine übersichtliche Beschreibung findet sich bei Hermann-Ruess (2010).

Die Sprache sollte auch appellative Elemente beinhalten und sich aktiv an das Publikum wenden, was durch rhetorische Fragen, wiederkehrende Slogans oder direkte Ansprachen (»Haben Sie schon einmal die Erfahrung gemacht, dass …?«) möglich wird. Als Instrumente der Beziehungs- und Überzeugungsarbeit können hier auch die sog. »Cialdini-Techniken« eingesetzt werden. Diese vom US-amerikanischen Psychologen Robert Cialdini definierten Strategien (Reziprozität, Konsistenz, Bewährtheit, Sympathie, Autorität, Knappheit) können auch auf Vorträge angewandt werden und dienen dazu, Menschen zu überzeugen und positiv zu beeinflussen – sie können hier jedoch nicht näher ausgeführt werden (Cialdini, 2013).

Struktur

Entscheidend für das Gelingen einer Präsentation ist ein präziser Ablaufplan der Präsentation, der mit einem Drehbuch (inkl. Dramaturgie) verglichen werden kann. Jede Präsentation besteht aus folgenden drei Teilen:

Einleitung: Die Eröffnungsphase ist entscheidend für den Verlauf der weiteren Präsentation. Es gilt, Kontakt zum Publikum aufzunehmen, Interesse zu wecken und in das Thema einzuführen. Auch eine Information über den Präsentationsverlauf sollte hier Platz haben. Ein starker Beginn ist persönlich, unerwartet, neuartig, herausfordernd oder humorvoll (Reynolds, 2012). Dies kann beispielsweise durch eine persönliche Geschichte, eine Anekdote, die Bezugnahme auf eine Erfahrung oder ein aktuelles Ereignis, eine Frage, ein Rätsel, eine effektvolle dramatische, visuelle oder akustische Einlage oder eine Vorführung geschehen. Entscheidend ist es hier, die Aufmerksamkeit und Sympathie des Publikums zu gewinnen und eine emotionale Verankerung zu erreichen. Niemals jedoch darf das Publikum vor den Kopf gestoßen oder schockiert werden. Aus einem fesselnden Beginn entsteht freilich auch ein Anspruch: Ist der Rest der Präsentation uninspiriert, fällt der Kontrast zum Anfang umso deutlicher aus.

Hauptteil: Im Hauptteil wird die VWA systematisch vorgestellt. Hier werden das Thema, die Forschungsfrage, Methoden und Erfahrungen und entscheidende Erkenntnisse aus dem Arbeitsprozess präsentiert. Entscheidend sind hier ein roter Faden und eine stringente Argumentation, damit durch die Komplexitätsreduktion von der schriftlichen Arbeit auf deren Beschreibung nicht Informationen verloren gehen, die notwendig für das Verstehen der Arbeit sind. Dabei ist es wichtig, möglichst konkret zu sein, und durch kurze Fallbeispiele, Zahlen oder Statistiken die Aussagen zu untermauern und bildhaft darzustellen, ggf. auch medial unterstützt (Pöhm, 2006).

Schluss: Der Schlussteil sollte noch einmal einen Höhepunkt bieten, um das Publikum in einem angenehmen Gefühl zu entlassen (Donhauser & Jaretz, 2012). Hier sollten die zusammenfassende und zugespitzte Kernaussage der Arbeit und evtl. ein daraus folgender Appell dem Publikum gleichsam mit auf den Weg gegeben werden. Ideal ist es, wenn der Schluss auf den Anfang Bezug nimmt, etwa die dort gestellte Frage beantwortet, die dort erzählte Geschichte noch einmal vergegenwärtigt oder das Rätsel aufgelöst wird. Anfang und Ende bilden dann eine Brücke, die den Vortrag zu einem klar abgeschlossenen Ganzen verbindet.

2. Planung einer Präsentation

Eine gute Planung ist unerlässlich für eine gelingende Präsentation, vor allem, wenn die Zeit für diese so knapp bemessen ist wie im Falle der VWA-Präsentation. Eine ausführliche Vorbereitung wirkt zudem als gutes Gegenmittel gegen zu starke Nervosität und Lampenfieber. Die Fragen »Warum, vor wem, was, wie, wann, wo präsentiere ich?« (Friedrich, 2000, S. 10) sind die minimale Anforderung an jede Vorbereitung. Die Planung umfasst die Grundstruktur, die Definition der Kernaussagen und Appelle, das Einbringen persönlicher Erfahrungen, den Einsatz von Medien und Visualisierungen, die Analyse des Publikums, das Festlegen von Zielen, die Emotionen, die angesprochen werden sollen, und entsprechende Methoden, den Zeitpunkt der Präsentation (es macht einen Unterschied, ob man zu Beginn antritt oder bereits 15 andere Personen vorher präsentiert haben), die Wahl der rhetorischen Mittel, die Auswahl der Kleidung, die möglichen Diskussionsfragen und vieles andere mehr (siehe auch unten zum Prozessablauf). Aus all diesen Elementen sollte ein Storyboard erstellt und anschließend die passende mediale Unterstützung gewählt und gestaltet werden. Entscheidend ist: Die bzw. der Vortragende steht im Mittelpunkt! Alles, was Teil der Planung ist, dient der Unterstützung der bzw. des Vortragenden und der Kommunikation mit dem Publikum. Nichts ist Selbstzweck, und nichts sollte ablenken oder stark irritieren (Friedrich, 2000; Hartmann, Funk & Nietmann, 2012; Reynolds, 2012).

Die Planung umfasst auch die anschließende Diskussion: Eine Möglichkeit ist, sich wahrscheinliche oder naheliegende Fragen zur Präsentation vorzustellen. Eine aufmerksame Durchsicht der Arbeit bzw. der Planung für die Präsentation zeigt schnell, an welchen Stellen Fragen naheliegen: Dies können mögliche Unklarheiten oder provokante Aussagen sein, die hinterfragt werden können, oder persönliche Erfahrungen, die mit der Thematik verbunden sind. So ist es möglich, Fragen bereits vorherzusehen und sich im Voraus Antworten zu überlegen (Nöllke, 2009).

Einsatz von Medien

Präsentieren heißt Vortragen mit Medienunterstützung. Die Betonung liegt hier auf Unterstützung: Medien sind niemals Selbstzweck, sondern dienen zur Veranschaulichung, Verdeutlichung und (emotionalen) Verstärkung des Vorgetragenen. Zudem sorgen Visualisierungen dafür, dass Inhalte besser im Gedächtnis des Publikums verankert werden (Hartmann, Funk & Nietmann, 2012). Der Maßstab für den Medieneinsatz sowie dessen Gestaltung ist daher immer die Frage, inwiefern ein Medium die Präsentation der/des Vortragenden unterstützen kann – dies ist seine einzige Legitimation.

Präsentationssoftware

Die verbreitetste Art des Medieneinsatzes bei Präsentationen ist die Kombination aus Computer, Beamer und Präsentationssoftware, wobei in Schulen vor allem Microsoft PowerPoint, aber auch ähnliche Anwendungen wie Keynote oder Impress zum Einsatz kommen. Durch seinen überbordenden und unprofessionellen Einsatz ist PowerPoint zuletzt als Sinnbild schlechter Kommunikation in Verruf gekommen. Dies hat zur maximalen Forderung geführt, PowerPoint überhaupt aus dem Medienrepertoire für Präsentationen zu verbannen und den Verzicht darauf als Qualitätskriterium anzusehen (vgl. hier vor allem Pöhm, 2006). In den letzten Jahren hat sich der Umgang mit PowerPoint tatsächlich kaum verbessert, obwohl Seth Godin in seiner zehnseitigen Polemik »Really Bad PowerPoint (And How to Avoid It)« bereits im Jahr 2001 auf diverse Missstände im Umgang mit dem Programm hingewiesen hatte. Dies hat m. E. zwei Gründe: Erstens legt das Programm durch seine vorgegebenen Muster (Überschriften, Bullet Points, Effekte, Farbdesigns etc.) selbst ein standardisiertes, aber kommunikativ meist fatales Foliendesign nahe. Zweitens wird im Informatikunterricht nach wie vor gelernt, wie solche genau vorgegebenen Muster zu bearbeiten sind, wobei wenig Rücksicht auf Fragen von Kommunikation, Psychologie, Design oder Visualisierung genommen wird. Im schlimmsten Fall werden Folien als Teleprompter für die Vortragenden verwendet, die dann genau das vortragen, was schon auf den Folien aufgezählt ist, wodurch die Aufmerksamkeit des Publikums zwischen Zuhören und Lesen hin- und hergerissen wird. Folien sollten jedoch stets aktiv in den Vortrag eingebaut werden.

Dabei könnte PowerPoint eines der wirkungsvollsten Medien sein, die zur Verfügung stehen: Es ermöglicht wie kein anderes Programm den Einsatz von Bildern, professionellen Diagrammen, Plänen, Skizzen etc. Daher sollte es beim Einsatz von PowerPoint prinzipiell kein Zurück hinter die Standards geben, die Garr Reynolds (2012) in »Zen oder die Kunst der Präsentation« gesetzt hat. Das bedeutet vor allem: Verwendet werden ausschließlich Bilder (Diagramme) und Textfelder. Bilder müssen formatfüllend sein oder mit dem Text harmonisch abgestimmt. Regeln zu Überschriften, Wortanzahl, zeitlicher Dauer einer Folie, Logos etc. sind hingegen unnötig. Einfachheit, Klarheit und Design werden zu den Grundprinzipien der Foliengestaltung – jeder Folieneinsatz (Design, Anzahl, Dauer …) wird allein daran bemessen, inwiefern er den Vortrag unterstützt und das Gesagte verstärkt. So können auch Bilder zum Einsatz kommen, die erst durch das, was zu ihnen gesagt wird, Sinn ergeben. All dies verlangt Kompetenzen im Bereich Design, Bildsprache und Visualisierung, auch Prinzipien wie der Goldene Schnitt tragen zur effektiven Foliengestaltung bei. Daraus folgt: Die Einführung in PowerPoint müsste eigentlich aus dem Lehrplan für Informatik in den Lehrplan für Bildnerische Erziehung transferiert werden.

Die Unzufriedenheit mit PowerPoint hat zuletzt neue Präsentationssoftware hervorgebracht, wobei sich hier vor allem Prezi einen Namen gemacht hat, welches durch Pfad- und Strukturdenken sowie dynamische Übergänge versucht, die Linearität von PowerPoint aufzubrechen. Erwähnenswert sind des Weiteren auch die Alternativen Zoho Show, PowToon oder Haiku Deck.

Für jede Präsentationsoftware gilt: Für das Weiterschalten der Folien sollte ausschließlich eine Fernsteuerung (Presenter) mit einem integrierten Laserpointer verwendet werden, die es erlaubt, vor- und zurückzuschalten sowie die Präsentation auszublenden. Presenter sind für professionelle Folienpräsentationen »ein absolutes Muss« (Reynolds, 2012, S. 274) und sollten zur Grundausstattung jeder Schule gehören.

Flipchart, Pinnwand und interaktives Whiteboard

Flipcharts und Pinnwände sind die beste analoge Alternative zur Software. Sie geben keine vorgefertigten Impulse, sondern ermöglichen es, Überlegungen und Denkwege live zu veranschaulichen und das Publikum in die Visualisierung miteinzubeziehen: »Wenn Sie etwas am Flipchart kreieren, entsteht vor den Augen der Zuschauer eine Information. Es ist nicht das fertige Ergebnis, das die Menschen im Herzen berührt, es ist das Entstehen, das sie miterleben, und es ist das Entstehen, das die Botschaft vom Kopf in den Bauch bringt« (Pöhm, 2006, S. 67). Durch Pausen, überraschende und kreative Zeichnungen, geschickte Beschriftung von vorgezeichneten Diagrammen, Durchstreichen von Vorhandenem und vieles mehr ist es möglich, eine dynamische und bewegliche Präsentation durchzuführen. In der Vorbereitung können Teile bereits vorgezeichnet und später während der Präsentation vervollständigt oder überarbeitet werden. Eine auch ästhetisch anspruchsvolle Umsetzung verlangt allerdings mehr Übung und Vorbereitung als der Einsatz von Software (gerade in einer stressigen Prüfungssituation) und bedarf daher einer entsprechenden theoretischen Auseinandersetzung (vgl. hier vor allem Weidenmann, 2008; Pöhm, 2006) und Übung.

Eine Mischform aus digitaler und analoger Präsentation ergibt sich durch den Einsatz von interaktiven Whiteboards. Hier können (ebenfalls mit entsprechender Übung) kreative und technisch anspruchsvolle Präsentationen erstellt werden. Ihr Einsatz hängt in erster Linie von der Verfügbarkeit ab, und davon, ob die Vortragenden im Laufe ihres Schullebens ausreichende

Möglichkeit hatten, entsprechende Erfahrungen in der Vorbereitung und im Umgang mit digitalen Whiteboards zu sammeln, um die Möglichkeiten des Geräts voll nutzen zu können.

Gegenstände und Modelle

Objekte und Gegenstände bzw. Modelle sind exzellente Medien zur Veranschaulichung und kommen dem Bedürfnis nach Echtheit und Haptik entgegen (Friedrich, 2000). Etwas zur Präsentation mitzunehmen zeigt Engagement, und die Interaktion mit dem Gegenstand sorgt für Authentizität und gibt dem Publikum das Gefühl, etwas zu erleben. Ihr Einsatz ist daher, sofern es verfügbare Gegenstände gibt, unbedingt zu empfehlen, durchaus auch als zusätzliches Medium zu einer klassischen Folien- oder Flipchart-Präsentation.

Handout

Bei komplexen Themen ist es sinnvoll, ein Handout in möglichst kurzen, einfachen und präzisen Sätzen zu erstellen. Es kann auch Informationen (Detailwissen, weiterführende Literaturtipps, Zusammenfassung) enthalten, die für den Vortrag selbst zu speziell sind. Es ist empfehlenswert, das Handout erst nach der Präsentation auszugeben, da durch die Lektüre der Fokus auf die Präsentation verloren geht. Wichtig ist es, eingangs einen Hinweis zu geben, dass das Publikum am Ende der Präsentation ein Handout bekommen wird.

Andere Formen

Viele andere kreative Strategien und Medien erlauben es, sich von standardisierten Präsentationen abzugrenzen, verlangen aber auch entsprechende Vorbereitung. Darunter fallen z. B. der Einsatz von Video- und Soundclips, das Vortragen von Musikstücken oder die Durchführung von Experimenten oder auch tänzerische Vorführungen: Die Kampagne »Dance Your PhD« beispielsweise ermutigt junge Wissenschaftlerinnen und Wissenschaftler dazu, die Ergebnisse ihrer Dissertationen durch Tanzeinlagen zu veranschaulichen. Ob Lasertechnologie, Umwelt- und Wetterereignisse, Nuklearfusion oder chemische Prozesse – im Internet lassen sich unzählige Beispiele dafür finden, was alles tanzbar gemacht werden kann.

Insgesamt kann gerade das Internet eine hervorragende Quelle für beispielhafte Präsentationen, vorbildliche Vortragende und kreative Umsetzungen sein. Viele Beispiele zeigen, wie sich auch in wenigen Minuten Inhalte aussagekräftig und ansprechend kommunizieren lassen. Hier lohnt sich beispielsweise ein Blick auf die Website TED (Technology, Entertainment, Design), die viele (freilich qualitativ unterschiedliche) Vorträge aus aller Welt abrufbar macht (www.ted.com).

3. Unterrichtsbeispiel: Präsentation einer Vorwissenschaftlichen Arbeit im Bereich Psychologie

Diese Überlegungen sollen nun an einer Beispielpräsentation konkretisiert werden. Vorgestellt wird eine Schülerin, die ihre VWA zu Angst- und Zwangsstörungen und entsprechenden Therapieansätzen verfasst hat. Betreut wurde diese Arbeit von ihrer Psychologielehrerin. Die VWA basiert auf einer Kombination aus Literaturrecherche und Interviews mit Therapeutinnen und Therapeuten. Durch entsprechende Vorbereitung durch die Schule weiß sie über die Gegebenheiten der Präsentation (Erwartungen, Ort, Zeitlimit, Kriterien …) Bescheid und definiert als erstes ihre Kernaussage sowie einen daraus abzuleitenden Appell. Als Kernaussage wird festgehalten, dass Angst- und Zwangsstörungen eine weite Verbreitung haben und für diese zwar erprobte Therapieformen existieren, allerdings Therapien oft sehr spät begonnen werden, da Angst- und Zwangsstörungen in vielen Fällen lange nicht als solche erkannt werden. Daraus wird der Appell an das Publikum formuliert, aufmerksam für diese Problematik zu sein und mögliche Betroffene auf Hilfsmöglichkeiten hinzuweisen.

Nun gilt es zu überlegen, welche Emotionen für diesen Appell angesprochen werden müssen – hier ist vor allem Empathie gefragt. Emotionen können und sollen bereits zu Beginn der Präsentation aktiviert werden, womit zugleich ein fesselnder Auftakt erreicht wird. Die Schülerin überlegt sich vier Möglichkeiten: Erstens wäre es denkbar, ihre eigenen Erfahrungen mit Zwangsstörungen darzulegen und ihre persönliche Geschichte zu erzählen. Dies hätte mit Sicherheit eine starke Wirkung, geht jedoch weit ins Private hinein, und die Schülerin entscheidet, dass sie sich dem Publikum nicht so weit öffnen möchte. Ein zweiter Ansatz wäre eine Konfrontation oder Provokation des Publikums. Sitzen etwa fünf Personen im Komitee, könnte die Schülerin sagen: »Statistisch gesehen wird eine bzw. einer von Ihnen im Laufe des Lebens an einer Zwangsstörung erkranken!« So wird Betroffenheit hergestellt, hier dringt man aber umgekehrt in den persönlichen Bereich des Publikums ein und kann Personen, die möglicherweise tatsächlich mit einer Zwangsstörung kämpfen, vor den Kopf stoßen. Drittens könnte eine Fallgeschichte als narrative Form eine Beziehung zum Thema herstellen. Die Beschreibung der Situation von unbeteiligten Dritten bietet eine gute Möglichkeit der Veranschaulichung, die Schülerin entscheidet sich jedoch dafür, die Fallgeschichte in den Hauptteil einzubauen, um zu erklären, was eine Zwangsstörung ist. Die Schülerin wählt daher eine vierte Option, das Anknüpfen an eine Alltagserfahrung des Publikums und eine darauf aufbauende Frage. Sie beschreibt die vielen selbst oder von der Partnerin bzw. vom Partner her bekannte Situation, dass vor dem Verlassen des Hauses mehrfach überprüft wird, ob der Herd ausgeschaltet, die Tür versperrt oder das Bügeleisen ausgesteckt ist. Das Publikum kann an diese verbreitete Alltagssituation anknüpfen und die Schülerin stellt nun eine Frage: »Liegt hier schon eine Form von Angst- und Zwangsstörung vor?« Das Publikum soll nun gespannt auf die Antwort warten.

Als nächstes plant die Schülerin den Hauptteil und beschreibt die zentralen Aussagen und Bestandteile des Arbeitsprozesses (Definition von Angst- und Zwangsstörung, Verbreitung, Therapiemethoden) und notiert die wichtigen Daten, Zahlen und Fakten, die ihre Aussagen während des Vortrags untermauern sollen. Um den allgemeinen Teil zu konkretisieren, wird das Fallbeispiel eines Mannes präsentiert, der dem Zwang unterliegt, Gegenstände in einem Raum oder Punkte auf einer Tapete zu zählen. An dieser Stelle legt sich nun die Wahl eines Mediums nahe, um das Beispiel zu illustrieren. Die Schülerin könnte selbst eine gepunktete Tapete mitnehmen, entscheidet sich jedoch auf Grund der Verfügbarkeit für eine PowerPoint-Folie mit bunten Punkten. Sie blendet die Folie unkommentiert ein, und erzeugt so Aufmerksamkeit, da ohne die Erklärung der Schülerin nicht klar ist, was diese Folie bedeuten soll. Die Schülerin wendet sich nun direkt an das Publikum und fragt: »Wären Sie auf die Idee gekommen, die Punkte auf dieser Folie zu zählen? Ein Mann mit einer Zwangsstörung könnte genau diesen Impuls fühlen – tatsächlich gab es diesen Fall …« So versucht sie zu illustrieren, wie sich ein Mensch mit Zwangsstörung fühlt, und die exemplarische Aufbereitung inklusive Visualisierung leistet hier gute Arbeit im Kommunikationsprozess, dessen emotionales Ziel die Herstellung von Empathie ist. Im Anschluss werden die drei wichtigsten Therapiemethoden kurz beschrieben und mit Folien illustriert, bevor die Schülerin am Ende noch einmal ihre Kernaussage zusammenfasst und den Appell der Aufmerksamkeit an das Publikum richtet.

Ein guter Schluss nimmt nun auf den Anfang Bezug. »Da war noch etwas: Ist die alltägliche Kontrolle von Herdplatten, Bügeleisen oder Türen nun eine Form der Zwangsstörung?« Die Schülerin blendet am Ende noch einmal das Bild einer Herdplatte, versehen mit einem Smiley-Post-it ein, und kann beruhigen: Nach allem bisher Gesagten wird klar, dass dieses

Verhalten nichts mit einer Zwangsstörung zu tun hat. Damit wird eine persönliche Brücke über die Präsentation gespannt und das Publikum mit einem positiven Gefühl entlassen.

Für die weiterführende Diskussion kann die Schülerin bereits mögliche Fragen antizipieren und sich Antworten auf sie überlegen. So ist es bei einem solchen Thema naheliegend, Fragen nach der Motivation und persönlichen Erfahrungen zu stellen. In diesem Bewusstsein überlegt sich die Schülerin, wie sie auf diese Frage antworten könnte, ohne die Grenzen ihrer Privatsphäre zu überschreiten. Mögliche weitere Fragen könnten sein, warum die Schülerin gerade diese drei Therapieansätze ausgewählt hat oder welcher der Therapieansätze besonders effektiv ist. Auch hierfür lassen sich Antworten vorbereiten. Bezugnehmend auf den Appell der Schülerin wäre es denkbar, dass Zuhörende Ratschläge haben möchten, wie sie Zwangsstörungen bei nahestehenden Personen erkennen. So ist es möglich, sowohl aus der Durchsicht der Arbeit als auch durch Reflexion auf die eigene Präsentation wichtige Fragen bzw. Fragerichtungen vorwegzunehmen und auf sie in der Diskussion eine sichere und überlegte Antwort zu geben.

4. Prozessablauf

Die VWA-Präsentation »ist eigenständig zu erarbeiten« (Bundesministerium für Bildung und Frauen, 2016, S. 15). Der Prozessablauf ist daher aus Sicht der Vortragenden beschrieben, gibt aber so auch Anhaltspunkte dafür, welche Aspekte im Rahmen von schulischen Lernprozessen von den Lehrenden eingebracht und mit den Lernenden geübt werden müssen.

Tabelle 1: Prozessablauf der Vorbereitung einer VWA-Präsentation

Ablauf	Arbeitsschritte	Materialien und Mittel
Klärung der Voraussetzungen	Definition von Anlass, Zeitlimit, Ort, technischen Gegebenheiten, Erwartungshaltungen etc.	
Definition der Kernaussage	Herausarbeiten der zentralen Aussage der Arbeit Herausarbeiten jener Inhalte, die für das Verstehen der Kernaussage notwendig sind	Text der eigenen VWA

Ablauf	Arbeitsschritte	Materialien und Mittel
Einschätzung des Publikums	Reflexion darüber, wer die Zuhörenden sind, was ihre Interessen, Erwartungen und ihr Vorwissen sind, was sie von der Präsentation mitnehmen sollen, welche Appelle für sie relevant sind	
Zieldefinition	Beschreibung, was konkret bei diesem Publikum mit dieser Präsentation erreicht werden soll	
Auseinandersetzung mit emotionalen Faktoren	Ausloten der Möglichkeiten, das Thema mit Emotionen und Erfahrungen zu verknüpfen Erstellen einer Liste: Welche Informationen, Fakten und Argumente können wie emotional unterfüttert werden?	passende Bilder, Erzählungen, Erfahrungen, Alltagsszenen, Anekdoten …
(Studium von Musterbeispielen)	evtl. Ansehen von vorbildhaften und guten Präsentationen als Inspiration	Internet: Videoplattformen (TED, YouTube u. a.)
Festlegen der Struktur	Einleitung: Begrüßung, Information über die Präsentation, fesselnder Einstieg Mittelteil: Festlegen eines »roten Fadens«, der durch Themenwahl, Arbeitsprozess, zentrale Aussagen und verwendete Methoden führt; Auswahl der zentralen Daten, Fakten und Zahlen zur Unterstützung Schluss: zugespitzte Kernaussage, Appell, evtl. Verweis auf den Einstieg	Stift, Papier

Ablauf	**Arbeitsschritte**	**Materialien und Mittel**
Dramaturgie/Storyboard	Verknüpfung der Struktur zu einem dramaturgischen Gesamtkonzept, inkl. emotionaler und narrativer Aspekte	Stift, Papier, Fachbücher/-videos zur Rhetorik, Cialdini-Techniken …
Auswahl der Medien	Prüfen, welche Medien zur Verfügung stehen, welche davon den Vortrag adäquat unterstützen können und welche am besten beherrscht werden	
Gestaltung und Vorbereitung der Medien	Leitfrage: Welche Teile bzw. Aussagen der Präsentation können auf welche Weise medial unterstützt werden? analoge Planung durch Skizzen bzw. Post-its (für Folienstruktur) Herstellung/Vorbereitung der Präsentationsmedien	Zettel, Post-its, Präsentationssoftware, Flipchart, Pinnwand, Gegenstände, Materialien div. Art, Bücher zu Foliengestaltung, Umgang mit Flipchart, etc.
Reflexion der rhetorischen Mittel	Reflexion darüber, welche Fähigkeiten und Stärken in der Präsentation ausgespielt werden können. Auswahl der rhetorischen Mittel, die beherrscht werden und eingesetzt werden können evtl. Vorbereitung von Präsentationskärtchen	Präsentationskärtchen, Videos oder Bücher mit Hinweisen zu Rhetorik, Cialdini-Techniken
Antizipation der Fragen	Durchsicht der schriftlichen Arbeit und der Präsentationsplanung: Welche Fragen könnten gestellt werden? Überlegen von adäquaten Antworten	Text der eigenen VWA, Präsentationskonzept

Ablauf	**Arbeitsschritte**	**Materialien und Mittel**
Üben, Probepräsentation	Einstudieren und Üben der Präsentation Messen der Zeit, Timing studieren Probepräsentation vor Spiegel, Videokamera oder einer Bezugsperson inkl. Feedback Festlegen von möglichen Fehlerquellen und Finden von Strategien für Schwierigkeiten	Video, Bezugsperson, Presenter, Flipchart-Stifte …
Auswahl der Kleidung	Kleidungswahl: authentisch, aber auf Augenhöhe mit dem Publikum bzw. dem Anlass angemessen	
Vorbereitung und Installation der Medien	Herrichten der notwendigen Materialien und Medien Prüfung der Funktion elektronischer Geräte und Dateien (PC, Beamer, Presenter …) bzw. analoger Mittel (Stifte, Gegenstände …)	
unmittelbare Vorbereitung	Erdung, Einnehmen der Position im Raum, Konzentration auf Körperhaltung, festen Stand und Atmung	
Durchführung der Präsentation	vor dem ersten Satz nicht durchatmen, sondern mit dem Ausatmen das erste Wort sprechen Präsentation: aktiv, authentisch, professionell	
Diskussion		
(Reflexion)	Nachbetrachtung evtl. Feedback einholen Analyse von Schwierigkeiten/Fehlern	

Mit Hilfe dieser Struktur lassen sich Präsentationen sehr genau und zielgerichtet planen und ermöglichen so eine der Thematik und den Umständen angemessene Vorbereitung.

5. Rolle der Lehrenden und Lernenden

Rolle der Lehrenden

Sofern es kein eigenes Wahlfach zum Thema Kommunizieren und Präsentieren gibt, handelt es sich beim Präsentieren um eine Querschnittsmaterie, welche zumindest die Gegenstände Deutsch, Informatik, Bildnerische Erziehung und Psychologie betrifft. In vielen Schulen gibt es mittlerweile auch ein Wahlfach, das die Vorwissenschaftliche Arbeit begleitet, auch hier könnte eine gezielte Vorbereitung auf die Präsentation stattfinden.

Im besonderen Maße sind die Fachlehrerinnen und -lehrer herausgefordert, die die Arbeiten betreuen. Zwar ist die VWA-Präsentation eigenständig zu erarbeiten, die Lehrenden können jedoch als Ansprechpersonen bei der inhaltlichen Fokussierung fungieren, passende Strategien der Visualisierung und Erklärung der Thematik mit den Schülerinnen und Schülern besprechen und Erwartungen definieren. Da sie es sind, die die Präsentation am Ende beurteilen (und nicht etwa eine auf Präsentationstechniken spezialisierte Lehrperson), sollten sie ihre Erwartungen mit den Schülerinnen und Schülern besprechen und auch Feedback zu Vorschlägen und Ideen der Präsentierenden geben.

Rolle der Lernenden

Für die Lernenden ist es vor allem wichtig, die oben skizzierten Planungsschritte sorgfältig durchzugehen. Gefordert sind eine Reflexion über die Erwartungen, Vorgaben und Umstände der Präsentation, ein Herausarbeiten der entscheidenden Inhalte und eine Auswahl von Medien und Strategien, die den eigenen Fähigkeiten wie auch dem Inhalt entgegenkommen. Lernende sind daher zur Selbstreflexion aufgefordert, die ihre Stärken und möglichen Defizite im Hinblick auf Präsentationen definiert. Nur so ist es möglich, die Präsentation anschließend adäquat zu planen und durchzuführen.

6. Geforderte und geförderte Kompetenzen

Das Verfassen von Abschlussarbeiten im Rahmen der Reifeprüfung sowie deren Präsentation dient in erster Linie dazu, Studierfähigkeit herzustellen. Dies beinhaltet nach Henz (2011) auch eine Präsentations- bzw. Vermittlungskompetenz sowie Diskursfähigkeit: »Sie können ein von Ihnen erarbeitetes Thema professionell präsentieren« und »sich den Fragen der Kommission stellen und diese im Dialog beantworten« (Henz, 2011, S. 5). Hier ist freilich genauer zu definieren, was eine solche »Präsentationskompetenz« ausmacht bzw. welche Kompetenzen bei der Vorbereitung, Übung und Durchführung von Präsentationen erlernt werden. Hier ist zunächst die fachlich-methodische Kompetenz zu nennen, d. h. die Fähigkeit, die wesentlichen Aspekte (Kernaussagen) der Arbeit auszuwählen und jene Informationen bereitzustellen, die für das Publikum notwendig für deren Verstehen sind. Darauf baut eine kommunikative Kompetenz auf, die sich durch rhetorische Fähigkeiten (freie Rede, Aufbau, Stilmittel ...) auszeichnet, verbunden mit einer Teilkomponente der sozialen Kompetenz, der Fähigkeit, sich in das Publikum hineinzuversetzen, auf dieses einzugehen und Kommunikationsprozesse angemessen zu planen. Diese kommunikative Kompetenz ist verbunden mit Kompetenz in Bezug auf den Umgang mit Medien (adäquate Auswahl sowie sicherer Umgang mit Präsentationsmedien) und Kompetenzen in Design und Mediengestaltung (ansprechendes Design und kreative Gestaltung von Medien.) Notwendig sind darüber hinaus ein prozedurales Wissen über die Planung und Herangehensweise an eine Präsentation sowie argumentative Kompetenzen zur Untermauerung zentraler Aussagen. Wichtig sind personale Kompetenzen, die eine richtige Einschätzung der eigenen Fähigkeiten und Stärken erlauben und so eine zur Person passende Auswahl der Präsentationstechniken erlauben und auch den Umgang mit Stresssituationen ermöglichen.

Auf Grund der oben skizzierten Unterschiede zwischen Referaten und Präsentationen und der Komplexität der sogenannten »Präsentationskompetenz« ist es angezeigt, durch ein Zusammenspiel verschiedener Gegenstände sowie durch gezielte Vorbereitung (durch ein Fach, das die VWA begleitet, ein Wahlpflichtfach oder durch Workshops) gezielt Kompetenzen zu üben, aus denen sich schließlich die Fähigkeit zur Planung, Gestaltung und Durchführung von Präsentationen ergibt. Dies gilt umso mehr, da an die Präsentation im Rahmen der Matura bzw. des Abiturs hohe Ansprüche gestellt werden. So definiert z. B. das Österreichische Bildungsministerium, dass das aufbauende Kompetenztraining für Präsentationen die Zielanalyse, die Auswahl der Inhalte und Strukturierung, das Planen der Eröffnung und des Abschlusses einer Präsentation, rhetorische Stilmittel, Umgang mit Präsentationsmedien, Gestaltung, Design von Visualisierungen, Layout, den Bezug zum Publikum, die sprachliche Gestaltung, Standardsprache, Sprechtempo, das Erstellen von Handouts und Präsentationsunterlagen, das Einüben des freien Redens sowie klares Darstellen, zielgerichtetes Argumentieren und Erklären sowie Beantworten von Fragen umfasst (Bundesministerium für Bildung und Frauen, 2016).

Literatur

Bundesministerium für Bildung (2017a). *Präsentation und Diskussion.* Abgerufen am 15.07.2017 von http://www.ahs-vwa.at/pluginfile.php/2984/mod_page/content/58/Praesentieren-Diskutieren_AKT.pdf

Bundesministerium für Bildung (2017b). *Präsentationsmedien.* Abgerufen am 15.07.2017 von http://www.ahs-vwa.at/pluginfile.php/2984/mod_page/content/58/Praesentieren-Diskutieren_AKT.pdf

Bundesministerium für Bildung und Frauen (2015). *Diplomarbeiten NEU. Handreichung 2015.* Abgerufen am 31.08.2017 von http://www.diplomarbeiten-bbs.at/sites/default/files/DA-Handreichung_14.4.2016.pdf

Bundesministerium für Bildung und Frauen (2016). *Die kompetenzorientierte Reifeprüfung. Vorwissenschaftliche Arbeit. Unverbindliche Handreichung für das Prüfungsgebiet »vorwissenschaftliche Arbeit« (VWA).* Abgerufen am 15.07.2017 von https://www.bmbf.gv.at/schulen/unterricht/ba/reifepruefung_ahs_lfvwa_22700.pdf

Cialdini, Robert (2013). *Die Kunst des Überzeugens* (7. Auflage). Bern: Huber.

Donhauser, Gerhard & Jaretz, Thomas (2012). *Vorwissenschaftliche Arbeit* (2. Auflage). Wien: ÖBV.

Friedrich, Wolfgang (2000). *Die Kunst zu präsentieren.* Heidelberg: Springer.

Gelhard, Andreas (2012). *Kritik der Kompetenz* (2. Auflage). Zürich: Diaphanes.

Godin, Seth (2001). *Really Bad Power Point (And How to Avoid It).* Abgerufen am 12.07.2017 von www.sethgodin.com/freeprize/reallybad-1.pdf

Hartmann, Martin, Funk, Rüdiger & Nietmann, Horst (2012). *Präsentieren. Präsentationen: zielgerichtet und adressatenorientiert* (9. Auflage). Weinheim, Basel: Beltz.

Henz, Katharina (2011). *Vorwissenschaftliches Arbeiten. Ein Praxisbuch für die Schule.* Wien: Dorner.

Hermann-Ruess, Anita (2010). *Highlight-Rhetorik. Anleitung zur emotionalen Rhetorik mit 70 Highlights.* Offenbach: Gabal.

Langer, Elisabeth (2013). *Handreichung für SchülerInnen und Lehrkräfte: Arbeitsunterlagen für das Verfassen der Vorwissenschaftlichen Arbeit* (2. Auflage). Abgerufen am 15.07.2017 von http://www.vorwissenschaftlichearbeit.info/ebooks/201304_Handreichung_VWA_Elisabeth_Langer/

Nöllke, Claudia (2009). *Präsentieren* (5. Auflage). Planegg: Haufe.

Pöhm, Matthias (2006). *Präsentieren Sie noch oder faszinieren Sie schon? Der Irrtum Power Point.* Heidelberg: MVG.

Reynolds, Garr (2012). *Zen oder die Kunst der Präsentation. Mit einfachen Ideen gestalten und präsentieren* (2. Auflage). München: Addison-Wesley.

Weidenmann, Bernd (2008). *100 Tipps & Tricks für Pinnwand und Flipchart* (4. Auflage). Weinheim & Basel: Beltz.

Ursula Fritz und Karin Lauermann

Problem-Based-Learning (PBL) – Das Problem ist die Lösung

Die Lehr- und Lernform des Problem-Based-Learning (PBL) ist eine situationsbezogene und problemorientierte Methode, die als eine Antwort auf die Kritik am traditionellen Lernen angesehen werden kann (Weber, 2007a). Während sich der traditionelle Unterricht vorwiegend um die Weitergabe hierarchisch strukturierter Wissensbestände bemüht, Inhalte »reduziert, zerlegt, vereinfacht« (Weber, 2007a, S. 16) und in kontextunabhängigen Bruchstücken lehrt, zielt PBL darauf ab, den »Anteil der kompetenzerweiternden, selbst verantworteten Konstruktion durch die Lernenden – gegenüber der Instruktion durch Lehrende – zu vergrößern« (Weber, 2007a, S. 16). Dennoch – dies sei betont – gibt Frontalunterricht ebenfalls Denkanstöße und bleibt weiterhin ein wesentliches Element in einem ganzheitlich orientierten Lernprozess.

1. Die Methode »PBL«

Die Grundidee des PBL geht auf den pragmatischen Ansatz des Erfahrungslernens von John Dewey (1958) zurück und nahm in den späten 1960er Jahren an der medizinischen Fakultät der McMaster-Universität in Hamilton (Kanada) ihren Ausgang. Die Ausbildung von Fachkräften in den Gesundheitsberufen sollte praxisrelevant, handlungs- und kompetenzorientiert sein und dem interdisziplinären Denken Raum geben. Dabei wurde insbesondere einem gelingenden Theorie-Praxis-Transfer große Bedeutung zugemessen (Weber, 2007a, 2007b). Ab den 1970er Jahren fand PBL in Europa an der medizinischen Fakultät der Universität Maastricht ihren Platz und wurde dort weiterentwickelt (Weber, 2007a; Wilhelm & Brovelli, 2009). In Folge erfuhr die Methode auch in anderen Disziplinen wie in den Rechtswissenschaften, in der Wirtschaft und Sozialen Arbeit, in der

Technik und den Ingenieurwissenschaften schnelle Verbreitung und hat heute vor allem in der beruflichen Bildung sowohl im (post-)sekundären als auch im tertiären Bildungssektor ihren festen Platz (Wilhelm & Brovelli, 2009).

Beschreibung der Methode

Die Begriffe »Problem-Based-Learning« oder »Problemorientiertes Lernen« subsumieren unterschiedliche Lernansätze. Die gemeinsame Kernidee besteht darin, anhand komplexer (realitätsnaher) und authentischer Situationen aktiv-konstruktive, situative, selbstgesteuerte und soziale Lernprozesse auszulösen, zu fördern und zugleich instruktionale Elemente einzubeziehen (Euler & Hahn, 2007; Reinmann & Mandl, 2006).

Charakteristisch für PBL ist selbstbestimmtes und entdeckendes Lernen. Durch die Verbindung von Theorie und Praxis können sich die Lernenden auf reale Anforderungen vorbereiten und werden bereits in der schulischen (Aus-)Bildung mit Fragestellungen konfrontiert, die auch im (Berufs-)Alltag auftreten können (Eich-Soellner, Fischer & Wolf, 2014; Müller, 2011). Der Unterschied zum instruktiven Unterricht, der sich auch im situativen Wechsel zwischen reaktiver und aktiver Gestaltung der Rolle der Lehrperson zeigt, liegt darin, dass Wissen nicht vermittelt, sondern von den Lernenden selbstständig erarbeitet wird. Diese Ausrichtung des Lehr-Lern-Prozesses induziert eine Rollenveränderung für die Lehrperson in Richtung Lernberatung: Sie unterstützt und begleitet Lernprozesse, stellt offene Fragen, anstatt Wissen zu vermitteln. PBL ist nach Slemeyer (2013) durch drei Merkmale charakterisiert:

- Orientierung an (komplexen) Problemstellungen,
- Schülerzentrierung durch selbstgesteuertes Lernen (in Kleingruppen),
- Begleitung durch eine Lehrperson im Verständnis einer Lernbegleitung.

PBL im Unterricht

PBL ist eine Unterrichtsmethode, bei der den Lernenden eine realistische Problemstellung vorgelegt wird. Diese kann ein Phänomen sein, eine Frage, ein konkreter Fall, die in unterschiedlicher Form (z. B. Bild, Text, Video) präsentiert werden. Die Problemstellung wirft Fragen auf, macht neugierig und motiviert zum Nachforschen. In Lerngruppen von circa sieben bis zehn Personen identifizieren Lernende den für sie zentralen Inhalt des Problems und formulieren dazu selbstständig Lernfragen. Im Selbststudium erarbeiten sie jenes Wissen, das zum Verständnis der Thematik nötig ist. Danach wird das neu erworbene Wissen im Plenum diskutiert, reflektiert und auf die Problemstellung angewandt.

Probleme aus der »realen Welt« werden als Impuls für das Lernen verwendet. In all seinen unterschiedlichen Variationen weist PBL Nähe zum fallbasierten Lernen auf und ist nach Barrows (1996) folgendermaßen zu beschreiben: Das Lernen ist schülerzentriert, findet in kleinen Gruppen statt und die Lehrperson nimmt die Rolle der Moderation der Lernprozesse ein. Die Probleme stehen im Organisationsmittelpunkt und dienen als Hilfsmodus in der Entwicklung der Problemlösungsfertigkeit, um neue Informationen durch selbstständiges Lernen zu erwerben.

2. Unterrichtsbeispiel für die Methode »PBL«

Das folgende Unterrichtsbeispiel aus dem Gegenstand »Angewandte Mathematik« (Sekundarstufe II) soll die Methode PBL exemplarisch konkretisieren. Zunächst wird ein kurzer und offener Problemaufriss gegeben.

Problemaufriss

Sie sind Mitarbeiterin bzw. Mitarbeiter der Firma Spielplatzglück und sollen für die Gemeinde Hinterholz einen Entwurf inklusive Berechnung für die Errichtung eines Spielplatzes erarbeiten. Der Spielplatz soll in einer Siedlung mit drei Wohnblöcken errichtet werden. Der erste Wohnblock befindet sich 200 Meter vom zweiten und 300 Meter vom dritten Wohnblock entfernt. Die Distanz zwischen zweitem und drittem Wohnblock beträgt ebenfalls 300 Meter.

Der Auftrag der Gemeinde an den Spielplatzerbauer lautet, dass jedes Kind einen gleich langen Weg zum Spielplatz haben muss. Der Spielplatz soll zudem auf zwei Ebenen gebaut werden. Der Höhenunterschied beträgt 3 Meter, die Böschung besitzt einen Neigungswinkel von 35 Grad. Um von einem Plateau zum anderen zu gelangen, muss eine Treppe eingeplant werden. Eine Rutsche dient als Verbindung zwischen den beiden Flächen. Der Einstieg soll an der Kante von Ebene 1 liegen, der Ausstieg 2 Meter von der unteren Böschungskante entfernt waagrecht verlaufen; zwischen Ein- und Ausstiegspunkt soll eine geeignete Krümmungsänderung gewählt werden. Die Attraktion des Spielplatzes soll eine Seilbahn werden. Dazu wird das 50 Meter lange Seil an zwei 2 Meter hohen Masten befestigt. Der Seilbahneinstieg soll 1,6 Meter höher sein als die Zielstation. Das Gelände zwischen den Seilbahnstationen wird annähernd parallel zum Seilverlauf angepasst.

Berechnen Sie die Stufenhöhe jener Treppe, die die beiden Plateaus verbindet, wenn 10 Stufen mit einem Auftritt von 245 Millimeter über die Böschung führen sollen. Nehmen Sie in Ihrem Entwurf eine Funktion auf, mit deren Hilfe die Rutsche beschrieben wird. Berechnen Sie die Neigung des Geländes bzw. des Seiles zwischen Seilbahneinstieg und Zielstation.

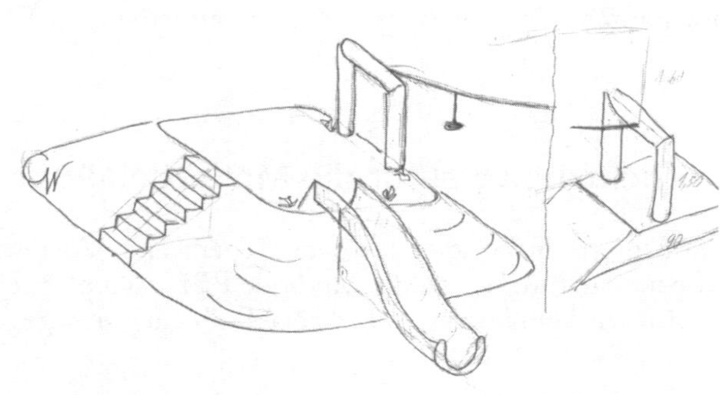

Abbildung 1: Skizze zum Spielplatz (Grafik erstellt von Werner Ganster)

Konkrete Planung der Unterrichtseinheit

Die Planung der Unterrichtseinheit orientiert sich an der Siebensprung-Methode nach Weber (2007b), die an dieser Stelle in Bezug auf das Unterrichtsbeispiel vorgestellt sowie im folgenden Kapitel theoretisch ausformuliert und konkretisiert wird.

Zu den methodisch-didaktischen Herausforderungen zählen u. a., die Lernenden zu einer für sie ungewohnten Arbeitsform zu motivieren und ihnen die Verantwortung für den eigenen Lernprozess zu übergeben. Das Letztgenannte ist gleichermaßen Herausforderung und Stärke der Methode des PBL, wenn es darum geht, Lernende an eigenverantwortliches Lernen heranzuführen.

Tabelle 1: Planung der Unterrichtseinheit mit der Siebensprung-Methode nach Weber (2007b)

Phase I: Problemanalyse

Schrittfolge	Inhalt	Handlungsebene	Realitätsbezug
Schritt 1	Begriffe klären: Welche Begriffe werden nicht verstanden?	Gemeinsames Begriffsverständnis erarbeiten, Verständnis für die Problemstellung(en) schaffen, gemeinsame Sprache finden	Was hat ein Spielplatz mit Mathematik zu tun? Wo findet Mathematik am Spielplatz Anwendung?
Schritt 2	Problem bestimmen: Worum geht es?	Kernthemen nennen, Teilprobleme benennen, Hierarchie der Teilprobleme schaffen	Worauf ist zu achten, wenn ein Spielplatz neu angelegt wird? Welche Spielgeräte kennen Sie? Welche mathematischen Aspekte sind in einer Schaukel, einem Karussell, einer Seilbahn usw. beinhaltet? Welche mathematischen Modelle finden hierbei Anwendung?
Schritt 3	Problem analysieren: Was denken Sie?	Vorwissen rekapitulieren, Hypothesen formulieren	Wie könnte eine zweite Ebene künstlich erzeugt werden? Welche Körper kennen Sie, die einen Spielplatz auf zwei Ebenen darstellen? Welches mathematische Modell könnte die Form einer Rutsche beschreiben?
Schritt 4	Erklärungen ordnen: Wie denken Sie?	Verschiedene Erklärungen systematisieren, Oberbegriffe bilden	
Schritt 5	Lernfragen formulieren: Welche Lernfragen sind zu bearbeiten?	Unbekanntes bzw. Unklares in drei bis fünf Lernfragen formulieren	Wäre ein Kegelstumpf ein geeignetes Modell? Gibt es ein geeignetes Modell aus Funktionen? Kann eine Rutsche durch eine Polynomfunktion dritten Grades beschrieben werden oder ist ein anderer Funktionstyp geeigneter?

Phase II: Wissen aneignen

Schrittfolge	Inhalt	Handlungsebene	Realitätsbezug
Schritt 6	Informationen beschaffen: Welche Antworten erhalten Sie?	Wissen selbstständig erarbeiten, Lernfragen beantworten	Anwendung von bereits erworbenen Kenntnissen auf ein konkretes Problem (Sachgebiet).

Phase III: Neues Wissen

Schrittfolge	Inhalt	Handlungsebene	Realitätsbezug
Schritt 7	Informationen austauschen: Was ist neu? Was hat sich verändert?	Ergebnisse zu den Lernfragen präsentieren, Zusammenhänge diskutieren, offen gebliebene Fragen klären, Rückblick auf die Problemaufgabe, Rückmeldung(en) der Lehrperson, Ergebnissicherung durch Dokumentation	Welche Modelle bzw. Ansätze haben Sie erarbeitet? Abschließende Präsentationen der unterschiedlichen Modelle und mathematischen Inhalte im Plenum.

3. Prozessablauf

Der Prozessablauf ist getragen durch die Problempräsentation, Problemdiskussion, individuelle Lernphasen und Abschlussdiskussion. Dieser Ablauf kann auch mehrmals mit aufeinander aufbauenden Problemstellungen durchlaufen werden. Die folgende Abbildung 2 illustriert einen prototypischen Ablauf.

Das Problem beschreibt eine offene Frage oder eine noch ungelöste Aufgabe und wird mit dem sogenannten Siebensprung (Weber, 2007a) zunächst im Klassenplenum und anschließend im Selbststudium erarbeitet: »Die Lernenden suchen im siebenstufigen Vorgehen, ausgehend vom eigenen Vorwissen, individuell und gemeinsam nach Erklärungen und stellen Hypothesen auf [...] und überprüfen sie. In vorgegebenen Schritten wird die Problemaufgabe in der Gruppe analysiert und werden Lernziele formuliert.

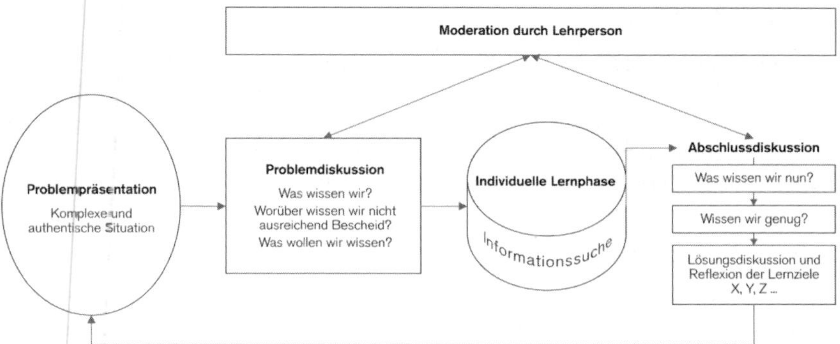

Abbildung 2: Prozessablauf PBL (in Anlehnung an Zumbach, 2005; grafische Überarbeitung: Bettina Karena Lechner, newhouse new media)

Die Erarbeitung der Inhalte erfolgt durch Gruppendiskussionen, Selbststudium und durch Instruktionen der Lehrperson« (Weber, 2007a, S. 24).

Nachfolgend wird die Siebensprung-Methode nach Weber (2007b), ausgehend von Tabelle 1, näher erläutert:

Phase I: Problemanalyse im Plenum
(ca. zwei Unterrichtseinheiten)

Schritt 1: Begriffe klären

Die Lernenden werden im Plenum mit der Problemaufgabe konfrontiert. Sie klären in Kleingruppen und/oder in der gesamten Klasse Begriffe und Aussagen, die sie nicht verstehen, um ein gemeinsames Begriffsverständnis, ein Verständnis für die Problemstellung und eine gemeinsame Sprache zu finden.

Schritt 2: Problem bestimmen

Im Plenum wird die Problemaufgabe in Teilprobleme aufgeschlüsselt. Die Lernenden erarbeiten Kernthemen und wichtige Aspekte, die zur Problemlösung vorrangig zu behandeln sind. Dabei wird gesammelt und zusammengefasst, aber nicht diskutiert. Im Fokus steht das Benennen, systematische Ordnen und Hierarchisieren der Teilprobleme.

Schritt 3: Problem analysieren

Ausgehend von einem Brainstorming rekapitulieren die Lernenden ihr Vorwissen, um das gesamte Vorwissen der Lernenden, das zur Lösung der Problemaufgabe beiträgt, zu sammeln und vorläufige Antworten auf die Fragen (siehe Schritt 2) zu geben. Damit wird das Vorwissen der Lernenden in Form von Hypothesen (vorläufigen Erklärungen) aktualisiert.

Schritt 4: Erklärungen ordnen

Im Plenum wird diskutiert, nachgefragt und gesetzt. Mögliche Erklärungen werden systematisch geordnet und unter Obergriffen zusammengefasst.

Schritt 5: Lernfragen formulieren

Nun werden jene Lernfragen formuliert, die das Vorwissen überschreiten. Noch nicht Bekanntes bzw. Unklares wird hinterfragt und in drei bis fünf Lernfragen (W-Fragen) schriftlich festgehalten.

Phase II: Wissensaneignung im Selbststudium
(zwei bis fünf Tage)

Schritt 6: Informationen beschaffen

In dieser Stufe erarbeiten die Lernenden selbstständig ihr Wissen, das sie zur Beantwortung der Lernfragen benötigen. Dazu benutzen sie u. a. Fachliteratur, Internetquellen, Filmmaterial, um am Ende dieser Phase die Lernfragen zu beantworten.

Phase III: Neues Wissen im Klassenplenum
(ein bis zwei Unterrichtseinheiten)

Schritt 7: Informationen austauschen

Die Lernenden präsentieren im Plenum die Ergebnisse zu den Lernfragen mit eigenen Worten und benennen die Quellen. Im Anschluss werden die Zusammenhänge aus der Aufgabenstellung diskutiert und offen gebliebene Fragen geklärt. Im Rahmen eines gemeinsamen Rückblicks auf die Problemaufgabe versichern sich Lernende und Lehrperson, dass alle Teilprobleme geklärt und die Problemaufgabe verstanden sowie auch fachspezifisch erklärt werden kann. Die Rückmeldung der Lehrperson, insbesondere zu den

Präsentationen, lässt die Lernenden erfahren, ob sie die Lernfragen mit der nötigen Tiefe erarbeitet haben oder ob noch etwas zu korrigieren oder zu ergänzen ist. Eine Dokumentation trägt zur Ergebnissicherung bei.

Die folgende Abbildung 3 fasst die sieben Lernschritte des PBL nochmals in einem Überblick zusammen.

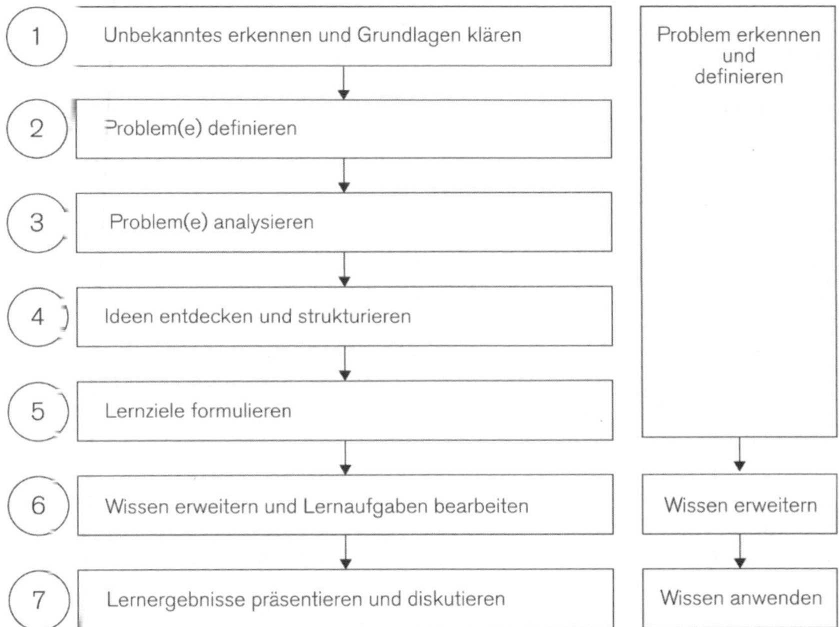

Abbildung 3: Siebensprung-Methode (Weber, 2007b; grafische Überarbeitung: Bettina Karena Lechner, newhouse new media)

4. Rolle der Lehrenden und Lernenden

Das PBL basiert auf einem von der Lehrperson angeleiteten Problemlöseprozess. Die Problemaufgabe als Kern der Lernprozesse ist von der Lehrperson mit Sorgfalt zu formulieren, um sie für die Lernenden interessant und herausfordernd erscheinen zu lassen. Kennzeichen einer gelungenen Problemaufgabe sind u. a. Authentizität und Anwendungsbezug, Alltags- und/oder Berufsrelevanz, Aktualität, Interdisziplinarität und Widersprüchlichkeit. Empfohlen wird eine kurze und offene Falldarstellung als Ausgangspunkt (Bauer-Klebl & Gomez, 2010). Die Rolle der Lehrperson ist die der Moderation; sie begleitet und gibt Feedback, während die Wissensvermittlung in den Hintergrund rückt. Als Vorteile sind zu nennen: abwechslungsreicher Unterrichtsverlauf, aktive Unterrichtsatmosphäre und anwendungsbezogenes Lehren. Der Aufwand für die Lehrperson besteht in der Festlegung der Lernziele (in Abstimmung mit den Lernenden), der Auswahl geeigneter Problemaufgaben, Formulieren des Ausgangstextes, Bereitstellung von Recherche- und Arbeitsmaterial, Begleitung der Lernprozesse, Hilfestellung bei der Vorbereitung der Ergebnispräsentation (Weber, 2007a). Der Fokus liegt auf dem Lernprozess und nicht auf dem Ergebnis.

Bei den Lernenden stehen Gruppen- und Individualarbeit zur Wissensaneignung und -aufbereitung im Vordergrund. Sie übernehmen eine eigenverantwortliche Rolle, reflektieren Lernprozesse sowie (Vor-)Wissen und den Gestaltungsspielraum durch den individuellen Ablauf. Des Weiteren stärken die Lernenden ihre personalen und sozialen Kompetenzen sowie Handlungs- und Medienkompetenzen und gewinnen Einblick in den Alltag bzw. in das Berufsfeld durch anwendungsorientiertes Lernen. Die Bearbeitung der Problemaufgabe kann unterschiedliche Wissensprozesse herausfordern wie: Phänomene erklären, kritisches Urteilsvermögen vertiefen oder fördern, Grundlagenwissen erwerben, reflexives Vorgehen unterstützen und den Transfer von trägem Wissen fördern.

5. Geforderte und geförderte Kompetenzen

PBL ist ein ganzheitliches Lernkonzept, das neben Wissensvermittlung den Erwerb der folgenden Kompetenzen fördert: Fach- und Lernkompetenz, personale und soziale Kompetenzen, Methoden-, Medien-, Problemlöse- und Handlungskompetenz. Die Konfrontation mit dem Problem bzw. dessen Lösung dient als Transportmittel, um sich das erforderliche Wissen anzueignen und entsprechende Fähigkeiten aufzubauen (Fitze, 2010). Damit entwickeln die Lernenden Kompetenzen, die sie im Alltag sowie in der Berufswelt Situationen frühzeitig erfassen lassen. Sie lernen Prioritäten zu setzen, um aus der Fülle von Handlungsmöglichkeiten die passende auszuwählen und in effizientes Handeln umzusetzen. Gefördert werden: der Erwerb von anwendbarem Wissen, die Reflexion des Lernprozesses und überfachliche Kompetenzen durch Lernen in der Kleingruppe.

Eine gute schrittweise Einführung der Lernenden in die Methode des PBL ist ein wesentlicher Erfolgsfaktor für den Lernprozess. Wenn Lernende mit PBL noch nicht vertraut sind, empfiehlt es sich, eine modifizierte

Form in kleinerem Rahmen anzuwenden. Dabei können zunächst auch nur einzelne Phasen der Siebensprung-Methode nach Weber (2007b) oder Kombinationen von verschiedenen Phasen erprobt werden. Unabhängig von der Komplexität, der Dauer und der gewählten Problemaufgabe soll die Lehrperson folgende zentrale Leitfragen für sich klären:

1. Was ist das Lernziel der Unterrichtseinheit(en), das die Lernenden erreichen sollen?
2. Welche Kompetenzen sollen die Lernenden erwerben?
3. Welche Problemstellung soll die Lernenden in Bezug auf das Lernziel zum Lernen motivieren?

Abschließend ist der Ergebnissicherung, dem Feedback und der kompetenzorientierten Leistungsbeurteilung ausreichend Aufmerksamkeit zu widmen.

6. Fazit

PBL ist eine Methode zur Bereitstellung von kontextbezogenen und lebensnahen Situationen sowie der Begleitung der Lernenden, um Wissenszusammenhänge und Problemlösefähigkeiten zu entwickeln (Mayo, Brierley & Goodman, 1993). Nach Barrows (1996), einem der Väter von PBL, lässt sich die Methode wie folgend charakterisieren: Das Lernen ist schülerzentriert und die Lernenden bestimmen selbst, wie sie lernen. Lehrpersonen fokussieren sich auf die Moderation der Lernprozesse. Ausgangspunkt und Stimulus bilden real nachempfundene aus dem Lebensumfeld der Lernenden stammende Problemsituationen. Somit erwerben die Lernenden neue Informationen und vertiefen ihre Kompetenzen durch selbstgesteuertes Lernen, eigenes Forschen sowie durch Diskussionen mit anderen am Lernprozess Beteiligten.

Unter den Autorinnen und Autoren, die zu PBL Stellung nehmen, so betont Zumbach (2005), scheint es allerdings wenig Übereinstimmung zu geben, was nun unter »pure PBL« (Camp, 1996) zu verstehen sei: Während im PBL die Lernenden ganz oder zum Teil an ausbildungsrelevanten Problemen arbeiten, sehen sich Lernende z. B. beim fallbasierten Lernen hauptsächlich mit spezifischen Trainingsmaßnahmen zur Schulung von Problemlösekompetenz konfrontiert. Auf den kleinsten gemeinsamen Nenner gebracht, könnte die Nähe zur Methode der Fallarbeit (siehe dazu auch das Kapitel »Fallarbeit – Eine Brücke zwischen Theorie und Praxis«) allerdings wie folgt pointiert werden: Durch PBL lassen sich – wie bei der Fallarbeit – lernunterstützende Zusammenhänge zwischen theoretischem Wissen und

Praxiserfahrungen herstellen, indem fiktive realitätsnahe Situationen in einem »geschützten« Lernraum bearbeitet und reflektiert werden.

Literatur

Barrows, Howard S. (1996). Problem-Based Learning in Medicine and Beyond: A Brief Overview. *New Directions for Teaching and Learning, 68*, 3–12.

Bauer-Klebl, Annette & Gomez, José (2010). Qualitätsfaktoren von Problem-Based Learning (PBL). *Zeitschrift für Berufs- und Wirtschaftspädagogik, 106*(3), 399–426.

Camp, Gwendie (1996). *Problem based learning: Problem-Based Learning: A Paradigm Shift or a Passing Fad?* Abgerufen am 30. 11. 2017 von https://www.cc-seas.columbia.edu/sites/dsa/files/PBL_Paradigm_or_Fad.pdf

Dewey, John (1958). *Experience und Nature*. New York: Dower.

Eich-Soellner, Edda, Fischer, Rainer & Wolf, Kathrin (2014). PBL in der Mathematik – ein Umsetzungsbeispiel. *Didaktik Nachrichten, 10*, 12–17. Abgerufen am 10. 10. 2017 von http://www.hd-mint.de/wp-content/uploads/2014/08/Eich-Soellner-E.-PBL-in-der-Mathematik-DiNa2014-S.-12-17.pdf

Euler, Dieter & Hahn, Angela (2007). *Wirtschaftsdidaktik* (2. Auflage). Berlin, Stuttgart, Wien: Haupt.

Fitze, Nadja (2010). Problembasiertes Lernen (PBL) im Medizinischen Labor. *Labmed* (Juni 2010), 212–216. Abgerufen am 10. 10. 2017 von https://www.careum-bildungszentrum.ch/files/media/files/6a50d30ffa2d7bbf34e1bd95cff0093f/Problembasiertes_Lernen_(PBL)_im_Medizinischen_Labor.pdf

Mayo, Michael. A., Brierley, Karen. M. & Goodman, Bernard. A. (1993). Developments in the understanding of the particle structure of tobraviruses. *Biochimie, 75*, 639–644.

Müller, Claude (2011). Implemention von Problem-Based Learning – institutionelle Bedingungen und Anforderungen. *Zeitschrift für Hochschulentwicklung ZFHE, 6*(3), 111–127. Abgerufen am 10. 10. 2017 von https://www.zfhe.at/index.php/zfhe/article/view/274/426

Reinmann, Gabi & Mandl, Heinz (2006). Unterrichten und Lernumgebungen gestalten. In Andreas Krapp & Bernd Weidenmann (Hrsg.), *Pädagogische Psychologie. Ein Lehrbuch* (5. vollständig überarbeitete Auflage, S. 613–658). Weinheim: Beltz.

Slemeyer, Andreas (2013). *Aktivierung von Studierenden durch Problemorientiertes Lernen*. Abgerufen am 10. 10. 2017 von https://dbs-lin.ruhr-uni-bochum.de/lehreladen/lehrformate-methoden/problemorientiertes-lernen/aktivierung-von-studierenden-durch-problemorientiertes-lernen/

Weber, Agnes (2007a). Problem-Based Learning. Eine Lehr- und Lernform gehirngerechter und problemorientierter Didaktik. In Jörg Zumbach, Agnes Weber & Gunter Olsowski (Hrsg.), *Problembasiertes Lernen. Konzepte, Werkzeuge und Fallbeispiele aus dem deutschsprachigen Raum* (S. 15–32). Bern: h.e.p.

Weber, Agnes (2007b). *Problem-Based Learning. Ein Handbuch für die Ausbildung auf der Sekundarstufe II und der Tertiärstufe*. Bern: h.e.p.

Wilhelm, Markus & Brovelli, Dorothee (2009). Problembasiertes Lernen (PBL) in der Lehrpersonenbildung: Der Drei-Phasen-Ansatz der Naturwissenschaften. *Beiträge zur Lehrerbildung, 27*(2), 195–203.

Zumbach, Jörg (2010). *Lernen mit neuen Medien. Instruktionspsychologische Grundlagen*. Stuttgart: Kohlhammer.

Zumbach, Jörg (2005). *Problembasiertes Lernen*. Münster: Waxmann.

Ursula Fritz und Karin Lauermann

Rollenspiel – Von hier nach dort

Zu den Methoden, die sich durch eine hohe Schülerorientierung auszeichnen und bei denen die Lernenden im Zentrum des Unterrichtsgeschehens stehen, zählt auch das Rollenspiel, das spielerische Auseinandersetzung mit Lebens- und Berufssituationen ermöglicht. Dabei werden verschiedene Perspektiven eingenommen, Hintergründe und Motive sichtbar gemacht sowie alternative Handlungsmöglichkeiten aufgezeigt. Dieser Perspektivenwechsel führt die Lernenden dazu, Sachverhalte aus verschiedenen Blickwinkeln zu beleuchten und sich deren Interessen zu erschließen (Dickel, 2006). Das Rollenspiel bildet einen (vereinfachten) Ausschnitt einer realen oder imaginären Lebenswelt ab und ist eine Methode zur Aneignung beruflicher und gesellschaftlicher Wirklichkeit (Meyer, 1987). In der Regel werden reale Lebenssituationen simuliert mit dem Ziel, dass die Lernenden ihre (sozialen) Handlungskompetenzen erweitern, indem sie Situationen in der simulierten Realität kritisch thematisieren. Im Vordergrund steht nicht die Lösung eines Problems, wie z. B. im Problem-Based-Learning (siehe Kapitel »Problem-Based-Learning (PBL) – Das Problem ist die Lösung«), sondern das Erkennen und Erfassen der Problemstruktur(en) (Uhlenwinkel & Wienecke, 2013). Die Lernenden können sich in ihrer jeweiligen Rolle erproben und versuchen, sich der Rolle entsprechend zu verhalten, sowie andere in anderen Rollen erfahren. Sie erwerben damit Kompetenzen für den Umgang mit zukünftigen Realsituationen.

1. Die Methode »Rollenspiel«

Der Ursprung des Rollenspiels liegt in der Theaterpraxis und wurde durch das Psychodrama in die Pädagogik eingeführt. Das didaktische Rollenspiel ist ein Interaktionsverfahren bzw. eine Handlungstechnik, die je nach Begründung (Zielsetzung), Methode, Realisation (Spielsituation) und Bewertung (Evaluation = Überprüfung) in unterschiedlicher Weise für den Unterricht bedeutsam werden kann (Coburn-Staege, 1977). Zum Einsatz sollte diese Methode dann kommen, wenn es darum geht, Handlungsaspekte zu fördern sowie lebens- und berufsnahe Beobachterrollen einzunehmen. Dabei werden insbesondere Wahrnehmung, Empathie, Flexibilität, Offenheit, Kooperations-, Kommunikations- und Problemlösefähigkeit entwickelt. Außerdem schulen Rollenspiele Selbst- und Fremdbeobachtungsfähigkeit (Reich, 2017).

Beschreibung der Methode

Die Lernenden werden im Rollenspiel mit Konfliktsituationen konfrontiert, die sie durch spielerisches Handeln bewältigen sollen. Sie müssen eine selbstgewählte oder vorgegebene Rolle übernehmen und sich mit Meinungen, Gefühlen sowie Haltungen auseinandersetzen. Somit bietet das Rollenspiel nicht nur die Möglichkeit, Gefühle und Empfindungen in Spielsituationen darzustellen, sondern darüber hinaus unmittelbares und damit sehr wirksames Feedback zu erhalten (Dubs, 2009). Lernende können auf diese Weise das Verhalten von Menschen im Umgang mit Problemen und Konflikten in einem »Schonraum« erleben und interpretieren. Dabei rückt das Thema in den Horizont des eigenen (beruflichen) Lebens. Sie lernen zu erkennen und zu verstehen, welche verschiedenen Rollen Menschen freiwillig oder aufgrund beruflicher bzw. gesellschaftlicher Verpflichtungen übernehmen, und erhalten Einblick in Wertvorstellungen anderer Menschen. Dies führt dazu, dass sie unterschiedliche Verhaltensweisen besser verstehen können, um angemessen zu reagieren. Konkret lassen sich über Rollenspiele die Empathiefähigkeit fördern, eigene Spannungen, Ängste oder Unsicherheiten abbauen und damit die sozialen sowie personalen Kompetenzen stärken. Die erforderliche Identifikation mit der übertragenen Rolle führt dazu, dass die Lernenden die Spielereignisse aus ihrer rollenspezifischen Perspektive beurteilen. Die unterschiedlichen Ziele und Interessenlagen der agierenden Personen führen zwangsläufig zu Kontroversen. Diese Rollenkonflikte müssen diskursiv aufgearbeitet werden. Im Spielverlauf erfolgt eine rollenspezifische Meinungsbildung. Aus dieser heraus entwickeln sich Handlungsstrategien, die rollenspezifische Interessen verdeutlichen. Die Lernenden müssen sich oftmals mit unterschiedlichen Interessenlagen auseinandersetzen und Kompromisse schließen. Rollenspiele können als Methode für sich stehen. Sie lassen sich aber auch in andere handlungsorientierte Methoden sinnvoll einbauen, wie z. B. in die Fallarbeit – siehe Kapitel »Fallarbeit – Eine Brücke zwischen Theorie und Praxis« (Coburn-Staege, 1977; Hugenschmidt & Technau, 2016).

Rollenspiel im Unterricht

Rollenspiele gehören zwar zu den aufwändigeren methodischen Unterrichtssettings, ihr Vorteil liegt jedoch darin, hohe Lernmotivation und anspruchsvolle Lernziele zu fördern. Zudem lassen sich im Rollenspiel mehrere relevante Prinzipien umsetzen: Problemorientierung, Situationsorientierung und Lebens- bzw. Praxisnähe ergeben sich beim Lernen mit Rollenspiel quasi von selbst, da Konflikte und Herausforderungen – eingebettet in möglichst authentische Situationen – ein zentrales Element des Rollenspiels bilden. Das Durchspielen eines Sachverhaltes gewährleistet auch dessen Anschaulichkeit und unterstützt die Entwicklung von Problemlösungsstrategien sowie die Einübung von Verhaltensweisen. Da im Rollenspiel nicht nur kognitive, sondern auch affektive und psychomotorische Lernziele inkludiert sind, ist ganzheitliches Lernen gewährleistet. Es kann als Einstieg in eine Thematik, zur Klärung eines Sachverhaltes oder nach Abschluss einer Lerneinheit zur Reflexion genutzt werden.

Grundsätzlich ist zwischen spontanem (improvisiertem) und angeleitetem Rollenspiel zu unterscheiden (Schaller, 2006). Bei spontanen Rollenspielen werden Spielsituationen aus dem unmittelbaren Erfahrungsbereich der Lernenden aufgegriffen. Hierzu zählen beispielsweise Konflikte in der Familie oder Probleme in der Schule. Sofern der Unterricht auf Verhaltenstraining, Stärkung der Handlungskompetenz oder soziales Lernen im Zusammenhang mit der Lebenswelt der Jugendlichen abzielt, empfiehlt sich das spontane Rollenspiel. Da die nachzustellende Situation den Beteiligten aus dem Alltag bekannt ist, bedarf diese Art des Rollenspiels außer einer kurzen Einstimmung keiner größeren Vorbereitung. Den Lernenden wird nur eine Rahmenhandlung vorgegeben, während der Spielablauf und die Ausgestaltung der Rollen flexibel bleiben: Hier handelt es sich um eine Form des Rollenspiels, bei der »ein hoher Grad an Wahlfreiheit bei der Rollenübernahme, Rollendefinition und Situationsbeschreibung herrscht und ein hoher Grad an Gestaltungsfreiheit im Spielablauf gewünscht ist« (Schaller, 2006, S. 63). Die Bezeichnung »spontanes Rollenspiel« bezieht sich somit nicht darauf, dass die Lernenden von sich aus zu agieren beginnen, sondern auf die rasche Umsetzung der Spielidee im Unterrichtsverlauf.

Das Pendant zum spontanen Rollenspiel stellt das angeleitete Rollenspiel (Strukturrollenspiel) dar, das Partner-, Gruppen- und Plenarrollenspiele umfasst (Fiederle, 1981). Bei diesem werden Situationen bearbeitet, die nicht aus der Erfahrungswelt der Lernenden stammen, sondern auf zukünftige Lebenssituationen vorgreifen, andere Lebensbereiche simulieren oder sich auf geschichtliche Ereignisse beziehen. Rolle, Situation und Handlung des Spiels sind hierbei weitgehend vorgegeben. Angeleitete Rollenspiele bedürfen einer umfangreicheren Aufbereitung durch die Lehrperson und müssen im Unterricht vor- und nachbereitet werden. Informationsmaterial, Rollenkarten mit Hinweisen für die Spielenden sowie Anleitungen zur Generalisierung und zum Transfer kennzeichnen das angeleitete Rollenspiel. »Beim angeleiteten Rollenspiel verfolgt ein Pädagoge mit den Schülern eine Absicht, ein präzisierbares, ein mehr oder weniger differenziertes Lernziel« (Warm, 1981, S. 93).

2. Unterrichtsbeispiel für die Methode »Rollenspiel«

Das folgende Unterrichtsbeispiel aus dem Gegenstand »Betriebswirtschaftslehre« (ab der 11. Schulstufe) stellt die Methode des angeleiteten Rollenspiels am Thema »Personalwesen« exemplarisch dar.

Ausgangslage

Das Viersternehotel »Alpenschön« liegt direkt am blauen Achensee, umrahmt von einer idyllischen Bergwelt. Gesunde Ernährung und die Verwendung von regionalen Produkten zeichnen die Küche aus. Das Hotel verfügt über 80 Doppelzimmer und einen 2.000 Quadratmeter großen, ganzjährig nutzbaren Wellnessbereich. Das Hotel ist ganzjährig geöffnet.

Visitenkarte des Viersternehotels »Alpenschön«; Bildquelle: Foto privat

Das Thema »Personal« ist für das Hotel »Alpenschön« wie für jedes andere Unternehmen für einen bedeutenden Teil des Erfolgs verantwortlich. Hohe Personalkosten zwingen Unternehmen dazu, den Fragen rund um das Personal ein besonderes Gewicht zu geben. Qualifizierte und motivierte Mitarbeiterinnen und Mitarbeiter tragen wesentlich zum langfristigen Erfolg eines Unternehmens bei. Unterschiedliche Interessen zwischen Arbeitgeber- bzw. Arbeitnehmerseite erfordern ein hohes Maß an gegenseitigem Verständnis. Beide Sichtweisen und Argumente haben jeweils ihre Berechtigung.

Rolle A **Frau Schmied**	Sie sind Mitarbeiterin der Personalabteilung dieses Unternehmens und für die Abrechnung der Löhne und Gehälter zuständig. Außerdem stehen Sie den Mitarbeiterinnen und Mitarbeitern für alle Fragen in Angelegenheiten des Personalwesens zur Verfügung.

Rolle B **Herr Schuster**	Sie sind Mitarbeiter dieses Unternehmens (jeweils in der angegebenen Tätigkeit) und wenden sich mit folgenden Anliegen/Fragen an die Personalabteilung.
Rolle C	Beobachterrolle und Protokollführung

Anmerkung: Rolle A (Frau Schmied) nimmt in allen Teilaufgaben eine konstante Rolle ein; Rolle B (Herr Schuster) wechselt in unterschiedliche Mitarbeiterrollen.

Übung 1
Rollenkärtchen für Rolle A (Frau Schmied) Herr Schuster kommt zu Ihnen und möchte Auskunft darüber, warum seine Kollegin Frau Bauer ein höheres Nettoeinkommen bezieht, obwohl sie ebenfalls als Kellnerin mit Inkasso mit einem Bruttoeinkommen in derselben Höhe entlohnt wird. Erläutern Sie Herrn Schuster die Gründe, warum er ein geringeres Nettoeinkommen als Frau Bauer bezieht! Arbeitsunterlagen: Auszug Lohnkonten, Lohnabrechnungen
Rollenkärtchen für Rolle B (Herr Schuster) Ihre Kollegin Frau Bauer bezieht ein höheres Nettoeinkommen als Sie, obwohl sie ebenfalls als Kellnerin mit Inkasso mit einem Bruttoeinkommen in derselben Höhe entlohnt wird. Sie bereiten sich auf das Gespräch mit Frau Schmied aus der Personalabteilung vor, um den Grund dafür zu erfragen. Formulieren Sie konkrete Fragen! Arbeitsunterlage: Eigene Lohnabrechnung

Übung 2
Rollenkärtchen für Rolle A (Frau Schmied) Der Oberkellner Herr Schuster möchte mit Ende März das Unternehmen auf eigenen Wunsch verlassen. Er hat ein befristetes Arbeitsverhältnis bis Ende Mai und sein monatliches Bruttoentgelt beträgt dzt. EUR 2.300,– (gem. KV EUR 1.925,–), ohne AVA(E)B Folgende Aufgaben sind in diesem Zusammenhang zu erledigen: Sie führen mit Herrn Schuster ein Gespräch über die Möglichkeiten der Auflösung dieses Arbeitsverhältnisses. Welche Punkte werden Sie ansprechen? Angenommen, das Arbeitsverhältnis wird mit Ende März beendet. Sie haben die Aufgabe, die Abrechnung für März zu erstellen, unter Berücksichtigung des aliquoten Urlaubszuschusses und der aliquoten Weihnachtsremuneration. Die Urlaubstage wurden von Herrn Schuster zur Gänze konsumiert. Er möchte wissen, mit welchem Auszahlungsbetrag er rechnen kann.
Rollenkärtchen für Rolle B (Herr Schuster) Sie sind als Oberkellner im Hotel »Alpenschön« beschäftigt. In Ihrem Arbeitsvertrag ist eine Befristung bis Ende Mai vereinbart. Sie möchten aber mit Ende März das Unternehmen verlassen. Ihr monatliches Bruttoentgelt beträgt zurzeit EUR 2.300,–. Mit welchen Argumenten werden Sie versuchen, Frau Schmied (Mitarbeiterin der Personalabteilung) zu überzeugen, das befristete Arbeitsverhältnis vorzeitig zu beenden? Welche Fragen werden Sie in Zusammenhang mit der Lohnabrechnung stellen?

Übung 3
Rollenkärtchen für Rolle A (Frau Schmied) Herr Schuster kommt zu Ihnen und teilt mit, dass er in den ersten zwei Augustwochen auf Urlaub gehen möchte. Er hat bereits eine Kreuzfahrt gebucht. Erläutern Sie Herrn Schuster die gesetzlichen Urlaubsbestimmungen. Werden Sie dem Wunsch von Herrn Schuster nachkommen? – Überlegen Sie Argumente zur Begründung Ihrer Entscheidung auf Basis der gesetzlichen Bestimmungen und betrieblichen Erfordernisse.
Rollenkärtchen für Rolle B (Herr Schuster) Sie sind im Hotel »Alpenschön« als Kellner mit Inkasso beschäftigt. Die ersten zwei Augustwochen möchten Sie Ihren Urlaub konsumieren und haben bereits eine zweiwöchige Kreuzfahrt gebucht. Nun möchten Sie dies Frau Schmied aus der Personalabteilung mitteilen. Überlegen Sie sich überzeugende Argumente. Beziehen Sie in Ihre Überlegungen auch mögliche Gegenargumente des Arbeitgebers mit ein.

Übung 4
Rollenkärtchen für Rolle A (Frau Schmied) Herr Schuster (Food and Beverage Manager) kommt zu Ihnen und deutet an, das Unternehmen verlassen zu wollen. Er weist auf die seiner Meinung nach zu geringe Bezahlung hin und teilt mit, dass ein Konkurrenzunternehmen ihn abwerben möchte. Da die Geschäftsleitung weiterhin besonderen Wert auf die Mitarbeit von Herrn Schuster legt, wird ihm eine Gehaltserhöhung von EUR 380,– brutto pro Monat angeboten. Herr Schuster verdient derzeit EUR 3.120,– brutto pro Monat (kein AVA(E)B, Pendlerpauschale EUR 58,– pro Monat für eine einfache Wegstrecke von 32 km). Herr Schuster möchte wissen, welche Gehaltserhöhung er bei einer Bruttoerhöhung von EUR 380,– netto erwarten kann. Überlegen Sie Angebote, die Sie Herrn Schuster neben der Gehaltserhöhung noch machen könnten, um ihn zu überzeugen, weiterhin Ihrem Unternehmen zur Verfügung zu stehen. Nehmen Sie auch die Kosten in den Blick, die dem Hotel »Alpenschön« bei einer Gehaltserhöhung von EUR 380,– entstehen.
Rollenkärtchen für Rolle B (Herr Schuster) Sie sind als Food and Beverage Manager im Hotel »Alpenschön« beschäftigt. Ein Konkurrenzunternehmen hat Interesse an Ihrer Mitarbeit bekundet. Sie verdienen zurzeit EUR 3.120,– brutto. Überlegen Sie, welche monatliche Gehaltserhöhung (netto) Sie fordern werden, um im Unternehmen zu bleiben. Wie könnte Sie Frau Schmied aus der Personalabteilung des Hotels »Alpenschön« über eine Gehaltserhöhung hinaus überzeugen, weiterhin dem Unternehmen zur Verfügung zu stehen?

Konkrete Planung der Unterrichtseinheit

Damit Lernende den Sinn von Rollenspielen erfassen, ist eine sorgsame Einstimmung, Einführung und Planung notwendig. Ein Rollenspiel soll im Idealfall erst dann zum Einsatz kommen, wenn Lernende über die erforderlichen fachlichen oder inhaltlichen Voraussetzungen verfügen, mit denen sie eine (anspruchsvolle) Rolle kompetent gestalten können. Zu komplexe Rollen und Spielverläufe können Lernende überfordern und Zusammenhänge verschleiern. Zu beachten ist auch, dass Rollenspiele verbindliche Regeln und klare Zielsetzungen brauchen.

Die Planung der Unterrichtseinheit basiert auf dem Modell nach Van Ments (1985) und strukturiert die Unterrichtssequenz in vier Phasen, wobei für das vorliegende Beispiel mindestens zwei Unterrichtseinheiten (Doppelstunde) vorzusehen sind und die Lernenden Grundlagenwissen in der Personalverrechnung sowie im Arbeitsrecht mitbringen sollten.

Tabelle 1: Planung der Unterrichtseinheit nach Van Ments (1985)

Phase	**Inhalt und Arbeitsschritte**	**Sozialform**	**Medien**
Aufwärmen	Lockerung und Entspannung der Lernenden, wie z. B. durch Spots in Movements	Plenum	Musik
	Vorstellung des Themas, der konkreten Spielsituation und der Zielsetzung	Plenum	
	Rollenverteilung und Bildung von Tandems (durch Zuteilung oder Ziehen)	Plenum	Rollenkärtchen
Spielen	Einlesen in die Rollen, inkl. Beobachtungsaufträge für nicht aktiv Spielende	Partnerarbeit	Rollenkärtchen
	Erarbeiten der Rollen, Charaktere und ihrer Argumentationen	Partnerarbeit	Rollenkärtchen, Flipchart-Papier und Stifte, einschlägige Literatur, Internetrecherche, Lehrperson als Informationsquelle
	Durchspielen der Spielsituationen: vier Gespräche zu den einzelnen Teilaufgaben (Übungen 1 bis 4)	Partnerarbeit	Tisch und Sessel
	Während des Spielverlaufes notieren die Beobachtenden Fragen, die sich ergeben und in der Reflexionsphase zu diskutieren sowie zu klären sind.	Kleingruppe	Notizzettel oder Flipchart-Papier und Stifte
Entlassen	Fiktion und Wirklichkeit trennen und abgrenzen	Plenum	

Phase	Inhalt und Arbeitsschritte	Sozialform	Medien
	Distanzierte Analyse der Charaktere	Klein-gruppe/ Plenum	
Reflektieren	Betrachtung der Lernprozesse	Plenum	
	Auswertung der Beobachtungen	Plenum	
	Feedback zur Rollenausführung	Plenum	
	Alternative Lösungen	Plenum	

Wie bei den meisten handlungsorientierten Methoden ist der Zeitaufwand für die Unterrichtsplanung und -durchführung verhältnismäßig hoch. Für die Arbeit mit Rollenspielen sprechen jedoch die hohe Motivation der Lernenden, die Lebens- und Praxisnähe sowie die Möglichkeit, anspruchsvolle Lernergebnisse zu erreichen. Grundlegend ist zu beachten, dass die Lernenden bereits die Fähigkeit besitzen sollten, sich auf einen Perspektivenwechsel einzulassen.

3. Prozessablauf

Bei einem Rollenspiel können die Lernenden fiktive Personen, reale Personen oder sich selbst spielen. Die Zuteilung der Rollen kann zufällig, nach Übereinstimmung oder Gegensätzlichkeit von Rolle und Wesensart der Lernenden, durch die Entscheidung der Lehrperson, der Klasse oder auf Wunsch der Lernenden erfolgen. Die zu übernehmende Rolle kann vertraut oder neu und fremd sein. Sie kann genau definiert oder nur grob umrissen sein und eine kurze oder längere Spieldauer vorsehen. Die Spielsituation lässt insgesamt eine große Bandbreite an Variationen zu. So können nur zwei oder auch mehrere Personen beteiligt sein.

Die Gruppe der Lernenden in einem Rollenspiel setzt sich aus Spielenden und Beobachtenden zusammen. Die Spielenden erhalten in den sozialen Interaktionsprozessen ein unmittelbares Feedback. Von den Beobachtenden wird meist eine differenzierte Analyse des Spielablaufs und eine Reflexion der einzelnen Rollen gefordert. Dafür müssen sie die Spielenden nach einem vorgegebenen Kriterienraster beobachten.

Die Bandbreite an Rollenspielen macht es schwierig, ein allgemeines methodisches Vorgehen zu formulieren. Im Folgenden werden exemplarisch die vier Phasen des Rollenspiels nach Van Ments (1985) und Reich (2017) als Grundschema dargestellt:

(1) Aufwärmphase

Die Aufwärmphase dient der Lockerung und Entspannung aller Lernenden zu Beginn des Rollenspiels. Auf diese Weise werden sie darauf vorbereitet, sich in andere Rollen hineinzuversetzen. Die Art und Dauer der Übung richten sich nach der Spielerfahrung der Gruppe. Bei erfahrenen Gruppen kann diese Phase auch weggelassen werden. Die Aufgabe der Lehrperson ist es, darauf zu achten, dass die Phase auf ernsthafter Ebene bleibt. Für die Aufwärmphase bieten sich Übungen wie beispielsweise Pantomime oder die Überredung an. Bei der Überredung sitzen sich zwei Personen gegenüber, wobei die Person A versucht, die Person B mit allen Mitteln, aber ohne physische Zwänge zu überreden, ihr innerhalb von zwei Minuten den Stuhl zu überlassen (Van Ments, 1985).

(2) Spielphase

Die Spielphase gliedert sich in Erarbeitung und Durchführung. In der Erarbeitungsphase wird in der Gruppe ein relevantes Thema diskutiert, eine Situation festgelegt und die verschiedenen Rollen erarbeitet. Inwieweit das Rollenhandeln z. B. durch Rollen- oder Ereigniskarten vorgegeben wird, richtet sich nach dem Lernziel des Rollenspiels. Übt man Fähigkeiten und Fertigkeiten, wie z. B. für Verkaufs- oder Beratungsgespräche, sollten die Rollenvorgaben konkret formuliert sein. Auch bei Rekonstruktionen des Verhaltens von Menschen sollte mit konkreten Rollenangaben gearbeitet werden. Dabei können diese Rollenbeschreibungen vorab mit einer anderen Methode von den Lernenden erarbeitet werden. Gespielt werden jedoch nicht die eigenen Entwürfe, sondern die einer anderen Gruppe, um Spannung und Motivation zu erhöhen. Geht es um die Darstellung von Gefühlen und Einstellungen (z. B. Angst oder Wut), treten in Rollenspielen oft verschiedene Verhaltensweisen auf. Es ist sinnvoll, diese Vielfalt anzuerkennen, um Reflexionen über eigene Einstellungen anzuregen und zu lernen, sich in andere Menschen hineinzuversetzen (Empathie). Bei der Auswahl der Spielenden bewährt sich das Losverfahren, damit die Lernenden nicht auf bestimmte Rollen festgelegt werden. Gespielt wird auf einer »imaginären Bühne«, die auf gleicher Ebene wie der Beobachterraum sein sollte. So haben die Spielenden nicht das Gefühl, vorgeführt zu werden und der Unterhaltungseffekt eines Theaterstücks wird vermieden. Um das Spiel zu erleichtern, sollte den Lernenden klar sein, an welchem Ort und in welcher Zeit die Handlung stattfindet. Je nach Lernziel bieten sich verschiedene Rollenspieltechniken an. Bewährte Grundtechniken sind:

- Fischteich-Methode: Die Spielgruppe wird von den Nicht-Spielenden beobachtet.

- Multiples Verfahren: Die Gruppe wird in Zweier- oder Dreiergruppen aufgeteilt. Alle Gruppen spielen parallel. Jeweils ein Mitglied der Kleingruppe übernimmt die Funktion des Beobachtens. Abschließend werden die Ergebnisse im Plenum vorgestellt und diskutiert.

Der Zeitrahmen des Rollenspiels kann von unterschiedlicher Dauer sein. Dabei sollte darauf geachtet werden, dass die Spannung bei allen Beteiligten erhalten bleibt.

(3) Entlassungsphase

In der Entlassungsphase werden die Spielenden aus ihren Rollen herausgeführt, um eine reflektierte Metaebene einnehmen zu können. Nur aus der Distanz kann das Rollenspiel analysiert werden. Die Trennung von Rolle und Person ist wichtig, damit die im Rollenspiel auftretenden Konflikte nicht in die Alltagswirklichkeit übertragen werden. Diese Phase dient dem Schutz der Spielenden, sodass die Kritik am Rollenverhalten nicht zur Kritik an der Person wird.

(4) Reflexionsphase

In dieser Phase findet der reflexive Lernprozess durch Diskussion, Kommentare, Vorschlagen alternativer Lösungsmöglichkeiten etc. statt. Der Fokus dieser Phase hängt davon ab, ob die Beobachtung verhaltens- oder personenzentriert sein soll. Gleichwohl spielen bei jedem Inhalt Beziehungsaspekte und bei jeder Beziehung Inhaltsaspekte eine Rolle. Aufgaben der Reflexionsphase können lauten:

- Auf der Ebene der Spielenden: Bericht über ihre Empfindungen während des Spiels, um die Selbst-/Fremdbeobachtungsfähigkeit (weiter) zu entwickeln.
- Auf der Ebene der Beobachtenden: Beobachtungsfertigkeiten sollen durch Übernahme von Beobachtungsaufgaben gestärkt werden.
- Auf der Ebene des Spiels: Die Handlung klären, indem Missverständnisse und Fehler korrigiert werden, um Problemlösungsfähigkeit zu erlernen.

Manchmal erweist es sich als sinnvoll, das Rollenspiel zu dokumentieren und aufzuzeichnen. Somit steht es als spätere Informationsquelle zur Verfügung und Beobachtungen können durch wiederholte Analyse präzisiert werden.

4. Rolle der Lehrenden und Lernenden

Die Lehrperson sollte von der Methode sowie vom konkreten Thema überzeugt sein, um die Begeisterung auf die Lernenden übertragen zu können. Eine weitere Voraussetzung für die Lehrperson ist eine gute Kenntnis der Methode des Rollenspiels sowie eine sorgfältige Einführung und Vorbereitung der Lernenden (Reich, 2017). Rollenspiele sind wenig lernförderlich, wenn die Lernenden die zu bewältigenden Spielsituationen nicht hinreichend verstanden oder sich nicht ausreichend mit ihrer Rolle auseinandergesetzt haben. Deshalb ist im Rahmen der Vorbereitung auf eine klare Vermittlung zu achten und entsprechend Zeit einzuplanen. Beim Rollenspiel sollten individuelle Bedürfnisse und die Gruppendynamik mitbedacht werden. Vor dem Spiel gibt die Lehrperson genaue Vorgaben für Beobachtungskriterien (evtl. in Form eines Beobachtungsformulars) sowie Vorschläge zu möglichen Formen des Feedbacks und zur abschließenden Evaluation. Die Lehrperson achtet auf einen störungsfreien Ablauf und übernimmt u. a. die Funktion eines Troubleshooters (Van Ments, 1985). An kritischen Stellen greift die Lehrperson zur Unterstützung ein, entweder fragend oder indem sie sich selbst in einer Rolle in das Spiel einbringt. Während der gesamten Spielphase sorgt die Lehrperson dafür, dass die Rollen ernst genommen werden und moralisierendes oder abwertendes Verhalten gegenüber den Spielenden vermieden wird. Ein Rollenspiel birgt immer die Gefahr des Ausgeliefertseins der Gruppenmitglieder. Daher ist ein kollegiales, kooperatives und offen kommunikatives Verhalten innerhalb der Gruppe der Lernenden wichtig. Beispielsweise sind Rollenvorgaben, Beobachtungskriterien oder Feedbackregeln einzuhalten. Wenn die Lernenden diese Voraussetzungen nicht oder nur teilweise mitbringen, dann gehört es zur Aufgabe der Lehrperson, diese durch ein Rollenspiel (Rollentraining) einzuüben und zu fördern (Reich, 2017). Problematisch kann auch die ungleiche Aktivitätsverteilung innerhalb der Lerngruppe gesehen werden. Als Lösung bieten sich hierfür die Verteilung differenzierter Beobachtungsaufgaben und die wiederholte Durchführung bei wechselnden Akteurinnen und Akteuren an.

Im Rollenspiel nimmt die Dominanz der Lehrperson zugunsten erhöhter Schülerselbstständigkeit und -selbsttätigkeit ab. So können sich die Lernmotivation bei den Lernenden und die Bereitschaft zu experimentieren erhöhen, da sich Misserfolge im Spiel nicht negativ in der Realität niederschlagen. Die Lernenden müssen grundsätzlich die Bereitschaft mitbringen, sich auf die Methode einzulassen, sie ernst zu nehmen und sich spielerisch in verschiedene Rollen einzufinden. Dann können Rollenspiele dazu beitragen, dass Lernende eigene Verhaltensweisen bewusst erleben, neue Verhaltensweisen einüben sowie sich mit gesellschaftlichen und politischen Zusammenhängen persönlich auseinandersetzen. Die Lernenden können auch Schwierigkeiten haben, sich in eine Rolle einzufinden, wenn diese weit von ihrem Lebens- bzw. Erfahrungsbereich entfernt ist. Solche Probleme lassen sich durch entsprechend ausdifferenzierte und anschauliche Rollenkärtchen und erhöhte Einarbeitungszeit reduzieren.

5. Geforderte und geförderte Kompetenzen

Im Rollenspiel wird die ganze Person gefordert, nicht nur der Intellekt. Soziale, emotionale und motorische Fähigkeiten sind ebenso beteiligt wie kognitive. Darüber hinaus eröffnet sich die Möglichkeit, fachliche Themen mit gesellschaftsrelevanten Problemstellungen zu verknüpfen. Einsicht und Verständnis für gesellschaftliche Zusammenhänge können somit gefördert und Perspektivenwechsel eingeübt werden. In Anlehnung an Krappmann (1977) können mit Hilfe der Methode des Rollenspiels insbesondere folgende Fähigkeiten und Fertigkeiten erworben werden:

- Interaktion: Kommunikative Kompetenzen werden erprobt, geübt und weiterentwickelt, um Beziehungsarbeit und nachvollziehbare Kommunikationsabläufe in Lebens- und Berufssituationen professionell gestalten zu können.
- Empathie: Das Einfühlungsvermögen in andere und/oder fremde Personen, Gruppen oder Situationen wird sensibilisiert.
- Ambiguitätstoleranz: Die Fähigkeit, entgegengesetzte Bedürfnisspannungen auszuhalten, wird erprobt und aufgebaut.
- Rollendistanz: Lernende sollen in die Lage versetzt werden, eigene und fremde (soziale) Rollen zu relativieren und deren zugrundeliegende Normen kritisch zu reflektieren.
- Kreativität, Toleranz und interkulturelles Lernen können ebenfalls im Rollenspiel in den Fokus rücken.

Rollenspiele können somit dazu beitragen, eigene Verhaltensweisen bewusst zu erleben und zu reflektieren sowie die Beobachtungsfähigkeit und die Fähigkeit zur sozialen Wahrnehmung zu entwickeln. Des Weiteren können Konflikte in einer Gruppe oder in anderen Lebensbereichen dargestellt und analysiert werden. Darüber hinaus können neue Verhaltensweisen eingeübt und soziale Zusammenhänge individuell erlebter Probleme verdeutlicht werden.

6. Fazit

Das Rollenspiel eignet sich besonders zur Thematisierung von Interessengegensätzen. Die Chance wird nicht in einer Rekonstruktion von historischen Ereignissen oder Zusammenhängen gesehen, sondern vielmehr darin, dass die Lernenden im Rollenspiel die soziale Wirklichkeit szenisch rekonstruieren. Verschiedene Einstellungen und unterschiedliche Verhaltensweisen können so in einem Probehandeln aufgezeigt und geübt werden, das in der Realität ohne Folgen bleibt. Rollenspiele sind eine Form des simulativen Handelns (Massing, 1998), die den Unterricht für die Lernenden und Lehrenden durch eine handlungsorientierte Ausrichtung aufwerten. Sie sind ein kreatives Ausdrucksmittel und fördern die körperlichen und sprachlichen Ausdrucksmöglichkeiten der Lernenden, unterstützen ihr Vorstellungsvermögen und sind ein ideales Training für soziales Handeln. Die Lernenden erhalten die Möglichkeit, sich mit den dargestellten Problemen auseinanderzusetzen, sie zu analysieren und sie zu begreifen. Zum Einsatz sollte diese Methode vor allem dann kommen, wenn es darum geht, Handlungsaspekte zu fördern und lebensnahe Beobachterpositionen einzunehmen.

Abschließend sei darauf hingewiesen, dass obwohl Rollen- und Planspiele (dazu die Kapitel »Rollenspiel – Von hier nach dort« und »Planspiel«) nicht selten als ein- und dieselbe Unterrichtsmethode betrachtet werden, es sich um zwei ähnliche, aber doch unterschiedliche methodische Formen handelt, die beide den Simulationsspielen zugeordnet werden (Meyer, 2006; Rinschede, 2007). Der wesentliche Unterschied zwischen Rollen- und Planspiel besteht in der Vertretung der Standpunkte. Während im Rollenspiel an der Argumentation einer Meinung gearbeitet wird, vertreten im Planspiel ganze Interessengruppe einen Standpunkt bzw. ein Ziel. Meyer (2006) beschreibt in diesem Sinne das Planspiel als Erweiterung des Rollenspiels, da dieses zu einer Lösung bzw. zumindest zu einer Entscheidung führen soll, was bei einem Rollenspiel – wie eingangs betont – keine Grundvoraussetzung ist.

Literatur

Coburn-Staege, Ursula (1977). *Lernen durch Rollenspiel.* Frankfurt am Main: Fischer.

Dickel, Mirka (2006). *Reisen. Zur Erkenntnistheorie, Praxis und Reflexion für die Geographiedidaktik* (Band 2). Berlin, Münster: Lit Verlag.

Dubs, Rolf (2009). *Lehrerverhalten. Ein Beitrag zur Interaktion von Lehrenden und Lernenden im Unterricht.* Stuttgart: Steiner.

Fiederle, Xaver (1981). *Grundkurs Politik. Methoden 1. Rollenspiel.* Stuttgart: Landeszentrale für Politische Bildung Baden-Württemberg.

Hugenschmidt, Bettina & Technau, Anna (2016). *Methoden schnell zur Hand.* Stuttgart: Klett.

Krappmann, Lothar (1977). Neuere Rollenkonzepte als Erklärungsmöglichkeit für Sozialisationsprozesse. In Bernd Götz & Jochen Kaltschmid (Hrsg.), *Erziehungswissenschaft und Soziologie* (S. 409–434). Darmstadt: Wissenschaftliche Buchgesellschaft.

Massing, Peter (1998). *Handlungsorientierter Politikunterricht.* Schwalbach: Wochenschau.

Meyer, Christiane (2006). Vielfältige Unterrichtsmethoden sachgerecht anwenden. In Hartwig Haubrich (Hrsg.), *Geographie unterrichten lernen. Die neue Didaktik der Geographie konkret* (S. 107–172). Oldenburg: Schulbuchverlag.

Meyer, Hilbert (1987). *Unterrichtsmethoden II: Praxisband.* Berlin: Cornelsen.

Reich, Kersten (2017). *Methodenpool* (hier: Rollenspiele). Abgerufen am 10.10.2017 von http://methodenpool.uni-koeln.de/download/rollenspiele.pdf

Rinschede, Gisbert (2007). *Geographiedidaktik* (3. Auflage). Paderborn: Schöning.

Schaller, Roger (2006). *Das große Rollenspiel-Buch: Grundtechniken, Anwendungsformen, Praxisbeispiele* (2. Auflage). Weinheim: Beltz.

Uhlenwinkel, Anke & Wienecke, Maik (2013). Rollenspiel und Denkhüte. In Manfred Rolfes & Anke Uhlenwinkel (Hrsg.), *Essays zur Didaktik der Geographie* (S. 41–48). Potsdam: Universitätsverlag.

Van Ments, Morry (1985). *Rollenspiel: Effektiv. Ein Leitfaden für Lehrer, Erzieher, Ausbilder und Gruppenleiter.* München: Ehrenwirth.

Warm, Ute (1981). *Rollenspiel in der Schule. Theoretische Analysen – Kommunikationseffektive Praxis.* Tübingen: Max Niemeyer.

Doris Pany

Schreibwerkstatt

In den letzten Jahren hat sich der Fokus schreibpädagogischer Bemühungen zunehmend auf die Anleitung des Schreibprozesses von Schülerinnen und Schülern verlagert. Ziel dieser Herangehensweise ist es, Schülerinnen und Schüler nicht allein mit den Besonderheiten verschiedener Textsorten (z. B. Erörterung, Leserbrief, Textanalyse) vertraut zu machen, sondern ihnen auch Instrumente für die Arbeitsschritte mitzugeben, die beim Verfassen der jeweiligen Texte notwendig sind. Je komplexer die einzuübende Textsorte ist, desto komplexer ist auch der Arbeitsprozess und entsprechend mehr didaktischer Einsatz ist erforderlich, um Lernenden geeignete Strategien zu seiner Bewältigung an die Hand zu geben. In Österreich hat unter diesem Gesichtspunkt die Einführung der Vorwissenschaftlichen Arbeit (2014/15) an allgemeinbildenden höheren Schulen, der Diplomarbeit (2015/16) an berufsbildenden höheren Schulen und der Abschlussarbeit (2015/16) an berufsbildenden mittleren Schulen eine neue schreibpädagogische Herausforderung für die Sekundarstufe mit sich gebracht. Schülerinnen und Schüler haben beim Verfassen dieser Abschlussarbeiten einen vielschrittigen und anspruchsvollen Arbeitsprozess zu bewältigen, Lehrenden verlangt das Begleiten dieses Prozesses viel pädagogisches Feingefühl und eine textsortenspezifische Erweiterung ihres didaktischen Methodenrepertoires ab. Viele der Aufgaben und Schwierigkeiten, die sich mit diesem Typus von Abschlussarbeit verbinden, lassen sich mithilfe von Schreibwerkstätten leichter meistern. Bei einer Schreibwerkstatt handelt es sich um ein kooperatives Lernsetting, in dem sich die Teilnehmenden intensiv mit ihrem aktuellen Schreibprojekt auseinandersetzen. Im Fokus stehen dabei das gemeinsame Erarbeiten und Erproben von Arbeitstechniken und Schreibstrategien, der Dialog über das Schreiben und die Nutzung gruppendynamischer Prozesse für die Motivation und Qualitätssicherung bei der Bewältigung der Schreibaufgabe.

1. Die Schreibwerkstatt im Kontext wissenschaftspropädeutischer Schreibdidaktik

Die methodische Essenz der Schreibwerkstatt ist im Werkstatt-Begriff enthalten. Texte werden als Werkstücke betrachtet, für deren Herstellung Zeit, Geduld und Übung erforderlich sind. Die Schreibwerkstatt rückt so die handwerkliche Dimension des Verfassens von Texten in den Vordergrund und betont die Erlernbarkeit des Schreibens. Ausgehend von der Annahme, dass jede/r lernen kann, mithilfe geeigneter Strategien längere und komplexe Texte zu verfassen, werden Lernende in Schreibwerkstätten mit Arbeitstechniken für einzelne Arbeitsschritte vertraut gemacht und es wird ihnen die Möglichkeit gegeben, diese gemeinsam mit anderen auszuprobieren. In dieser Konstellation werden die Lernenden von der Einsamkeit des Schreibens entlastet und erfahren das Verfassen von Texten als eine Aufgabe, die zwar eine Herausforderung bedeutet, die aber unter Einsatz geeigneter Arbeitstechniken nicht nur gut gemeistert, sondern auch als lustvoll erlebt werden kann. In Schreibwerkstätten werden Schülerinnen und Schüler nach dem Prinzip der Lernendenautonomie dazu angehalten, aus einem gemeinsam erarbeiteten Repertoire von Methoden, Strategien und Arbeitstechniken für sie geeignete Instrumente auszuwählen und sich zu überlegen, wie sie diese nutzen können, um ihren Arbeitsprozess effizienter und produktiver zu gestalten. Die Lernenden übernehmen in diesem didaktischen Setting bewusst Verantwortung für ihren Arbeitsprozess und können durch den Austausch mit Peers gleichzeitig auf motivationale Unterstützung zählen.

Historisch geht die Schreibwerkstatt auf eine Praxis zurück, die sich Ende des 19. Jahrhunderts in der US-amerikanischen Literaturszene herausbildete: Auf der Suche nach produktivem künstlerischem Austausch schlossen sich junge Autorinnen und Autoren zu losen Zirkeln, so genannten »Writers' Clubs«, zusammen. In den Writers' Clubs ging es den Schreibenden darum, einander nicht wie in literarischen Salons fertige Texte vorzulesen, sondern gemeinsam zu schreiben, im Entstehen begriffene Texte zu diskutieren und einander im Publikationsprozess beizustehen (Bräuer, 1996). Die offene Arbeitsform, die die Schreibenden dabei pflegten, wurde als Writers' Workshop bekannt und inspirierte in der Folge viele US-amerikanische Schreibinitiativen. Unter ihnen nahmen nicht nur literarisch ausgerichtete Plattformen wie der 1968 gegründete Playwrights' Workshop das Format auf, sondern auch schreibpädagogische Initiativen wie etwa das 1976 ins Leben gerufene National Writing Project, ein noch heute zentrales Forum zur Förderung schulischer Schreibpädagogik (Bräuer, 1996). An der Methode des schreibpädagogischen »Workshopping« orientieren sich in den USA auch die universitären Writing Centers, schreibdidaktische Einrichtungen, die Studierende bei ihrer akademischen Schreibsozialisation an Universitäten unterstützen. Die US-amerikanischen Writing Centers entfalteten eine wichtige institutionelle und methodische Vorbildfunktion, als um die Jahrtausendwende auch die Hochschulen des deutschsprachigen Raums den Nutzen einer extracurricularen akademischen Schreibpädagogik erkannten und Schreibzentren einzurichten begannen.

Wenn es um die Unterstützung von Studierenden beim Erlernen des wissenschaftlichen Schreibens geht, hat sich die Methode der Schreibwerkstatt an den Schreibzentren der Hochschulen bereits vielfach bewährt. Dafür spricht etwa die Tatsache, dass im Rahmen des »Qualitätspakts Lehre«[1] an zwanzig deutschen Hochschulstandorten einschlägige Schreibinitiativen und schreibdidaktische Projekte gefördert wurden (Knorr, 2016). Weshalb sich die Methode des »Workshopping« dafür eignet, den Erwerb akademischer Schreibfertigkeiten zu fördern, lässt sich anhand einiger theoretischer Einsichten aus der Schreibforschung skizzieren.

Als eine der komplexesten Schreibpraktiken kann das wissenschaftliche Schreiben nicht von heute auf morgen erlernt werden. Wie großangelegte Längsstudien (Pohl, 2007; Steinhoff, 2007) gezeigt haben, ist akademische Schreibkompetenz vielmehr das Resultat eines Entwicklungsprozesses, bei dem Studierende durch Lektüre wissenschaftlicher Texte und eigene Schreibversuche allmählich die Fähigkeit ausbilden, wissenschaftliche Texte zu verfassen. Dieser Prozess ähnelt den Lernprozessen in anderen sprachlichen Erwerbsfeldern (z. B. Erzählerwerb, Schriftspracherwerb). Ebenso wie diese erfordert er Entwicklungszeit und bedarf zahlreicher Übungsmöglichkeiten (Pohl, 2007). Besonders hilfreich für Lernende sind Übungssituationen, in denen sie die neu zu erwerbende Fertigkeit in einer von Beurteilungsdruck entlasteten Atmosphäre gemeinsam mit Peers einüben können (Girgensohn, 2007). Solche Situationen werden in Schreibwerkstätten systematisch hergestellt. Dies geschieht, indem Schreibwerkstätten einerseits Übungsanlässe schaffen und andererseits Kontakt zwischen Personen herstellen, die sich auf dem gleichen Lernweg befinden. Teilnehmende von Schreibwerkstätten machen in diesem Setting die Erfahrung, dass sie einen Lern- und Entwicklungsprozess durchlaufen, der sie einem erstrebenswerten Ziel – der Könnerinnen- bzw. Könnerschaft im Schreiben – näherbringt. Zudem erleben sie, dass auch der Lernprozess selbst Schreiber-

1 Beim »Qualitätspakt Lehre« handelt es sich um ein deutsches Bund-Länder-Programm, das Hochschulen bei der Verbesserung der Qualität der Lehre unterstützt. Für bessere Personalausstattung, Weiterqualifizierung und Qualitätssicherung im Bereich Lehre stellt der Bund den Hochschulen zwischen 2011 und 2020 rund 2 Milliarden Euro zur Verfügung (Bundesministerium für Bildung, 2016).

fahrungen bereithält, die ihr Selbstbewusstsein und ihre Selbstwirksamkeit als Schreibende stärken.

Eine sozialkonstruktivistisch inspirierte Schreiblernforschung hat herausgearbeitet, dass beim Erlernen einer neuen Schreibform immer mehrere Lerndomänen zum Tragen kommen. So geht etwa Anne Beaufort (2014) von fünf Domänen aus: Lernende müssen 1. Gegenstands- bzw. Fachwissen erwerben; sie müssen sich 2. mit den Normen vertraut machen, die für die neue Textsorte gelten; 3. müssen sie ein Gefühl für die Besonderheiten der Sprachverwendung in der neuen Schreibform entwickeln; 4. gilt es, die Kommunikationsnormen und impliziten Regeln der neuen Diskursgemeinschaft verstehen zu lernen, und 5. mit den spezifischen Erfordernissen des Schreibprozesses zurechtzukommen. Demzufolge müssen Novizinnen und Novizen im wissenschaftlichen Schreiben nicht nur die an sich schon anspruchsvolle inhaltliche Auseinandersetzung mit ihrem Untersuchungsgegenstand bewältigen, sondern darüber hinaus auch kommunikations- und sprachbezogene sowie prozedural-metakognitive Lernleistungen erbringen.[2] In Schreibwerkstätten werden Lernende bei diesen Aufgaben unterstützt, indem der jeweilige Schreibauftrag unter verschiedenen Gesichtspunkten thematisiert wird: als kommunikativer Akt, der spezifischen Konventionen unterliegt, als sprachliches Gebilde mit besonderen syntaktischen und lexikalischen Merkmalen, als Projekt, das es zu managen gilt, und als Teil einer institutionellen Praxis, durch die Rahmenbedingungen und Qualitätskriterien vorgegeben sind. Um Lernende bei der Integration all dieser Dimensionen zu unterstützen, vermitteln Schreibwerkstätten auf der einen Seite Strategien der Distanznahme, die einen ganzheitlichen Blick auf das Schreibprojekt erleichtern. Auf der anderen Seite bieten sie möglichst konkrete Hilfestellungen und Instrumente für die einzelnen Lerndomänen an.

Die vielleicht wichtigste theoretische Voraussetzung für wissenschaftlich ausgerichtete Schreibwerkstätten entstammt der Schreibprozessforschung. Diese nahm in den 1970er Jahren von den USA ihren Ausgang und ist seither zu einem grundlegenden Zweig der Schreibforschung geworden (für einen Überblick über prozessorientierte Ansätze in der Schreibforschung vgl. Hofer, 2006; Girgensohn & Sennewald, 2012, für einen Abriss über zentrale Theorien der Schreibforschung insgesamt vgl. Gruber, 2010). Aus schreibprozessorientierter Sicht ist das Verfassen eines Textes als ein Problemlösungsprozess zu verstehen, bei dem mehrere Teilphasen durchlaufen und unterschiedliche Wissensformen eingesetzt werden müssen. Grob lässt sich der wissenschaftli-

2 Aus der Perspektive der linguistischen Schreibdidaktik-Forschung haben Becker-Mrotzek & Schindler (2007) und Struger (2010) differenzierte Modelle zu den Wissensformen vorgelegt, die beim Erlernen des wissenschaftlichen Schreibens gefordert sind.

che Schreibprozesses in folgende Einzelaktivitäten unterteilen: das Sammeln und Aufarbeiten von Informationen, das Strukturieren und Bewerten von Gelesenem, das Entwickeln eines Argumentationsgangs und das Formulieren und Überarbeiten eines Textes. Als eine der Prozessorientierung verpflichtete didaktische Methode beruht die Schreibwerkstatt auf der Annahme, dass das Fokussieren einzelner Teilschritte wenig erfahrene Schreibende bei der Bewältigung der Schreibaufgabe entlastet und ihnen dabei hilft, ihren Schreibprozess zu strukturieren und konkrete Problemlösungsstrategien zu entwickeln (vgl. u. a. Portmann-Tselikas, 2005; Kruse & Ruhmann, 2006). In der Regel legen Schreibwerkstätten ihren Fokus auf einzelne Arbeitsschritte und stellen den Lernenden Strategien und Arbeitstechniken vor, die sie einsetzen können, um die jeweilige Teilaufgabe zu bewältigen.

Die Erkenntnisse der Schreibforschung verdeutlichen, wie voraussetzungsreich wissenschaftliches Schreiben ist.[3] Diese Einsicht hat bei der Einführung wissenschaftspropädeutischer Arbeiten eine wesentliche Rolle gespielt. Als schulische Ersterfahrung mit dem wissenschaftlichen Schreiben sollen sie unter anderem dazu dienen, Schülerinnen und Schülern den Übergang vom schulischen zu akademischen und anderen Formen elaborierten Schreibens zu erleichtern. Soll dieses Ziel erreicht werden, ist es besonders wichtig sicherzustellen, dass die Lernenden die Lernchancen, die vorwissenschaftliche Arbeiten bereithalten, auch tatsächlich nutzen. Zu ihnen gehören etwa der Umgang mit dem – im Vergleich mit anderen Textsorten – erheblich höheren Planungs- und Steuerungsaufwand oder die Einsicht, dass ein umfangreicheres Schreibprojekt aus vielen verschiedenen Arbeitsschritten besteht, die sich besser bewältigen lassen, wenn sie systematisch und unter Einsatz geeigneter Strategien angegangen werden. Schülerinnen und Schüler können diese Lernerfordernisse im Rahmen einer Schreibwerkstatt nicht nur besonders gut wahrnehmen, sondern sie machen sich auch Ressourcen zu eigen, auf die sie bei zukünftigen Schreibprojekten zurückgreifen können. Sie erkennen und erfahren, dass das Fokussieren einzelner Arbeitsschritte und das gemeinsame Ausprobieren verschiedener Schreibstrategien und Arbeitstechniken entlastend wirken und dass ein systematisches und reflektiertes Vorgehen sich bewährt. Die Lernenden eignen sich aber nicht nur konkrete Arbeitsmethoden und Schreibtechniken an, sondern sie lernen durch das im Werkstatt-Setting so bedeutsame Sich-gegenseitig-Einblick-gewähren auch den Austausch mit Peers als eine wertvolle Ressource für das Schreiben zu schätzen. Im Folgenden wird anhand

3 Hanspeter Ortner hat den Unterschied zwischen dem spontanen Schreiben, wie es etwa beim Verfassen einer Erörterung geschieht, und dem bei (vor-)wissenschaftlichen Arbeiten notwendigen vielschrittigen elaborierten Schreiben treffend mit dem Unterschied zwischen Wandern und Langstreckenlauf verglichen (Ortner, 2006).

eines konkreten Beispiels aus der Arbeitsphase der Themeneingrenzung veranschaulicht, wie sich eine Schreibwerkstatt gestalten kann und welche Lernergebnisse sich dabei erreichen lassen.

2. Unterrichtsbeispiel »Drehen und Schrauben am Arbeitstitel«

Im folgenden Unterrichtsbeispiel geht es mit der Themeneingrenzung um eine Aufgabe, die für jedes Schreibprojekt essenziell ist, dem bei wissenschaftspropädeutischen und akademischen Arbeiten jedoch besonders hohen Stellenwert zukommt. Ein sinnvoll eingegrenztes Thema, das im Rahmen der geplanten Arbeit auch tatsächlich gut bewältigt werden kann, gehört zu den wichtigsten Gelingensbedingungen für (vor-)wissenschaftliche Arbeiten. Grundsätzlich neigen Schülerinnen und Schüler und Studienanfängerinnen und -anfänger dazu, sich zu weit gefasste Themen vorzunehmen (Baurmann, 2005). Dafür gibt es vor allem zwei Gründe: Einer ist das Interesse am gewählten Untersuchungsgegenstand, den unerfahrene Schreibende meist ganz und gar durchdringen möchten. Zum zweiten sind Schülerinnen und Schüler und wissenschaftliche Schreibnovizinnen und -novizen noch nicht dafür sensibilisiert, dass in der Wissenschaft Kleinteiligkeit und Spezifik der Regelfall sind. Sie hegen meist implizit die Ansicht, dass eine möglichst vollständige und umfassende Bearbeitung des Themas ein Qualitätskriterium für die Arbeit sei. Werden diese Irrtümer nicht ausgeräumt, und überlassen sich Schülerinnen und Schüler der Neigung, zu große Themen zu behandeln, hat das nachteilige Auswirkungen auf den gesamten nachfolgenden Arbeits- und Schreibprozess: Die Literatursuche kann ausufern, es ist schwieriger, Struktur in die Arbeit zu bringen, und schließlich werden die Anforderungen fast immer verfehlt, da kaum spezifische Aussagen zu einer Fragestellung gemacht, sondern vor allem Informationen akkumuliert werden.[4] Im Folgenden wird eine Methode vorgestellt, die dabei hilft, die-

4 Die diesbezüglichen Anforderungen werden in der Handreichung, die das österreichische Bundesministerium für Bildung zur Vorwissenschaftlichen Arbeit bereitstellt, folgendermaßen gefasst: »Die vorwissenschaftliche Arbeit darf sich nicht allein in der Verarbeitung von Informationsquellen erschöpfen, sondern sie muss deutlich zeigen, dass der/die Schüler/in imstande ist, eigene Schlussfolgerungen zu ziehen sowie originale und fremde Anteile zu verknüpfen. Der/Die Schüler/in muss in seiner/ihrer Argumentation von der Fragestellung ausgehen, eine eigene Position aufbauen, diese durch Thesen, Begründungen und Beispiele überprüfen und absichern und zu ihr zurückkehren.« (Bundesministerium für Bildung, 2016, S. 10)

sen Schwierigkeiten zu begegnen und sicherzustellen, dass die Arbeiten der Schülerinnen und Schüler den geforderten Qualitätskriterien entsprechen. Für das Beispiel wird als Schreibaufgabe die Vorwissenschaftliche Arbeit (VWA) herangezogen, wie sie 2014/15 an den allgemeinbildenden höheren Schulen in Österreich verpflichtend eingeführt wurde. Die Methode eignet sich jedoch genauso für die praxisorientierteren Diplom- (BHS) und Abschlussarbeiten (BMS).

Mit der Übung »Drehen und Schrauben am Arbeitstitel«[5] lassen sich zwei verschiedene Ziele erreichen: Zum einen hilft die Methode den Lernenden dabei, ihr Thema einzugrenzen und eine Fragestellung zu entwickeln. Zum anderen kann mithilfe dieser Übung ein grob umrissenes Arbeitsvorhaben so konkretisiert werden, dass daraus ein (Schreib-)Projekt mit klar definierten Aufgaben entsteht.

3. Prozessablauf: »Drehen und Schrauben am Arbeitstitel«

Die Übung wird am besten in Kleingruppen zu je drei Lernenden durchgeführt, jede Kleingruppe benötigt drei Bögen A3-Papier (einen Bogen pro Person) und Filzstifte in verschiedenen Farben. Die Demonstration der Methode erfolgt an der Tafel oder auf einem Flipchart, wobei sich hier ebenfalls der Einsatz unterschiedlicher Farben empfiehlt.

Hinführung und Vorbereitung

Um die Schülerinnen und Schüler für die Bedeutung der Themeneingrenzung zu sensibilisieren, führt die Gruppe einleitend im Plenum ein Gespräch über die Unterschiede zwischen Alltagswissen und wissenschaftlichem Wissen. Dieses Gespräch lässt sich eröffnen, indem die Lehrperson die Lernenden zu einem Brainstorming zum Begriffsfeld »Wissenschaft/wissenschaftlich« einlädt. Die Lehrperson notiert alle genannten Schlagwörter an der Tafel und unterstreicht im Anschluss an das Brainstorming all jene Nennungen, die sich auf die Spezifik wissenschaftlichen Wissens beziehen (z. B. Expertin bzw. Experte, Spezialisierung, Fachgebiet). In einem

5 Die Übung verdanke ich Huemer, Rheindorf & Gruber (2012), die sie im Hinblick auf das Verfassen von Exposés beschreiben.

vertiefenden Gespräch über die Aspekte, die den spezifischen Charakter von Wissenschaft betreffen, lässt sich als Charakteristikum der modernen Wissenschaft die Auseinandersetzung mit sehr kleinen Themenbereichen herausarbeiten. Zur Vertiefung des Lerneffekts kann die Lehrperson auch Fachartikel aus verschiedenen Disziplinen mitbringen, die die Kleinteiligkeit wissenschaftlicher Forschungen belegen.

Kennenlernen der Methode

Die Lehrperson verdeutlicht den Lernenden, dass sich aus dem Wissenschaftscharakteristikum der Spezifik die Notwendigkeit ableitet, auch in einer wissenschaftspropädeutischen Arbeit eine möglichst eng umgrenzte Fragestellung zu bearbeiten. Sie erklärt die Ziele der Übung und demonstriert die Methode, indem sie sie an der Tafel anhand des Arbeitsvorhabens einer Schülerin bzw. eines Schülers durchspielt. Dabei schreibt die bzw. der Lehrende das Thema der geplanten Arbeit in die Mitte der Tafel und ordnet um das Thema herum folgende fünf »Schrauben« an: 1. Zeit, 2. Ort, 3. Material, 4. Methode, Begriffe, 5. Erkenntnisinteresse. Die Lehrperson setzt dann die »Schrauben« gemeinsam mit der Schülerin bzw. dem Schüler der Reihe nach am Thema an, indem sie Fragen zu den einzelnen Kategorien stellt und die Antworten notiert. Hat die Schülerin bzw. der Schüler beispielsweise das Thema »Der Zweite Weltkrieg in der Jugendliteratur« gewählt, so können etwa folgende Fragen gestellt werden:

- Ort: Wäre es hilfreich, eine örtliche Eingrenzung vorzunehmen? Könntest du z. B. nur österreichische Jugendliteratur untersuchen oder dich auf die Texte einer Autorin bzw. eines Autors konzentrieren?
- Zeit: Für welchen literaturgeschichtlichen Zeitraum ist es sinnvoll und möglich, Jugendliteratur mit dieser Thematik zu untersuchen? Texte aus welcher Entstehungszeit könnten aufgrund einer spezifischen historischen Konstellation besonders interessant sein?
- Material: Welche Romane willst du konkret analysieren? Wie viele Romane kannst du unter den vorgegebenen Rahmenbedingungen überhaupt berücksichtigen? Wäre es zweckmäßig, sich auf nur ein bis zwei Texte zu beschränken und diese genauer zu untersuchen?
- Methode, Begriffe: Wie willst du bei der Analyse der Texte konkret vorgehen? Wäre beispielsweise ein Vergleich zwischen zwei oder mehreren Texten ergiebig? Soll der Fokus dabei auf einer bestimmten Textebene liegen, etwa auf der Konzeption der Figuren, dem Aufbau der Handlung oder der symbolischen Ebene des Romans? Welche Aspekte oder Phasen des Zweiten Weltkriegs willst du im Rahmen der Analyse aufgreifen?

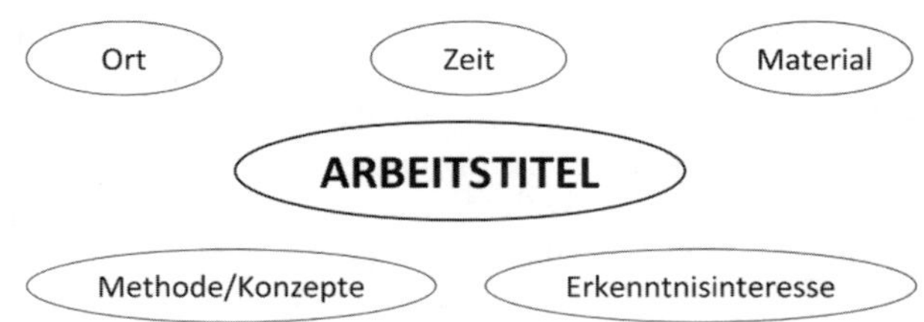

Abbildung 1: Visualisierungsgerüst für die Übung »Drehen und Schrauben am Arbeitstitel« (eigene Darstellung)

– Erkenntnisinteresse: Was war der Ansporn dafür, dass du dieses Thema gewählt hast? Gibt es eine Frage, die dich besonders beschäftigt? Was erwartest du bei deiner Analyse herauszufinden? Was denkst du, könnte die zentrale Einsicht sein, die deine Arbeit eröffnet?

Im Zuge dieses Dialogs sollte sich eine deutliche Eingrenzung des Themas ergeben. Als Arbeitstitel der betreffenden Arbeit könnte sich beispielsweise »Die Darstellung des Kriegsendes in Christine Nöstlingers Jugendroman *Maikäfer, flieg* (1973)« herauskristallisiert haben.[6] Im Idealfall ist sich die Schülerin bzw. der Schüler auch darüber klargeworden, welche Fragestellung für ihre bzw. seine Arbeit leitend ist. Im angeführten Beispiel könnte die zentrale Fragestellung etwa lauten: »Wie und mithilfe welcher literarischen Mittel werden in Nöstlingers Roman der tägliche Überlebenskampf und das ideologische Spannungsfeld dargestellt, in dem sich die Figuren angesichts der Luftangriffe der Alliierten und der ankommenden Roten Armee befinden?« Neben diesem inhaltlichen Ertrag sollten sich auch praktische Anhaltspunkte für das konkrete weitere Vorgehen ergeben haben. Aus den Eingrenzungsentscheidungen kann in der Regel eine erste Liste von Aufgaben abgeleitet werden, die die Schülerin bzw. der Schüler abarbeiten muss, um das Schreibprojekt in Gang zu bringen (z. B. Roman wieder lesen und dabei alle für die Fragestellung relevanten Passagen markieren, Wissen über Textanalyse auffrischen, geeignete Literatur über das Ende des Zweiten Weltkrieges in Wien finden).

Arbeit in der Kleingruppe

Nachdem die Lehrperson die Übung vorgestellt hat, arbeiten die Schülerinnen und Schüler mit ihren eigenen Themen. Sie werden dazu in Klein-

6 Für die Anregung zu diesem Beispiel danke ich Marlene Ornik.

gruppen eingeteilt und erhalten die vorbereiteten A3-Bögen und bunten Filzstifte. Die Arbeit in der Kleingruppe dauert insgesamt 60 Minuten, wobei jedes Gruppenmitglied 20 Minuten lang Gelegenheit hat, ihr bzw. sein Thema mithilfe der Methode einzugrenzen. Jeweils zwei Schülerinnen bzw. Schüler übernehmen die Rolle der Lehrperson und befragen mithilfe der »Schrauben« die Schülerin bzw. den Schüler, deren bzw. dessen Thema eingegrenzt werden soll. Auf einem Bogen werden das Thema bzw. der derzeitige Arbeitstitel ihrer bzw. seiner Arbeit und die »Schrauben« verzeichnet. Im Laufe des Peer-Gesprächs werden die »Schrauben« abgearbeitet und die Schülerin bzw. der Schüler macht sich zum einen Notizen zu den besprochenen Eingrenzungsmöglichkeiten und baut dabei den Arbeitstitel zu einer kleinen Beschreibung des Schreibprojekts aus (z. B. »Analyse der literarischen Mittel in Christine Nöstlingers Roman ›Maikäfer, flieg‹, mit denen der tägliche Überlebenskampf der Bevölkerung und die ideologischen Spannungen zwischen den Figuren am Ende des Zweiten Weltkrieges in Wien dargestellt werden«). Zum anderen schreibt sie bzw. er auf, welche konkreten Aufgaben sich ihr bzw. ihm bei der Bearbeitung des Themas stellen (Roman wieder lesen, Wissen über Textanalyse auffrischen …). Wenn nach etwa 15 Minuten die ersten Schülerinnen und Schüler mit der Übung fertig sind, beginnt die Lehrperson von Gruppe zu Gruppe zu gehen und bespricht das Ergebnis der Übung, wobei sie bei Bedarf weitere Fragen stellt oder korrigierend eingreift.

Reflexion und Sicherung des Gelernten

Wenn alle Arbeitsvorhaben auf diese Weise behandelt wurden, wird die Übung im Plenum besprochen und reflektiert. Um den Ertrag der Übung zu sichern, gibt die Lehrperson den Lernenden abschließend den Auftrag, aufgrund der Notizen ein Arbeitsexposé zu erstellen, für das folgende Leitfragen herangezogen werden können:

- Wie lautet das Thema meiner Arbeit?
- Welche Frage(n) will ich beantworten?
- Warum ist es wichtig/interessant, sich mit dieser Frage zu beschäftigen?
- Welches Material bildet die Grundlage meiner Untersuchung? Warum habe ich es ausgewählt?
- Welcher Methoden bediene ich mich?
- Wie könnten die Kapitel aussehen, die ich zur Beantwortung meiner Ausgangsfrage brauche?

Das auf der Grundlage der Übung angefertigte Arbeitsexposé lässt sich als Basis für das nächste Betreuungsgespräch verwenden, und die Schülerinnen bzw. Schüler können es darüber hinaus als Textbasis für die Einleitung der Arbeit nutzen.

Der gesamte Prozessablauf für die Methode »Drehen und Schrauben am Arbeitstitel« lässt sich wie in der folgenden Tabelle dargestellt zusammenfassen.

Tabelle 1: Prozessablauf für die Methode »Drehen und Schrauben am Arbeitstitel«

Ziele	– Thema eingrenzen, eine Fragestellung entwickeln – Arbeitsvorhaben in ein konkretes Schreibprojekt mit klar definierten Aufgaben überführen
Dauer	– 90 Minuten
Sozialformen	– Klassenunterricht (fragend-entwickelnder Vortrag, Vortrag der Lehrperson und Unterrichtsgespräch) – Kleingruppenarbeit (Gruppen à 3 Personen)
Material	– Tafel/Flipchart zur Demonstration der Methode (Farbkreiden/bunte Flipchart-Stifte) – pro Schüler/in einen Bogen A3-Papier, mehrere Packungen bunte Filzstifte, Arbeitsblatt mit Leitfragen für das Arbeitsexposé

Ablauf	*Aktivität*	*Dauer*	*Material*	*Lernergebnisse*
Hinführung und Vorbereitung	Es erfolgen ein Brainstorming und ein Unterrichtsgespräch über die Unterschiede zwischen Alltagswissen und wissenschaftlichem Wissen.	10′	Tafel oder Flipchart zum Notieren während des Brainstormings	Die Schüler/innen sind in der Lage, Alltagswissen und wissenschaftliches Wissen unter Anführung von Kriterien voneinander abzugrenzen.
Kennenlernen der Methode	Die Lehrperson demonstriert die Methode anhand eines Themenbeispiels aus der Klasse.	15′	Tafel bzw. Flipchart, Farbkreiden bzw. bunte Flipchart-Stifte	Die Schüler/innen können Kriterien benennen, die für die Eingrenzung eines Themas relevant sind.

(Fortsetzung nächste Seite)

Ablauf	*Aktivität*	*Dauer*	*Material*	*Lernergebnisse*
Kleingruppenarbeit	Die Schüler/innen wenden die Methode in Kleingruppen zu je 3 Personen an. Jeweils 2 Schüler/innen befragen mithilfe der »Schrauben« die Schülerin bzw. den Schüler, deren bzw. dessen Thema eingegrenzt werden soll. Das betreffende Gruppenmitglied macht sich Notizen zu den besprochenen Eingrenzungsmöglichkeiten, baut den Arbeitstitel zu einer kurzen Beschreibung des Schreibprojekts aus und fertigt eine Liste der konkreten Aufgaben an, die sich bei der Bearbeitung des Themas stellen.	60′	ein Bogen A3-Papier pro Schüler/in, eine Packung bunte Filzstifte pro Kleingruppe	Die Schüler/innen können ihre Themenvorstellung systematisch analysieren und die praktischen Konsequenzen verschiedener Eingrenzungsoptionen einschätzen.
Reflexion und Sicherung des Gelernten	Die Übung wird im Plenum kurz besprochen; zur Sicherung des Ertrages gibt die Lehrperson den Lernenden die Aufgabe, die erzielten Ergebnisse in ein Arbeitsexposé zu überführen.	5′	Arbeitsblatt mit Leitfragen für das Arbeitsexposé	Die Schüler/innen sind in der Lage, die erzielten Ergebnisse für ihren weiteren Arbeitsprozess zu nützen.

4. Rolle der Lehrenden und Lernenden

Bei der Schreibwerkstatt handelt es sich um eine lernendenzentrierte Methode, bei der die Autonomie der Lernenden einen hohen Stellenwert hat. Die Methode setzt von ihrem (schreib-)pädagogischen Konzept her stark auf das gemeinsame Arbeiten einer Gruppe von Peers, die das gleiche Lernziel verfolgen und eine gleichartige Aufgabe zu erfüllen haben. Diesen Ansatz hat Kenneth Bruffee (1999) im Kontext akademischer Schreibzentrumsarbeit theoretisch gefasst und als »Collaborative Learning« beschrieben. Bruffee geht davon aus, dass sich das Erlernen des akademischen Schreibens mit dem Eintritt in eine neue Community verbindet und dass es den Lernenden daher eine Akkulturation in einem ihnen bisher unbekannten Kontext abverlangt. Im Hinblick auf die Abschlussarbeit würde das bedeuten, dass der bevorstehende Übergang von der Schule in die Hochschule oder das Arbeitsleben den Lernenden abverlangt, sich mit einer neuen professionalisierten Schreibpraxis vertraut zu machen. Eine solche

Entwicklungsaufgabe können Lernende Bruffee zufolge innerhalb einer sogenannten Übergangscommunity besonders gut bewerkstelligen. Die Übergangscommunity setzt sich aus Peers zusammen, die sich in derselben Lage befinden und mit der gleichen Aufgabe konfrontiert sind. Der Austausch innerhalb dieser Gruppe führt den Lernenden vor Augen, dass sie sich auf einem Lernweg befinden, für den sie Strategien entwickeln können, und dass auftretende Schwierigkeiten nicht ihrem eigenen Unvermögen oder individuellen Defiziten geschuldet sind, sondern zum Lernprozess gehören.

Aus der Perspektive der Lernenden handelt es sich bei der abschließenden Arbeit um eine Aufgabe, die ihnen viel Eigenverantwortung und Selbständigkeit abfordert. Mit der Betreuung durch die Lehrperson dürfen sie – wie es beispielsweise in der VWA-Handreichung des österreichischen Bundesministeriums für Bildung heißt – »nur im Sinn eines Coachings [rechnen, das] die geforderte Selbständigkeit nicht […] beeinträchtig[t]« (Bundesministerium für Bildung, 2016, S. 9). Nicht selten fühlen sich Schülerinnen und Schüler angesichts dieser Ansprüche unsicher und überfordert. Die Schreibwerkstatt eröffnet Lernenden insofern die Möglichkeit, die Angst vor der anspruchsvollen Aufgabe zu überwinden, als sie ihnen deutlich macht, dass zwar ein hohes Maß an Selbststeuerung notwendig ist, sie jedoch im Arbeitsprozess nicht alleine gelassen werden.

Die Lernenden haben folgende Aufgaben:

- Verantwortung für das Gelingen der Übung übernehmen: Soll die Übung ertragreich sein, müssen die Lernenden sie mit Engagement durchführen und sie als eine Chance begreifen, in ihrem Arbeitsprozess einen entscheidenden Schritt voranzukommen.
- Sich in der Gruppe empathisch und verantwortungsvoll verhalten: In der Kleingruppe nehmen die Schülerinnen und Schüler intensiv an der Bearbeitung der anderen Themen teil. Sie legen den anderen Gruppenmitgliedern gegenüber eine wertschätzende Grundhaltung an den Tag und stellen ihnen Fragen, von deren produktivem und nützlichem Charakter sie überzeugt sind.
- Sich mit Fragen und Einwänden auseinandersetzen, argumentieren: Die Lernenden explizieren ihre Themenvorstellung und bemühen sich darum, sie für die anderen nachvollziehbar darzustellen. Sie reagieren mit Offenheit und Geduld auf Fragen und Bedenken ihrer Peers, wägen diese mit Bedacht ab und nehmen Einwände und Vorschläge entweder auf oder entfalten entsprechende Gegenargumente.
- Den Lernvorgang reflektieren: Wenn die Schülerinnen und Schüler das Gelernte für ihre nächsten Arbeitsschritte nutzbar machen wollen, müssen sie einen metakognitiven Zugriff auf ihren Lernprozess entwickeln. Sie reflektieren daher abschließend die Übung, erkennen den Nutzen

eines methodengeleiteten Vorgehens und stärken so ihre Bereitschaft, ein solches auch bei anderen Aufgaben anzuwenden, die sich im Laufe des Schreibprojekts stellen.

Lehrenden kommt in dieser Konstellation vor allem die Aufgabe zu, gute Rahmenbedingungen für die Arbeit in der Gruppe zu schaffen und methodische Impulse zu geben, die die Lernenden in ihrem Lernprozess weiterbringen. Die Lehrperson fungiert im Rahmen der Schreibwerkstatt als Facilitator, der die Arbeit der Lernenden strukturierend und moderierend unterstützt. Diese Rolle verlangt von der Lehrperson eine zurückgenommene Haltung, für die das Vertrauen in die Selbstständigkeit und Lernfähigkeit der Schülerinnen und Schüler grundlegend ist. Lehrende müssen die Überzeugung hegen, dass ihre Lernenden in der Lage sind, die komplexe Schreibaufgabe Abschlussarbeit erfolgreich zu bewältigen. Hilfreich für das Gelingen einer Schreibwerkstatt ist außerdem, wenn die bzw. der Lehrende sich als Schreibende bzw. Schreibender einbringt, was idealerweise ein Reflektieren der eigenen Erfahrungen mit der jeweiligen Textsorte voraussetzt. Vergegenwärtigt sich die Lehrperson beispielsweise das Verfassen der eigenen akademischen Abschlussarbeit und macht sich ihre persönlichen Irrwege und Erfolgsstrategien bewusst, wird es ihr leichter möglich, die Lernbedürfnisse der Schülerinnen und Schüler wahrzunehmen und sensibler auf sie zu reagieren. Wichtig ist allerdings auch, dass Lehrende den Lernenden ihre Erfolgsstrategien nicht aufzwingen. Für Lehrende, bei denen das Schreiben einer akademischen Arbeit schon länger zurückliegt, bietet es sich an, einschlägige Fort- und Weiterbildungen zu besuchen. Diese bieten Gelegenheit, sich die mit dem (vor-)wissenschaftlichen Schreiben verbundenen Problemstellungen und Herausforderungen ins Gedächtnis zu rufen. In jedem Fall empfiehlt es sich, die Methode vorher selbst auszuprobieren und dafür womöglich einen Kollegen oder eine Kollegin als Sparringspartnerin bzw. -partnerin zu gewinnen.

Bei der Durchführung der Übung »Drehen und Schrauben am Arbeitstitel« hat die Lehrperson konkret folgende Aufgaben:

- Wissen aktivieren: Die bzw. der Lehrende zeigt den Lernenden in der vorbereitenden Unterrichtssequenz auf, dass sie bereits über Wissen darüber verfügen, worauf es beim wissenschaftlichen Arbeiten ankommt. Sie bzw. er sichert und synthetisiert das aktivierte Wissen durch geeignete Visualisierungen.
- Optimale Bedingungen für den Lernerfolg schaffen: Wie sehr die Lernenden von der Übung profitieren, ist einerseits von der Wirksamkeitserwartung abhängig, die sie an die Übung herantragen, und andererseits von der Intensität und Gewissenhaftigkeit, mit der sie sie durchführen. Es obliegt daher der Lehrperson, die Methode so überzeugend zu prä-

sentieren, dass sich bei den Lernenden die Gewissheit einstellt, dass die Übung ihnen bei ihrem Weiterkommen entscheidend helfen wird. Im Hinblick auf die Sicherstellung der Intensität der Übung ist es wichtig, dass die Lehrenden bei der Demonstration der Übung insistent Fragen stellen und beispielhaft verdeutlichen, dass das Formulieren von Bedenken und Einwänden dazu angetan ist, andere bei der Entwicklung ihres Schreibprojekts zu unterstützen. Wenn die Lehrperson wahrnimmt, dass das Gespräch in der Gruppe nicht in Gang kommt oder zu oberflächlich geführt wird, schließt sie sich der Gruppe an, demonstriert die Fragetechnik ein weiteres Mal und hält die Gruppenmitglieder dazu an, einander möglichst intensiv mit Fragen zu konfrontieren.

- Den Arbeitsprozess strukturieren und Lernerträge sichern helfen: Die Lehrperson gibt vor, wie die Zwischen- und Endprodukte der Übung beschaffen sein sollen. Sie achtet darauf, dass sich die Schülerinnen und Schüler während der Arbeit in der Kleingruppe Notizen machen und jede Schülerin bzw. jeder Schüler ihren bzw. seinen Arbeitstitel um ein Mindestmaß an Elementen ausbaut. Sie hilft den Lernenden dabei, den Ertrag der Übung zu sichern, indem sie ihnen als Anschlussaufgabe das Abfassen eines Exposés gibt und ihnen erklärt, dass sie dieses später als Grundlage für die Einleitung der Arbeit heranziehen können. Zudem achtet die Lehrperson auf die Einhaltung der Zeitstruktur, indem sie den Lernenden zu Beginn der Übung einen Vorschlag macht, wie sie die Taktung sicherstellen können (z. B. durch Bestimmung eines Zeitwächters bzw. einer Zeitwächterin), und eingreift, wenn sie bemerkt, dass die Zeitvorgaben in einer Gruppe nicht eingehalten werden.

5. Geforderte und geförderte Kompetenzen

Ein wesentlicher Beweggrund für die verpflichtende Einführung abschließender Arbeiten in der Sekundarstufe bestand darin, die Kompetenzorientierung im Schulunterricht zu stärken und tiefergehend zu implementieren. Wie sich den entsprechenden Handreichungen des österreichischen Bundesministeriums entnehmen lässt, gehen die Entscheidungsträgerinnen und -träger davon aus, dass das Verfassen einer Abschlussarbeit dabei hilft, bisher erworbene Kompetenzen zu festigen, das eigenverantwortliche Handeln der Schülerinnen und Schüler zu fördern und sie auf spätere Herausforderungen in Studium und Beruf vorzubereiten (Bundesministerium für Bildung, 2016). Dieser Erwartung liegt die Ansicht zugrunde, dass eine Einübung in Wissenschaftlichkeit und wissenschaftliches Arbeiten generell eine wichtige Funktion bei der Ausbildung von lebensweltlicher Handlungsfähigkeit erfüllt. Historisch lässt sich diese Annahme auf das Bildungskonzept Wilhelm von Humboldts zurückführen. Humboldt ging bei der Umsetzung seiner Schul- und Universitätsreform im sich modernisierenden Preußen davon aus, dass es im Forschungsprozess ähnlich wie bei der Erfüllung beruflicher und staatsbürgerlicher Aufgaben darum geht, Probleme zu erkennen, sie zu analysieren und eigenständige Lösungen für sie zu entwickeln (Humboldt 1960). Wer gelernt hat, wissenschaftlich zu arbeiten, gewinnt diesem Ansatz zufolge an Problemlösekompetenz und dadurch mehr Agency im Berufs- und Alltagsleben. Dieser Befund wurde auch von schreibdidaktischer Seite (vgl. u. a. Macgilchrist & Girgensohn, 2011; Ruhmann, 2005) immer wieder bestätigt. So haben Schreibdidaktikerinnen und Schreibdidaktiker etwa herausgestellt, dass beim (vor-)wissenschaftlichen Schreiben unter anderem Methodenkompetenzen wie Analysefähigkeit, Lern- und Arbeitstechniken oder Denken in Zusammenhängen zum Tragen kommen, soziale Kompetenzen wie Kritikfähigkeit und Verantwortungsbewusstsein gestärkt werden und sich Personen- oder Selbstkompetenzen wie Selbständigkeit, Organisationsfähigkeit und Zeitmanagement entfalten können (Ortner, 2006; Ruhmann, 2005).

Die Übung »Drehen und Schrauben am Arbeitstitel« bietet den Lernenden die Möglichkeit, sich in verdichteter Form mit den inhaltlichen Anforderungen und Steuerungsaufgaben des Schreibprojekts auseinanderzusetzen und zu erfahren, was ihnen Peer-Feedback nützt. Auf diese Weise stärkt die Übung die Selbstwirksamkeitserwartung und das Selbstbewusstsein der Schülerinnen und Schüler als Schreibende. Werden die konkreten Ergebnisse der Übung in den Blick genommen, so entwickeln die Lernenden eine übergeordnete Fragestellung für ihre Arbeit und bewerkstelligen den Übergang von einer Themenidee zu einem ersten Projektplan, der im Weiteren als Grundlage für die Definition von Arbeitspaketen dienen kann. Wenn es den Lernenden gelingt, die Aufgabenstellungen Themeneingrenzung und Projektplanung im Rahmen der Übung befriedigend zu lösen, ist davon auszugehen, dass u. a. Wissen und Können im Bereich Methodik, Analysefähigkeit, Kommunikation und Selbstständigkeit gefördert wurden.

- Hinführung und Vorbereitung: Im Zuge des Brainstormings zum Begriffsfeld »Wissenschaft/wissenschaftlich« und dem daran anschließenden Gespräch reflektieren die Schülerinnen und Schüler darüber, was wissenschaftliches Wissen im Gegensatz zu Alltagswissen ausmacht. Nach dieser Hinführung sind sie in der Lage, Kriterien für Wissenschaftlichkeit zu nennen. Sie haben außerdem erkannt, dass der wissenschaftspropädeutische Charakter ihrer Abschlussarbeiten es erforderlich macht, ihr Thema möglichst eng einzugrenzen. Indem die Schülerinnen und Schüler nun imstande sind, Alltagswissen und wissenschaftliches Wissen voneinander abzugrenzen und einen Zusammenhang zwischen letzterem und ihrer Arbeit herzustellen, haben sie vernetztes und transferierbares Wissen gewonnen.

- **Kennenlernen der Methode:** Die Schülerinnen und Schüler machen sich mit einer Methode vertraut, die es ihnen ermöglicht, ihre Themenidee für die Arbeit auf ihre Machbarkeit hin zu überprüfen, das noch vage Arbeitsvorhaben einer systematischen Reflexion und kritischen Bewertung zu unterwerfen und es für eine konkrete Weiterbearbeitung aufzubereiten. Dies geschieht im Wesentlichen dadurch, dass die sie mehrere essentielle Gelingensbedingungen für das Schreibprojekt reflektieren und miteinander in Einklang bringen müssen:
  - Sie machen sich bewusst, dass das selbstgewählte Thema in der Regel auf ihren noch ungefilterten Interessenlagen beruht und stärken damit ihre metakognitive Kompetenz.
  - Sie setzen sich mit den Anforderungen auseinander, denen ihre Arbeit genügen muss, und vertiefen damit das im ersten Schritt der Übung erarbeitete Wissen über Wissenschaftlichkeit.
  - Sie lernen Kategorien (Zeit, Ort, Material, Methode, Erkenntnisinteresse) kennen, mit deren Hilfe sie dieses Wissen operationalisieren können, und überführen damit das Gelernte in prozedurales Wissen und eine Erweiterung ihrer methodischen Kompetenz.
  - Indem die Schülerinnen und Schüler lernen, die praktischen Seiten des Schreibprojekts und die Frage seiner Machbarkeit zu beachten, stärken sie ihre Steuerungskompetenz und Selbständigkeit.
- **Arbeit in der Kleingruppe**: Im Rahmen des vorstrukturierten Gesprächs in der Kleingruppe geht es für die Schülerin bzw. den Schüler, deren Thema bearbeitet wird, darum,
  - den beiden Peers ihre bzw. seine bisherigen Überlegungen zu erläutern (argumentative Kompetenz),
  - sich kritischen Nachfragen zu stellen (kommunikative Kompetenz),
  - systematisch verschiedene Aspekte der ursprünglichen Themenvorstellung zu analysieren und diese gegebenenfalls zu adaptieren (Analysefähigkeit, Fähigkeit zur Selbstkritik) sowie
  - die inhaltlichen wie praktischen Konsequenzen verschiedener Eingrenzungsoptionen einzuschätzen (Folgenabschätzung, Steuerungskompetenz).
  - Die beiden unterstützend wirkenden Schülerinnen und Schüler nehmen durch das Stellen geeigneter Fragen am Arbeitsprozess der dritten Person teil und trainieren dabei vor allem Empathie und Verantwortung wie auch ein Geben von Rückmeldungen in Form von Fragen, das die Verantwortung bei derjenigen Person belässt, die die Rückmeldung bekommt.

- **Reflexion und Sicherung des Gelernten**: Die Lernenden reflektieren ihren Lernprozess und begreifen, dass bei der Anwendung geeigneter Instrumente Arbeitsfortschritte und Kompetenzzuwächse auch innerhalb kurzer Zeit erzielt werden können (metakognitives Wissen). Um das Gelernte und die mithilfe der Übung erzielten Resultate zu sichern, gibt die bzw. der Lehrende den Lernenden das Abfassen eines Exposés auf, in welchem die neu erlernten Kategorien wieder aufgegriffen werden (transferierbares Wissen) und eine Ergebnissicherung in einer Sprache erfolgen muss, die zwischen bekannten Registern und den Merkmalen einer Wissenschaftssprache steht (Methodenwissen).

6. Fazit

Als die umfangreichste und komplexeste Textsorte, die in der Sekundarstufe erlernt wird, stellen wissenschaftspropädeutische Arbeiten hohe Anforderungen an Schülerinnen und Schüler: Der Planungsaufwand ist hoch und der Arbeitsprozess langfristig angelegt. Die Rechercheaufgaben sind umfassend und unterliegen klar definierten Qualitätskriterien. Die Schülerinnen und Schüler müssen einen geeigneten methodischen Rahmen für die Arbeit entwickeln und eigenständig eine Antwort auf ihre Fragestellung finden. Sie müssen an neuralgischen Punkten des Arbeitsprozesses Feedback einholen und schließlich die Resultate ihrer Forschung in einer sprachlichen Form darlegen, die die spezifischen Merkmale der zu erlernenden Textsorte aufweist. Das Lernsetting der Schreibwerkstatt ermöglicht Lernenden die Erfahrung, dass sie komplexe Schreibaufgaben durch strukturiertes Vorgehen und mithilfe geeigneter Methoden bewältigen können und dass bei der Bearbeitung der der Aufgabe das Gespräch mit Peers sowie mit Expertinnen und Experten eine wichtige Ressource darstellt. Im Rahmen der Übung »Drehen und Schrauben am Arbeitstitel« erarbeiten die Schülerinnen und Schüler eine übergeordnete Fragestellung für ihre Arbeit und vollziehen den Übergang von ihrer Themenidee zu einem ersten Projektplan. Wenn es den Lernenden mithilfe der Übung gelingt, die Aufgabenstellungen Themeneingrenzung und Projektplanung zu lösen, stärken sie u. a. ihr Wissen und Können im Methodenbereich sowie ihre Analysefähigkeit, Kommunikation und Selbstständigkeit.

Literatur

Baurmann, Jürgen (2005). Schreiben lernen – beim Schreiben lernen: Schreibdidaktische Grundlagen. In Ulf Abraham, Claudia Kupfer-Schreiner & Klaus Maiwald (Hrsg.), *Schreibförderung und Schreiberziehung. Eine Einführung für Schule und Hochschule* (S. 48–56). Donauwörth: Auer.

Beaufort, Anne (2014). Wie Schreibende sich an neue Schreibsituationen anpassen. In Stephanie Dreyfürst & Nadja Sennewald (Hrsg.), *Schreiben. Grundlagentexte zur Theorie, Didaktik und Beratung* (S. 153–167). Opladen, Toronto: Budrich.

Bundesministerium für Bildung (2016). *Die kompetenzorientierte Reifeprüfung. Vorwissenschaftliche Arbeit. Unverbindliche Handreichung für das Prüfungsgebiet »vorwissenschaftliche Arbeit« (VWA).* Abgerufen am 29.08.2016 von https://www.bmb.gv.at/schulen/unterricht/ba/reifepruefung_ahs_vwa_handreichung.pdf?5kh3zi

Becker-Mrotzek, Michael & Schindler, Kirsten (2007). Schreibkompetenz modellieren. In Michael Becker-Mrotzek & Kirsten Schindler (Hrsg.), *Texte schreiben* (S. 7–26). Duisburg: Gilles&Franke.

Bräuer, Gerd (1996). *Warum Schreiben? Schreiben in den USA: Aspekte, Verbindungen, Tendenzen.* Frankfurt am Main: Peter Lang.

Bruffee, Kenneth A. (1999). *Collaborative learning. Higher education, interdependence, and the authority of knowledge.* Baltimore: John Hopkins University Press.

Girgensohn, Katrin (2007). *Neue Wege zur Schlüsselqualifikation Schreiben. Autonome Schreibgruppen an der Hochschule.* Wiesbaden: VS Verlag für Sozialwissenschaften.

Girgensohn, Katrin & Sennewald, Nadja (2012). *Schreiben lehren, Schreiben lernen. Eine Einführung.* Darmstadt: Wissenschaftliche Buchgesellschaft.

Gruber, Helmut (2010): Modelle des wissenschaftlichen Schreibens. Ein Überblick über zentrale Ansätze und Theorien. In Annemarie Saxalber & Ursula Esterl (Hrsg.), *Schreibprozesse begleiten. Vom schulischen zum universitären Schreiben* (S. 17–39). Innsbruck: StudienVerlag.

Huemer, Birgit, Rheindorf, Markus & Gruber, Helmut (2012). *Abstract, Exposé und Förderantrag. Eine Schreibanleitung für Studierende und junge Forschende.* Wien: Böhlau.

Hofer, Christian (2006). *Blicke auf das Schreiben. Schreibprozessorientiertes Lernen. Theorie und Praxis.* Wien: Lit.

Humboldt, Wilhelm von (1960). Ideen zu einem Versuch, die Grenzen der Wirksamkeit des Staates zu bestimmen. In Andreas Filtner & Klaus Giel (Hrsg.), *Werke in fünf Bänden. Band I: Schriften zur Anthropologie und Geschichte* (S. 56–233). Stuttgart: Cotta'sche Buchhandlung.

Knorr, Dagmar (Hrsg.). (2016). *Akademisches Schreiben* (Halbband 1). *Vom Qualitätspakt Lehre geförderte Schreibzentren und Schreibwerkstätten.* Hamburg: Universität Hamburg.

Kruse, Otto & Ruhmann, Gabriela (2006). Prozessorientierte Schreibdidaktik: Eine Einführung. In Otto Kruse, Katja Seifried & Marianne Ulmi (Hrsg.), *Prozessorientierte Schreibdidaktik. Schreibtraining für Schule, Studium und Beruf* (S. 13–35). Bern: Haupt.

Macgilchrist, Felicitas & Girgensohn, Katrin (2011). Humboldt meets Bologna. Developments and Debates in Institutional Writing Support in Germany. *Canadian Journal for Studies in Discourse and Writing, 23*(1), 1–19.

Ortner, Hanspeter (2006). Spontanschreiben und elaboriertes Schreiben – wenn die ursprüngliche Lösung zu einem Teil des (neuen) Problems wird. In Walter Kissling & Gudrun Perko (Hrsg.), *Wissenschaftliches Schreiben in der Hochschullehre. Reflexionen, Desiderate, Konzepte* (S. 77–101). Innsbruck: Studienverlag.

Pohl, Thorsten (2007). *Studien zur Ontogenese wissenschaftlichen Schreibens*. Tübingen: Niemeyer.

Portmann-Tselikas, Paul R. (2005). Schreiben und Überarbeiten von Texten. In Ulf Abraham, Claudia Kupfer-Schreiner & Klaus Maiwald (Hrsg.), *Schreibförderung und Schreiberziehung. Eine Einführung für Schule und Hochschule* (S. 174–186). Donauwörth: Auer.

Ruhmann, Gabriela (2005). Über einen ungehobenen Schatz der Hochschullehre. In Ulrich Welbers (Hrsg.), *The Shift from Teaching to Learning* (S. 269–275). Bielefeld: Bertelsmann.

Struger, Jürgen (2010). Informationskompetenz als Element eines Schreibkompetenzmodells. Überlegungen zur Textsorte »Vorwissenschaftliche Arbeit« im Rahmen der Reifeprüfung im Fach Deutsch. In Annemarie Saxalber & Ursula Esterl (Hrsg.), *Schreibprozesse begleiten. Vom schulischen zum universitären Schreiben* (S. 127–141). Innsbruck: Studienverlag.

Steinhoff, Torsten (2007). *Wissenschaftliche Textkompetenz. Sprachgebrauch und Schreibentwicklung in wissenschaftlichen Texten von Studenten und Experten*. Tübingen: Niemeyer.

Michaela Stock und Elisabeth Riebenbauer

World Café in der Übungsfirma

Bei kompetenzorientiertem Unterricht gilt die Devise: Schauen, was herauskommt, denn Kompetenz ist ein hypothetisches Konstrukt, das sich erst in der Performanz zeigt. Bei der Kompetenzentwicklung im Unterricht zählt somit nicht primär der Input. Dennoch kann bei der Unterrichtsgestaltung die Frage nach der Methode nicht ganz außer Acht gelassen werden. In diesem Beitrag wird die handlungsorientierte Methode Übungsfirma mit ihren Potentialen vorgestellt, wobei insbesondere auf Kommunikation, Austausch über Zusammenhänge und Wechselwirkungen bei der Übungsfirmenarbeit sowie kollektive Kreativität mit Unterstützung des World Cafés eingegangen wird. Zu Beginn wird die Methode kurz beschrieben, des Weiteren ein konkretes Unterrichtsbeispiel vorgestellt und der Prozessablauf in Bezug auf den Verlauf des World Cafés skizziert. Darauf aufbauend werden die Rolle der Lehrenden sowie der Lernenden diskutiert, gefolgt von einer Diskussion der möglichen Kompetenzentwicklung einerseits und der Wissensförderung andererseits.

1. Übungsfirma als Unternehmenssimulation zu Lernzwecken

Kompetenzentwicklung im schulischen Unterricht ist nicht per se an eine bestimmte Methode gebunden; Kompetenzentwicklung ist also keine Frage der Methode. Dennoch erleichtert die eine oder andere Methode die Förderung der Kompetenzentwicklung der Lernenden.

Eines der vier Grundmerkmale von Kompetenzen ist nach Kaufhold (2006), dass sie »sich in der Bewältigung von Handlungssituationen« (S. 22) äußern und somit Methoden der handlungsorientierten Didaktik als besonders prädestiniert zur Förderung der Kompetenzentwicklung im Unterricht erscheinen. Bei der Methode Übungsfirma als eine mögliche Form der

Lernfirma liegt der Fokus auf der handlungsorientierten Didaktik. Die Übungsfirma ist eine Unternehmenssimulation zu Lernzwecken, d. h. es handelt sich um ein didaktisches Konstrukt und keineswegs um eine idente Abbildung eines Unternehmens aus der Realität (vgl. u. a. Stock & Riebenbauer, 2011, 2013; Stock, Riebenbauer & Dreisiebner, 2016; Tramm & Gramlinger, 2006; Reetz, 1986). Sie kann wie folgt definiert werden: »Die Übungsfirma ist ein kompetenzorientierter Lernort, in dem firmenähnliche Abläufe nach marktwirtschaftlichen Gesichtspunkten abgewickelt werden. Sie basiert auf einem betriebswirtschaftlich validen Modell und ist in eine Übungsvolkswirtschaft eingebettet. Mit der dualen Sichtweise (Lernort und Betrieb) kommt der Modellierung des Betriebes eine große Bedeutung zu, da er die Basis für die Übungsfirma als Lernort bildet. Das Arbeiten und Lernen in der Übungsfirma zielt vor allem auf den Auf- und Ausbau der Handlungskompetenz im Sinne des vollständigen Handelns der Lernenden ab« (Stock & Riebenbauer, 2011, S. 5).

Eine Übungsfirma wird somit zum Lernen aufgebaut, wo die besondere Aufmerksamkeit u. a. auf Entwicklung, Vernetzung, Transfer, Komplexität, Erkennen von wirtschaftlichen und volkswirtschaftlichen Zusammenhängen und Wechselbeziehungen, gemeinsames Lernen, Kreativität und individuelles Fördern der Potentiale der Lernenden gerichtet ist. Das bedeutet, dass es in der Übungsfirma für die Lernenden nicht darum geht, nur Wissen anzuwenden oder ein Praxistraining zu bekommen, sie sollen vielmehr im und am Modell lernen können. Den Lehrenden kommt bei dieser Methode eine bedeutende Rolle zu (Stock & Riebenbauer, 2013), sind sie doch für die Gestaltung (Modellierung) der Übungsfirma als Lernort und Betrieb verantwortlich.

Beim Lernen im und am Modell steht das »Entwickeln von wirtschaftlichem Prozess- und Systemverständnis der Lernenden [...] im Mittelpunkt der didaktischen Bemühungen« (Riebenbauer & Stock, 2016, S. 258). Hierfür kreierte Reetz schon 1977 den Begriff der Übungsfirma als »Lernort eigener Prägung« (Reetz, 1977, S. 4); ein Verständnis, in dem Übungsfirma »als handlungs- und kompetenzorientierte Methode die Förderung der Verknüpfung von Denken und Handeln im Sinne der intellektuellen Regulation des Handelns« (Stock & Riebenbauer, 2013, S. 623) fokussiert.

Da Übungsfirma eine Unternehmenssimulation zu Lernzwecken ist, bietet jede Übungsfirma entsprechend ihrer entwickelten Geschäftsidee verschiedene Waren oder Dienstleistungen am Übungsfirmenmarkt an. Die Produkt-, Dienstleistungs- und Geldströme sind fiktiv, die Kontakte zu den anderen Übungsfirmen in der nationalen und internationalen Übungsfirmenvolkswirtschaft bestehen jedoch real. Damit diese reale Übungsfirmenvolkswirtschaft funktioniert, wird z. B. in Österreich der Übungsfirmenmarkt von ACT (Austrian Center for Trainings Firms) koordiniert, einer

Servicestelle, die vom BMB (Bundesministerium für Bildung) eingerichtet wurde. ACT simuliert für die Übungsfirmenvolkswirtschaft z. B. Behörden, Firmenbuch, Bank, Finanzamt, Gericht und Sozialversicherung (ACT, 2016).

In Österreich hat die Übungsfirma eine lange Geschichte, da sie u. a. seit den 1990er Jahren in den wirtschaftlichen berufsbildenden mittleren und höheren Schulen (Handelsakademie und Handelsschule) als Pflichtfach verankert und auch in anderen Schularten zu finden ist. Es gibt in Österreich derzeit (Stand 2016) mehr als 900 aktive Übungsfirmen (ACT, 2016). Auch weltweit ist die Übungsfirma als mehrdimensionale Lehr- und Lernform sehr beliebt und es sind mehr als 7.500 Übungsfirmen in über 40 Ländern (Stand 2016) registriert (Europen, 2016).

2. Unterrichtsbeispiel: World Café in der Übungsfirma

Bei den pädagogischen Bemühungen im Rahmen der Übungsfirma geht es darum, wie Lernende vom Unterricht im Sinne von Lernen im Modell (Lernen/Handeln in einem Unternehmen respektive einer Volkswirtschaft) und Lernen am Modell (Lernen/Handeln aus einer Metaperspektive) profitieren können. Im Mittelpunkt stehen die Performanz der Lernenden und die Fragen, wie sie die Herausforderungen im Kontext der Übungsfirmenarbeit bewältigen können, wie sie aber auch zur Weiterentwicklung des Unternehmens beitragen und organisationale Veränderung bewirken können. Die Bewältigung von Routinearbeiten im Unternehmenskontext einerseits und von komplexen Anforderungen andererseits sind in diesem Zusammenhang von zentraler Bedeutung.

Das World Café ist eine Möglichkeit, sich diesen komplexen Herausforderungen in der Übungsfirmenarbeit zu stellen. Es ist ein didaktisches Setting – manchmal wird es auch als Methode, Instrument oder Technik bezeichnet (vgl. z. B. Gloger, 2004; Partizipation, 2016) –, mit dem auf sehr einfache Art und Weise Lernende in kreativen Austausch gebracht werden können. Die Idee hinter dem World Café ist die Vorstellung, dass sich die ganze Welt in einem Kaffeehaus trifft, um sich auszutauschen. Die Menschen bekommen die Gelegenheit, ihre Kreativität und Innovationskraft auszuleben und die Chance, dabei Spuren zu hinterlassen. Es geht um den Austausch von neuen Ideen, nicht nur um ihre Präsentation, und darum, Unternehmen stark zu machen, damit sie Veränderungsprozessen standhalten und Weiterentwicklung im Sinne einer lernenden Organisation einleiten und leben können. Im Mittelpunkt des didaktischen Designs World Café stehen die Menschen; es zielt auf das Fördern von Potentialen sowie auf kollektive Intelligenz, Kreativität und zwischenmenschliche Beziehungen ab (Gloger, 2004; Schieffer, Isaacs & Gyllenpalm, 2004; Senge, 2005).

Das World Café wurde Mitte der 1990er Jahre von Juanita Brown und David Isaacs in den USA entwickelt (Schieffer, Isaacs & Gyllenpalm, 2004), um Menschen miteinander ins Gespräch zu bringen bzw. um sie einzuladen,

- auf eine bestimmte Art und Weise miteinander zu kommunizieren,
- kollektive Lernprozesse zu starten,
- Abteilungs- und Prozessgrenzen im Unternehmen zu überwinden,
- gemeinsam in Dialog zu treten,
- gemeinsam nachzudenken und kollektive Kreativität zu nutzen,
- sich auszutauschen und gemeinsam Veränderungen im Unternehmen einzuleiten.

Zusammenfassend lässt sich das World Café wie folgt definieren: »Das World Café ist ein organisatorischer und sozialer Designprozess, der einen Weg bietet, in großen Gruppen Dialoge zu wesentlichen Fragen zu führen und dabei die Grenzen gemeinsamen Denkens spürbar zu erweitern. Das World Café ist ein überaus effektiver Wegbereiter für neue Handlungsmöglichkeiten und ist leicht einsetzbar in Organisationen und Gruppen« (Schieffer, Isaacs & Gyllenpalm, 2004, S. 40).

Der Übungsfirmenunterricht beginnt üblicherweise mit der Planung des gesamten Übungsfirmenschuljahres. Einerseits ist zu klären, mit welchen Voraussetzungen die Lernenden in die Übungsfirma kommen und welche Kompetenzen sie in der Übungsfirmenarbeit (weiter-)entwickeln sollen. Andererseits sind auch unterschiedliche organisatorische Aspekte (z. B. Fortführung oder Neugründung, Raum- und Ressourcenfragen, Team-Teaching, Klassenteilung, Schwerpunktsetzungen) abzuklären. Der Unterricht bzw. das Arbeiten in der Übungsfirma wird zu Schulanfang – nach Klärung strategischer Fragestellungen – in der Regel mit der Bewältigung der gewöhnlichen betrieblichen Abläufe beginnen, d. h. in einem ersten Schritt wird die Bewältigung der Routinetätigkeiten im Unternehmenskontext für die Lernenden in der Übungsfirma im Vordergrund stehen. Diese Arbeiten in Abteilungen und Prozessen der Übungsfirma verleiten die Lernenden oft dazu, sich allein auf die eigenen Aufgabenstellungen zu konzentrieren, ohne darüber nachzudenken, welche Auswirkungen die eigene Arbeit auf vor- und nachgelagerte Abläufe, andere Abteilungen und Prozesse haben kann. Auch wird der Kommunikation über die eigenen Abteilungs- und Prozessgrenzen hinaus oft wenig Bedeutung beigemessen und für gemeinsames Entwickeln von neuen Ideen findet sich meist kein Raum. Durch diese Arbeitsteilung in der Übungsfirma geht die Sicht auf die Gesamtzusammenhänge im simulierten Unternehmen Schritt für Schritt verloren. Um diese Zusammenhänge wieder in den Blickpunkt der Lernenden in der

Übungsfirmenarbeit zu rücken, ist das World Café sehr gut geeignet. Es bietet sich an, einen Übungsfirmentag als World Café zu gestalten, um beispielsweise nach einigen Wochen der routinierten Übungsfirmenarbeit den Lernenden zu ermöglichen, den Fokus wieder auf die Zusammenhänge und Wechselwirkungen sowie auf Kommunikation und Kreativität zu richten. Auch die Zeit vor der Job-Rotation – so eine vorgesehen ist – wäre ein guter Zeitpunkt für das World Café im Übungsfirmenunterricht.

3. Prozessablauf des World Cafés in der Übungsfirma

Zentrale Anforderungen an die Lehrenden sind sowohl die Modellierung der Übungsfirma generell als auch die Unterrichtsplanung für den Übungsfirmenunterricht – ebenso will auch das World Café im Rahmen der Übungsfirmenarbeit wohl gestaltet sein. Das Design des World Cafés wurde von den Autorinnen mit einem externen Unternehmensberater an die Bedürfnisse einer Übungsfirma angepasst und über die Jahre laufend weiterentwickelt.

Bevor der eigentliche Ablauf des World Cafés in der Übungsfirma beginnen kann, sind im Vorfeld folgende Fragen und Rahmenbedingungen zu klären:

- Zielsetzung des Word Cafés mit den Lernenden in der Übungsfirma festlegen.
- Gastfreundlichen Rahmen – Kaffeehaus-Atmosphäre – schaffen und Gasttische vorbereiten.
- Aktive Teilnahme der Lernenden fordern und fördern.
- Fragen für die Übungsfirma festlegen, die für die Lernenden wirklich relevant sind.
- Unterschiedliche Zugänge und Perspektiven aus den Abteilungen und Prozessen der Übungsfirma verbinden.
- Gemeinsame Erkenntnisse zusammenführen, Entwicklungspotentiale festhalten und Prozess reflektieren.

In der Folge gilt es, diese Fragen und Rahmenbedingungen im Einzelnen zu erläutern, wobei bei den Darstellungen insbesondere auf die Spezifika des World Cafés in der Übungsfirma eingegangen werden soll.

Zielsetzung

In einem ersten Schritt ist die Zielsetzung für das Zusammentreffen und den Austausch der Lernenden in der Übungsfirma festzulegen. Für das World

Café im Rahmen des Übungsfirmenunterrichts lassen sich folgende Ziele vorschlagen:

- Auf Distanz zum eigenen routinierten betrieblichen Handeln gehen.
- Austausch mit anderen Lernenden über dieses betriebliche Handeln beginnen.
- Aus der eigenen Mikrosicht auf das Unternehmen aussteigen und eine Makrosicht einnehmen, um übereinander und voneinander zu lernen.
- Vom Lernen im Modell zum Lernen am Modell wechseln.
- Vernetzungen zwischen Abteilungen und Prozessen entdecken.
- Gemeinsames Entwicklungs- und Veränderungspotential für das Unternehmen entdecken und nutzen.
- Kreatives Potential im Team wecken und fördern.
- Gemeinsames Lernen ermöglichen sowie Reflexion und Kompetenzentwicklung fördern.
- Spaß haben.

An diesen Zieldimensionen wird deutlich, dass mit dem World Café ein Rahmen geschaffen wird, der es den Lernenden ermöglichen soll, sich in der Übungsfirmenarbeit neben dem Alltagsgeschäft im unternehmerischen Kontext mit Entwicklung, Vernetzung, Transfer, Komplexität, Erkennen von betriebswirtschaftlichen und volkswirtschaftlichen Zusammenhängen und Wechselbeziehungen, gemeinsamem Lernen und Fördern der Potentiale auseinanderzusetzen.

Setting und Aufgabenstellung

In einem zweiten Schritt gilt es, nach dem Motto: »die ganze Welt trifft sich in einem Kaffeehaus und tauscht sich aus«, ein Setting zu schaffen. So sitzen die Teilnehmenden am World Café an kleinen Tischen, sollen miteinander intensiv ins Gespräch kommen, sich zu bestimmten Fragestellungen austauschen und Spuren hinterlassen. »Leitidee des World Cafés ist die lockere Gestaltung eines Straßencafés, in dem sich Menschen zwanglos unterhalten« (Gloger, 2004, S. 54). Um hier die Voraussetzungen in der Übungsfirma zu schaffen, wird für jede Abteilung und jeden Prozess in der Übungsfirma ebenso wie für die Geschäftsführung ein sogenannter Heimattisch vorbereitet. Hier sind die Leiterinnen bzw. Leiter der jeweiligen Abteilung bzw. des jeweiligen Prozesses Gastgeberinnen und Gastgeber. Sie bereiten ihren Tisch mit kurzen Infos zu ihrem jeweiligen Bereich und ihren eigenen Fragen vor. Die Tische sind mit Flipchart-Papier bedeckt, es stehen Stifte zur Verfügung und der Tisch ist hübsch (z. B. mit Blumen, Getränken und Keksen) gestaltet. Folgende Abbildung zeigt das Grundsetting für das

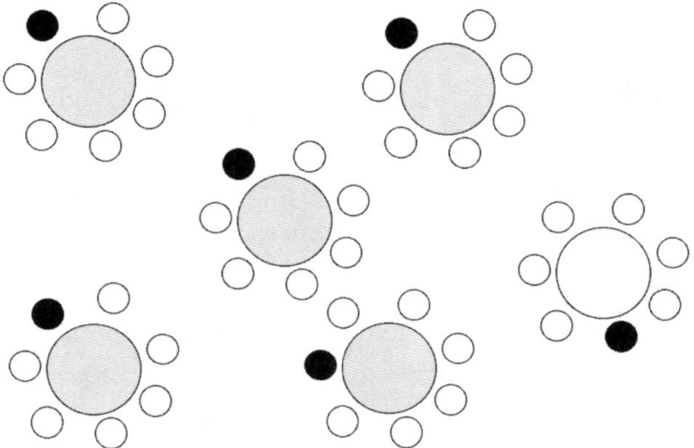

Abbildung 1: World Café, Setting für den Austausch in der Übungsfirma (Adaption des Grundmodells von Berchtold, 2005)

Übungsfirmen-World-Café, wobei die Anzahl der Tische von der Anzahl der Abteilungen und Prozesse in einer Übungsfirma abhängig ist, d. h. je Abteilung/je Prozess gibt es einen Tisch.

Eine Person leitet den Kaffeetisch als Gastgeberin oder Gastgeber. Sie stellt ihre Abteilung bzw. ihren Prozess in der Übungsfirma kurz vor und erörtert mit ihren Teilnehmerinnen und Teilnehmern die gemeinsamen Fragestellungen. Es gilt, die Gäste untereinander in ein intensives Gespräch über die Übungsfirma bzw. in einen anregenden Austausch zu den jeweiligen Fragestellungen zu bringen. Ziel des World Cafés ist es, zu den jeweiligen Fragestellungen für die Übungsfirma gemeinsame innovative Handlungsoptionen zu finden (Riebenbauer, 2008).

Ablauf

Das World Café wird von einer Moderatorin bzw. einem Moderator (es bietet sich hierfür i. d. R. die Lehrkraft an) vorgestellt. Dabei werden u. a. auch Idee, Zielsetzung und Ablauf erläutert. Nach dieser kurzen Einführung starten die Teilnehmenden beim Übungsfirmen-World-Café an ihren Heimattischen, d. h. Heimattisch ist die Abteilung/der Prozess, in dem die jeweiligen Lernenden in der Übungsfirma arbeiten. Die Lernenden versuchen in der ersten Runde an ihrem Heimattisch z. B. folgende Fragen zu klären: Was möchten wir von den anderen Abteilungen und Prozessen erfahren? Wo gibt es unbekannte Schnittstellen bzw. Überschneidungen und

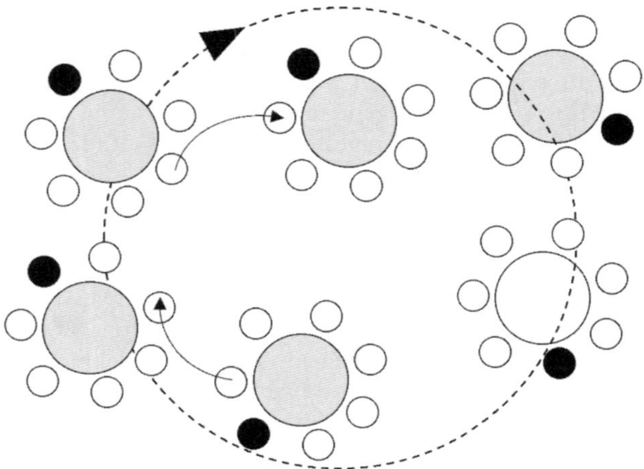

Abbildung 2: World Café, Prozessablauf in der Übungsfirma (Adaption des Grundmodells von Berchtold, 2005)

Lücken zu den anderen? Wo und wie können Synergien genutzt werden? Welche Verbesserungspotenziale haben wir? Wie können wir uns und unsere Übungsfirma weiterentwickeln? Dafür stehen 20 Minuten zur Verfügung, wobei dieses Zeitfenster je nach Fragestellung bzw. Anzahl der Fragen variiert werden kann und soll. Der gesamte Ablauf gestaltet sich wie folgt:

- 1 Runde am Heimattisch zum Start der Reise
- 5 Runden: Besuche an den Tischen der anderen Abteilungen und Prozesse
- 1 Runde am Heimattisch zum Abschluss der Reise
- Reflexion im Plenum

Jede Runde dauert ca. 20 Minuten.

Nach dem Start am Heimattisch kann auf unterschiedliche Art und Weise ein Weiterwechseln zu den anderen Tischen erfolgen. Im vorliegenden Beispiel wird die in Abbildung 2 visualisierte Form vorgeschlagen. Die Modellübungsfirma verfügt in diesem Beispiel über fünf Abteilungen und Prozesse sowie eine Geschäftsleitung, die jeweils einen eigenen Kaffeetisch gestalten.

Die Gastgeberin bzw. der Gastgeber des Tisches bleibt immer am jeweiligen Tisch, die neuen Gäste werden willkommen geheißen und bekommen zu Beginn eine Einführung in den jeweiligen Bereich sowie die bisherigen Diskussionen und Erkenntnisse. Von der Gastgeberin bzw. dem Gastgeber wird so auch die Rolle der Meinungsbotschafterin bzw. des Meinungsbotschafters übernommen (Gloger, 2004). Die Teilnehmenden wandern im vorgestellten Prozessablauf (Abbildung 2) von Tisch zu Tisch, kommen immer wieder in regen Austausch und suchen nach kreativen Lösungen und Ideen für ihre Fragestellungen rund um ihre Übungsfirma. Wichtige Ergebnisse oder auch weitere Fragestellungen werden auf den Flipchart-Tischtüchern festgehalten.

Am Ende – diese Runde wird wieder durch die Moderatorin bzw. den Moderator des Übungsfirmen-World-Cafés geleitet –, wenn wieder alle an ihren Heimattischen angelangt sind, werden zentrale Ergebnisse im Plenum diskutiert und neue Ideen und Erkenntnisse gesammelt sowie festgehalten. Ebenso erfolgt eine gemeinsame Reflexion über den Prozess und seine Wirkung auf die Lernenden und ihre eigene Weiterentwicklung. Es bewährt sich, dass für die Taktung des gesamten Ablaufs eine Person das Zeitmanagement übernimmt; dies muss keinesfalls von den Lehrenden übernommen werden.

Für die Unterstützung des Prozessablaufs kann auch noch eine Café-Etikette für die Arbeit mit dem World Café festgelegt werden. Diese Café-Etikette kann beispielsweise folgendermaßen aussehen:

Der Zeitaufwand für das World Café beläuft sich auf ca. zwei bis drei Stunden, je nach Anzahl der Tische und gewährter Zeit je Runde. Bei der Frage nach dem besten Zeitpunkt bietet es sich beispielsweise an, das World Café vor einer Jobrotation in der Übungsfirma, welche meistens einmal im Schuljahr vorgesehen ist, einzuplanen. So bekommen die Lernenden vor dem Rollentausch nochmals die Gelegenheit, sich einen Einblick in die neuen Bereiche und vor allem über die Zusammenhänge in der Übungs-

Café-Etikette

Fokus auf das, was wichtig ist.

Eigene Ansichten und Sichtweisen beitragen.

Sprechen und Hören mit Herz und Verstand.

Hinhören, um wirklich zu verstehen.

Ideen verlinken und verbinden.

Aufmerksamkeit auf die Entdeckung neuer Erkenntnisse und tiefergehender Fragen. Spielen, kritzeln, malen – auf die Tischdecke schreiben ist erwünscht!

Haben Sie Spaß dabei!!!

Abbildung 3: World Café, Café-Etikette (Whole Systems Associates, 2002)

firma zu verschaffen. Für das Lernen in der Übungsfirma und auch bei der Unterstützung durch das World Café gilt, dass es in einem Unternehmen und somit auch in der Übungsfirma nicht ausreicht »die Dinge richtig zu tun, sondern […] der wirkliche Lernzuwachs […] entsteht [dann], wenn auch versucht wird, die richtigen Dinge zu tun« (Berchtold & Trummer, 2000, S. 69), um sich und die Arbeiten im Unternehmen zu vernetzen und um gemeinsame Ziele zu erreichen.

4. Rolle der Lehrenden und Lernenden

In Bezug auf die Rollen der Lehrenden und Lernenden stellt die performative Methode Übungsfirma hohe Anforderungen an die Lehrenden ebenso wie an die Lernenden, denn Übungsfirmenarbeit ist stets ergebnisoffen, Modellierung von Lernort und Betrieb sind anspruchsvoll und es gibt immer eine Rollendualität (Lernort und Betrieb, Lernen im und am Modell).

Die Lehrperson übernimmt neben den pädagogischen Aufgaben respektive Verantwortungsbereichen zumeist auch die Geschäftsführung in der Übungsfirma. Nach Baumann (2009) sind folgende Rollen für Lehrende in der Übungsfirma generell denkbar: Konstruktion, Administration, Intervention, Konsultation, Simulation und Manipulation. Mit Konstruktion ist die Gestaltung des ökonomisch validen Modells gemeint, d. h. die Aufgabe der Modellierung. Die Administration bezieht sich auf die Aufrechterhaltung des laufenden Betriebes ebenso wie auf die Stabilität und Stimmigkeit des Modells sowie auf die Sicherstellung der Vollständigkeit des Handelns der Lernenden – dies ist stets eine hohe Herausforderung für die Lehrenden. »Die Bereiche Intervention, Konsultation und Simulation sowie Manipulation zeigen auf, dass das Verhältnis zwischen Lehrenden und Lernenden als abwechselnd beschrieben werden kann – es ist ein gegenseitig erlebtes Intervenieren und Konsultieren« (Stock & Riebenbauer, 2013, S. 630). Beim World Café im Speziellen kommt den Lehrenden auch eine Doppelrolle zu: Einerseits sind sie Moderatorin bzw. Moderator des gesamten Prozesses und andererseits sind sie Teilnehmende, denn wie im Abschnitt »Prozessablauf des World Cafés in der Übungsfirma« beschrieben, hat die Geschäftsleitung einen eigenen Kaffeehaustisch und ist somit Gastgeberin im Austausch und beim gemeinsamen Lernen. Wird die Geschäftsleitung der Übungsfirma nicht von der bzw. dem Lehrenden wahrgenommen, dann würde diese Doppelrolle wegfallen und die bzw. der Lehrende übernimmt nur die Moderation des Übungsfirmen-World-Cafés.

Auch die Lernenden übernehmen in der Übungsfirma verschiedene Rollen: Zum einen agieren sie in den betrieblichen Organisationseinheiten,

z. B. im Einkauf, Marketing oder Rechnungswesen, als Mitarbeiterinnen und Mitarbeiter. Sie sind sowohl in operative Geschäftstätigkeiten als auch in strategische Entscheidungen eingebunden. Die intellektuelle Regulation und Vollständigkeit des Handelns (vgl. im Detail Peterßen, 2009) stehen dabei im Vordergrund. Zum anderen gestalten sie als Lernende in der Übungsfirma ihre Lernprozesse zunehmend selbst. Sie formulieren eigene Lernziele, planen Lernschritte und reflektieren Lernergebnisse, indem sie sich sowohl mit internen betriebswirtschaftlichen Zusammenhängen und markt- bzw. volkswirtschaftlichen Vernetzungen als auch mit ihrer persönlichen Kompetenzentwicklung auseinandersetzen (Riebenbauer & Stock, 2015; Stock & Riebenbauer, 2007).

Beim World Café übernehmen die Lernenden je nach ihrer Rolle in der Übungsfirma (Mitarbeiterin bzw. Mitarbeiter oder Führungskraft) unterschiedliche Aufgaben – entweder sind sie Teilnehmende und gehen auf die Reise im Kaffeehaus, um sich an den Tischen auszutauschen, oder sie sind Meinungsbotschafterin bzw. -botschafter und leiten einen Kaffeehaustisch. In beiden Rollen geht es aber letztendlich darum, kreative Lösungen und Ideen für die Fragen zur eigenen Arbeit in der Übungsfirma, zum eigenen Lernen und zum Lernen der ganzen Organisation zu finden. Bei der Vernetzung im Plenum und der Reflexion kommt den Lernenden auch wieder eine wichtige Rolle zu – sind sie es doch, die gemeinsam Lernen und ihr Lernen in der Übungsfirma reflektieren sollen.

5. Geforderte und geförderte Kompetenzen

Mit dem Lernen und Arbeiten in einer Übungsfirma können die Lernenden ihre umfassende Handlungskompetenz sowie ihr wirtschaftliches Prozess- und Systemverständnis (weiter-)entwickeln. Die Lernenden setzen sich sowohl betriebliche Ziele für ihre Arbeit in der Übungsfirma als auch individuelle Lernziele für ihre Übungsfirmenarbeit. Sie sind durch die Arbeit in der Übungsfirma in der Lage, ihr vorhandenes Wissen, ihre erworbenen Kenntnisse, Fähigkeiten und Fertigkeiten sowie bereits erworbene Kompetenzen in neuen Situationen selbständig einzusetzen und problemlösungsorientiert zu agieren (Riebenbauer & Stock, 2015).

Diese kurze Diskussion der Kompetenzentwicklung zeigt, dass mit der Methode Übungsfirma hohe Anforderungen an die Lernenden und Lehrenden gestellt werden. Die Lernenden sind gefordert, denn bei den pädagogischen Bemühungen geht es um ihr Lernen im Modell und Lernen am Modell und darum, wie sie ihre Kompetenzen weiterentwickeln können. Im Mittelpunkt stehen die Ergebnisse ihrer Lernprozesse, d. h. die Performanz im Lern- und Arbeitsprozess der Übungsfirma. Diese Form des Lernens fordert Reflexion – ein anspruchsvolles Unterfangen für Lernende, wofür aber das Übungsfirmen-World-Café einen fruchtbaren Boden bieten kann.

Die Lehrenden sind gefordert, da ihre eigene Handlungskompetenz im fach- und fachdidaktischen Kontext erforderlich ist. Der hohe Praxisbezug und die Reflexion für die Durchdringung des eigenen Wissens und Könnens stellt hohe Ansprüche an die Lehrenden. Und auch das didaktische Design World Café und die Rolle der Moderation stellen Anforderungen an die Lehrenden.

Auf den ersten Blick steht die Arbeit mit der Methode Übungsfirma oft für das praktische Anwenden von bisher gelernten Inhalten, für den Aufbau von Routinen im (simulierten) betrieblichen Alltag, d. h. in der täglichen Unterrichtspraxis wird oft nicht dem Ansatz von Reetz eines »Lernorts eigener Prägung« (vgl. oben den Abschnitt »Übungsfirma als Unternehmenssimulation zu Lernzwecken«) gefolgt. Übungsfirma ist aber weit mehr als Praxistraining oder übende Anwendung, denn sie ermöglicht eine Weiterentwicklung der eigenen Kompetenzen durch Vernetzung, Aufzeigen und Begreifen der Zusammenhänge, Lösen komplexer, neuartiger Frage- und Problemstellungen, Wahrnehmen von neuen Rollen und vielem mehr, wobei das World Café einen gewinnbringenden Beitrag leisten kann.

Die Vollständigkeit des Handelns ebenso wie die Reflexion des eigenen Handelns sind wesentliche Aspekte der Übungsfirmenarbeit, d. h. im Sinne eines Lernorts eigener Prägung geht es immer um eine Verschränkung zwischen theoretisch-systematischem und praktischem Lernen, damit im Lernort Übungsfirma wirtschaftliches Handeln für die Lernenden erlebbar und kognitiv reflektierbar werden kann. Mit dem World Café kann – wie in diesem Beitrag gezeigt wurde – ein Setting geschaffen werden, das dies ermöglicht.

Ohne entsprechende Wissensbasis sind aber weder Reflexion noch intellektuell reguliertes Handeln oder auch Kompetenzentwicklung möglich, wobei unterschiedliche Dimensionen des Wissens erforderlich sind (Wissen wird hier im Sinne von Anderson & Krathwohl, 2001, in unterschiedlichen Wissensdimensionen – Fachwissen, konzeptionelles Wissen, prozedurales Wissen und metakognitives Wissen – verstanden). Ziel der Methode Übungsfirma ist »ein praktisches und vernetztes Lernen, d. h. einerseits ein Erproben, Festigen und Weiterentwickeln von bisher Gelerntem und andererseits das Generieren von neuen Fähigkeiten/Fertigkeiten und neuem Wissen – die Entwicklung und Weiterentwicklung der Kompetenzen. Mit der Übungsfirma wird den Lernenden ein komplexes Handlungs- und Erfahrungsfeld in Form eines betriebswirtschaftlich validen Modells zur Verfügung gestellt, in dem sie nicht nur isolierte kaufmännische Tätigkeiten erledigen, sondern auch wirtschaftliche Systemzusammenhänge sowie volkswirtschaftliche Vernetzungen erkennen, unternehmensbezogene Entscheidungen treffen und die Auswirkungen nachvollziehen sowie reflektieren können.« (Stock & Riebenbauer, 2013, S. 625)

Empirische Ergebnisse zeigen, dass die Entwicklung von Akzeptanz und Motivation (bei positiver Ausprägung) bzw. von Demotivation und Abneigung (bei negativer Ausprägung) von folgenden Faktoren beeinflusst wird: vom Kompetenzerleben der Lernenden, von ihrem Autonomieerleben in der Übungsfirmenarbeit und von ihrer Eingebundenheit in das soziale Gefüge der Übungsfirma (Greimel-Fuhrmann, 2006). Die Übungsfirmenarbeit sollte folglich so gestaltet sein, dass eine gute Balance zwischen Über- und Unterforderung (für hohes Kompetenzerleben) und zwischen Freiraum und Kontrolle (für hohes Autonomieerleben) vorherrscht und ein angenehmes Betriebsklima mit einem guten Verhältnis zwischen Lernenden und Lehrenden ermöglicht wird. Hinzu kommen die Faktoren Nutzen und Identifikation, d. h. dass Lernende besonders motiviert sind, wenn sie selbst einen Nutzen der Übungsfirmenarbeit für ihr späteres mögliches Berufsleben erkennen und sich mit ihrer Rolle und der Übungsfirma identifizieren können (Riebenbauer, 2008). Bei der Förderung der Motivation durch die Lehrperson (extrinsische Motivation) geht es zudem darum, die intrinsisch vorhandene Motivation der Lernenden extrinsisch optimal zu unterstützen.

Reflexion ist als Bestandteil des Regelkreises im Betrieb und im Lernort Übungsfirma unerlässlich, denn nur durch sie kann das eigene Wissen und Können letztendlich dynamisiert werden. Dafür können sogenannte Auszeiten zur Reflexion genommen werden, in denen über das eigene Tun in der Übungsfirma und die Zusammenhänge von getroffenen Entscheidungen und erzielten Ergebnissen nachgedacht, aber auch über aufgetretene Fehler und aktuelle Probleme diskutiert wird. Für diese Auszeiten kann ein besonderes Setting wie das World Café gewählt werden, um eine situative Distanz zum betrieblichen Handeln zu ermöglichen (Berchtold & Stock, 2005). Auch zur Steuerung der eigenen Kompetenzentwicklung sind Reflexionsphasen wichtig. Die Lernenden sollen sich individuelle Lernziele für ihre Übungsfirmenarbeit setzen. Dabei sollen sie die Verantwortung für die Zielerreichung selbst übernehmen und darüber hinaus ihre Lernergebnisse vor allem in Bezug auf die (Weiter-)Entwicklung von Fach- und Methodenkompetenz sowie personaler und sozialer Kompetenz bewerten und reflektieren. Lernen wird in diesem Kontext immer als konstruktivistisch verstanden. Die Übungsfirma stellt auch eine Methode dar, mit deren Unterstützung – wird sie im Sinne eines Lernorts eigener Prägung verstanden – die Lernenden ihre Handlungskompetenz sowie ihr wirtschaftliches Prozess- und Systemverständnis mit Hirn, Herz und Hand (weiter-)entwickeln können.

Literatur

ACT (2016). *Website der ACT-Servicestelle österreichischer Übungsfirmen.* Abgerufen am 11.05.2017 von http://www.act.at/

Anderson, Lorin W. & Krathwohl, David R. (2001). *A taxonomy for learning, teaching, and assessing. A revision of Bloom's taxonomy of educational objectives.* New York: Longman.

Baumann, Jan M. (2009). »Aus der Praxis für die Praxis« – Bitte nicht. Eine Ergänzung zu den Überlegungen Becks, Horlachers und Schmiders zur Ausbildung von Übungsfirmenleiter/inne/n. *Erziehungswissenschaft und Beruf, 57*, 492–503.

Berchtold, Stephan (2005). *Das World Café in der Übungsfirma.* Unveröffentlichter Foliensatz, Karl-Franzens-Universität, Graz, Österreich.

Berchtold, Stephan & Stock, Michaela (2005). 10 Jahre Übungsfirmenarbeit an der Universität Graz – Zeit für Reflexion und Vorstellung eines Modells. *Schweizerische Zeitschrift für kaufmännisches Bildungswesen, 99* (3), 120–134.

Berchtold, Stephan & Trummer, Michaela (2000). *Auf dem Weg zur lernenden Übungsfirma: Weiterentwicklung der kaufmännischen Übungsfirma mit TQM.* Wien: Linde.

Europen – Pen international (2016). *Practice Enterprise Network.* Abgerufen am 11.05.2017 von http://www.penworldwide.org/ournetwork.html

Gloger, Svenja (2004). Arbeiten beim Kaffeetrinken. *ManagerSeminare, 75*, 51–56.

Greimel-Fuhrmann, Bettina (2006). Entwicklung von Akzeptanz und Motivation für das Arbeiten in der Übungsfirma. *bwp@ Berufs- und Wirtschaftspädagogik* (Ausgabe 10). Abgerufen am 11.05.2017 von http://www.bwpat.de/ausgabe10/greiml-fuhrmann_bwpat10.pdf

Kaufhold, Marisa (2006). *Kompetenz und Kompetenzerfassung.* Wiesbaden: VS Verlag für Sozialwissenschaften.

Partizipation (2016). *Partizipation & Nachhaltige Entwicklung in Europa, Informationswebsite des österreichischen Bundesministeriums für Land- und Forstwirtschaft, Umwelt und Wasserwirtschaft.* Abgerufen am 11.05.2017 von http://www.partizipation.at/worldcafe.html

Peterßen, Wilhelm (2009). *Kleines Methoden-Lexikon* (3. Auflage). München: Oldenbourg.

Reetz, Lothar (1977). Die Übungsfirma in der kaufmännischen Berufsbildung. Rede zur Eröffnung der Internationalen Übungsfirmenmesse am 21.10.1977. *bwp@ Berufs- und Wirtschaftspädagogik* (Ausgabe 10). Abgerufen am 11.05.2017 von http://www.bwpat.de/ausgabe10/reetz_1977-2006_bwpat10.pdf

Reetz, Lothar (1986). Konzeption der Lernfirma – Ein Beitrag zur Theorie einer Organisationsform wirtschaftsberuflichen Lernens im Betriebsmodell. *Wirtschaft und Erziehung, 38*(11), 351–365.

Riebenbauer, Elisabeth (2008). *Rechnungswesen in der Übungsfirma – Internationale Vergleiche von Übungsfirmen in Österreich, Deutschland, Italien und den Vereinigten Staaten.* Graz: UniPress.

Riebenbauer, Elisabeth & Stock, Michaela (2015). Förderung unternehmerischen Denkens und Handelns in der universitären Übungsfirma. *Zeitschrift für Hochschulentwicklung, 10*(3), 129–140.

Riebenbauer, Elisabeth & Stock, Michaela (2016). Voneinander und miteinander lernen in der universitären Übungsfirma. In Elisabeth Augustin, Gudrun Salmhofer & Lisa Scheer (Hrsg.), *Option Kooperation! Voneinander und miteinander lernen in der Hochschule. Grazer Beiträge zur Hochschullehre* (Band 7, S. 257–268). Graz: Leykam.

Schieffer, Alexander, Isaacs, David & Gyllenpalm, Bo (2004). World Café: Kollektive Kreativität im Kommen. *Lernende Organisation, 20*, 40–47. Abgerufen am 11.05.2017 von http://www.yumpu.com/de/document/view/19759299/kollektive-kreativitat-im-kommen-world-cafe

Senge, Peter (2005). Die Magie der kollektiven Kreativität entdecken. In Juanita Brown & David Isaacs (Hrsg.), *The World Café* (Nachwort). San Francisco: Berrett-Koehler Publishers. Abgerufen am 11.05.2017 von http://www.theworldcafe.com/tag/peter-senge/

Stock, Michaela & Riebenbauer, Elisabeth (2007). Übungsfirma. Eine Methode für kompetenzorientiertes Lehren und Lernen. *Wissenplus Wissenschaft 2006/2007, Österreichische Zeitschrift für Berufsbildung, 2*, I – V.

Stock, Michaela & Riebenbauer, Elisabeth (2011). *H3 – Lernen mit Hirn, Herz & Hand. Firmenchronik der KFUNIline Übungsfirma-WeiterbildungsGmbH 1996–2011*. Graz: Institut für Wirtschaftspädagogik.

Stock, Michaela & Riebenbauer, Elisabeth (2013). Übungsfirma – Lehrendensicht. In Michaela Stock, Peter Slepcevic-Zach & Georg Tafner (Hrsg.), *Wirtschaftspädagogik – ein Lehrbuch* (S. 623 – 634). Graz: UniPress.

Stock, Michaela, Riebenbauer, Elisabeth & Dreisiebner, Gernot (2016). *20 Jahre Übungsfirma an der Karl-Franzens-Universität Graz (1996–2016)*. Graz: Institut für Wirtschaftspädagogik.

Tramm, Tade & Gramlinger, Franz (2006). Lernfirmenarbeit als Instrument zur Förderung beruflicher und personaler Selbständigkeit. *bwp@ Berufs- und Wirtschaftspädagogik* (Ausgabe 10). Abgerufen am 11.05.2017 von http://www.bwpat.de/ausgabe10/tramm_gramlinger_bwpat10.pdf

Whole Systems Associates (2002). *Das World Café präsentiert …* Abgerufen am 11.05.2017 von http://www.kas.de/upload/dokumente/pb/world_cafe.pdf